SVETLANA

Du même auteur

Moi, j'ai dix ans. Des enfants parlent à Claude-Catherine Kiejman, Paris, Buchet/Chastel, 1977.

Profession biographe. Conversations avec Jean Lacouture, Paris, Hachette, 2003.

Clara Malraux. L'Aventureuse, Paris, Arléa, 2008.

Eleanor Roosevelt. First Lady et rebelle, Paris, Tallandier, 2012 ; coll. « Texto », 2021.

Golda Meir. Une vie pour Israël, Paris, Tallandier, 2015 ; coll. « Texto », 2022.

En collaboration

(avec Jean-Francis Held), *Mexico. Le pain et les jeux*, Paris, Seuil, 1969.

(avec Lila Lounguine), *Les Saisons de Moscou. 1933-1990*, Paris, Plon, 1993.

(avec Catherine Lamour), *Cinquante Dîners sans se lever de table*, Paris, Belfond, 1993 ; 1995.

CLAUDE-CATHERINE KIEJMAN

SVETLANA

La fille de Staline

TEXTO

Texto est une collection des éditions Tallandier

48, rue du Faubourg-Montmartre – 75009 Paris
www.tallandier.com

Pour ma Juliette.

Pour Dominique.

Nous vivons sourds à la terre sous nos pieds
À dix pas personne ne discerne nos paroles,
On entend seulement le montagnard du Kremlin
Le bourreau et l'assassin des moujiks…
… Chaque mise à mort est une fête,
Et vaste est l'appétit de l'Ossète.

Ossip Mandelstam, 1933.

Chapitre premier

Une défection stupéfiante

21 avril 1967, 14 h 45. Un DC 8 de la Swissair se pose sur le tarmac de l'aéroport Kennedy où la sécurité a été renforcée. Dernière personne à descendre de l'appareil, une femme, dont la véritable identité est restée ignorée des passagers et de l'ensemble de l'équipage pendant tout le voyage, apparaît en haut de la passerelle. Souriante, vêtue d'une veste blanche croisée et visiblement à l'aise, elle lance à la multitude de journalistes et des représentants de la presse internationale qui l'attendent sur la piste, armés de micros et de caméras : « *I am happy to be here.* » Un peu plus loin, la foule, curieuse d'apercevoir cette visiteuse de 41 ans qui porte le nom de Svetlana Allilouïeva[1], est plus nombreuse que celle présente lors de la venue des Beatles en 1964. En pleine guerre froide, ce n'est pas tous les jours que la fille de Iossif Djougachvili, *alias* Joseph Staline, mort quatorze ans auparavant, débarque aux États-Unis. De quoi faire frémir tout le Kremlin !

La nouvelle de l'arrivée de cette transfuge inattendue – dont, selon le premier responsable de la CIA qui la rencontre, l'image ne correspond pas du tout aux idées préconçues sur la fille du Tyran rouge – n'a été connue du public que quelques heures auparavant. Soucieuse de ne pas envenimer les relations avec l'URSS, qui, pour sa part, a quasiment passé sa fuite[2] sous silence, alors que des négociations sont en cours entre Moscou et Washington pour tenter, en pleine guerre du Vietnam, d'améliorer les relations bilatérales et de trouver un accord en matière d'armement, la diplomatie américaine s'est efforcée de minimiser l'événement, répétant à l'envi qu'elle n'a joué aucun rôle dans la décision[3] de Svetlana de faire défection. Officiellement, il s'agit d'une visite privée dont la durée reste incertaine, et qui a pour objet la publication du premier tome de ses Mémoires[4]. Le Département d'État a recommandé à Svetlana d'éviter toute déclaration intempestive ; c'est pourquoi elle ne prononce ce jour-là que quelques mots écrits pour elle par George Kennan[5] : « Je suis ici parce que j'ignore encore comment va s'organiser ma nouvelle vie hors de Russie. Je souhaite connaître les États-Unis et prendre contact avec mes éditeurs. J'ignore combien de temps je vais rester. »

Une conférence de presse[6] – la première de sa vie – est organisée quelques jours plus tard, le 26 avril, dans le grand hall de l'hôtel Plaza de New York. Sur une estrade, Svetlana, vêtue d'une simple robe noire, est assise entre ses deux avocats. Comme elle craint de ne pas toujours comprendre aussi bien que nécessaire le sens des questions qui vont lui être posées, celles-ci sont présentées par écrit et lues par l'un de ses deux conseils. Sur trois cents questions, quarante sont retenues. S'excusant de son anglais incertain, qu'elle parle toutefois correctement, avec une légère trace d'accent russe, Svetlana précise tout d'abord que sa décision de quitter l'URSS lui a été dictée par le désespoir que lui a causé la mort de son « mari[7] » et qu'elle n'a qu'un seul souhait : pouvoir s'exprimer librement, ce qui lui a toujours été refusé dans sa patrie. Elle précise qu'elle ne parlera ni de son père, ni de sa mère, ni de sa famille en général tant il est difficile de le faire brièvement. En outre, cette histoire familiale constitue l'essentiel du livre dont la parution en plusieurs langues est prévue pour l'automne.

En dépit des recommandations des autorités, elle ne peut s'empêcher d'exprimer des opinions politiques. Sa déclaration la plus surprenante, lit-on ainsi dans *Le Monde*[8], a trait à l'action de son père : « J'ai désapprouvé beaucoup de choses. Mais je considère que beaucoup de membres du Comité central de notre parti et du Bureau politique ont été également coupables. Ils savaient. Ils approuvaient. Le régime, l'idéologie sont responsables. » Toute sa vie, d'ailleurs, Svetlana, quelles que soient ses critiques et accusations envers Staline, ce père qu'elle a aimé et qui l'a aimée, cherchera d'une manière ou d'une autre, non pas à l'excuser mais à nuancer sa responsabilité, quitte à la faire porter sur d'autres, notamment sur Lavrenti Beria, membre du Politburo chargé de la bombe nucléaire, et chef tout-puissant depuis 1938 de la police secrète (NKVD).

Elle souligne aussi l'impression désastreuse produite sur les intellectuels soviétiques par le procès Siniavski et Daniel[9]. C'est, dit-elle, la remise en cause, voulue par Brejnev, d'une liberté fragile. La fin des espoirs nés sous Khrouchtchev. Ce procès fut une des raisons qui l'ont décidée à rompre avec le communisme et à quitter son pays. À l'issue de la conférence qui se termine par une *standing ovation*, Svetlana est à bout de forces. Pour cette femme déterminée mais discrète et timide, à la recherche de sa vérité, revenir sur le passé se révèle une épreuve alors que les incertitudes sur son avenir sont nombreuses. Quelle sera sa vie en Amérique ? Pourra-t-elle même y vivre ? Reverra-t-elle jamais la Russie et ses deux enfants, encore adolescents, qu'elle a laissés derrière elle ?

Dans *Vingt Lettres à un ami*, écrit quatre ans auparavant, Svetlana évoque à de très nombreuses reprises l'amour qu'elle éprouve pour la Russie, la beauté de sa nature, son âme. Ce sentiment est si fort qu'elle assure que, pour rien au monde, elle ne saurait vivre autre part. « Si cruel que soit notre pays, si difficile qu'il soit d'y vivre, si grandes les chances de tomber en chemin, écartelés dans notre sang, de souffrir épreuves et douleurs imméritées, nous sommes très attachés à cette terre et aucun de nous, écrit-elle, ne la trahira et ne l'abandonnera pour courir en quête d'un bonheur sans âme. Russie insensée et sage, cruelle Russie, mon amour… Après trente-sept ans d'une vie double, imbécile et sans but, tu luis pour moi et me consoles, toi que rien n'a pu noircir à mes yeux. » Et pourtant, après cette ode à la mère patrie, la voilà partie à l'autre bout du monde, dans cette Amérique, « ce grand Satan », ennemi numéro un de l'Union soviétique.

Pour quelle raison ? Pour pouvoir, comme elle le déclare, écrire et s'exprimer librement – ce qui lui est refusé par les dirigeants du Kremlin ? Parce que ceux-ci lui ont dénié le droit d'épouser l'homme qu'elle aimait ? N'est-ce pas plutôt une nécessité plus intime, plus profonde, celle d'échapper aux fantômes et aux tragédies familiales, à l'image insubmersible du Tsar rouge, ce tyran que fut son père, qui lui a donné la force de couper les ponts ? Mais y parviendra-t-elle jamais ?

CHAPITRE II

Les Staline : un couple bolchevique

« J'aurais préféré que mon père fût un simple cordonnier géorgien[1]... » Celle qui fait, en 1968, ce constat désabusé n'est pas la fille d'un homme ordinaire. Née le 28 février 1926 à Moscou, elle a pour prénom Svetlana. Nom du père : Iossif (Joseph) Vissarionovitch Djougachvili, plus connu sous celui de Joseph Staline. Nom de la mère : Nadejda Allilouïeva, plus souvent dénommée Nadia.

Pour le futur Tsar rouge, 1926 n'est pas non plus une année comme les autres. Ayant su jouer de prudence, d'habileté et de ruse au sein de la direction bolchevique où se heurtent, surtout depuis le départ de Lénine, les ambitions et où se succèdent les antagonismes, Staline assure, à la suite du XIVe Congrès, en décembre 1925, son emprise définitive sur le Parti communiste bolchevique[2]. L'opposition succombe et notamment son principal rival Léon Trotski[3]. « En 1926, Staline exerçait sur le Parti un pouvoir bien plus considérable que n'en avait jamais eu Lénine[4]. »

C'est dans ce contexte que Svetlana – « une si jolie petite fille », note sa mère[5] – voit le jour au Kremlin, forteresse médiévale au cœur de Moscou, la nouvelle capitale du pouvoir soviétique que Staline veut débarrasser de son caractère rustique pour y édifier le paysage des temps nouveaux : les quarante fois quarante églises cèdent la place aux usines et aux lourds gratte-ciel à colonnades et à tourelles[6].

C'est dans le secret de ses murailles de quatre mètres d'épaisseur, de ses remparts crénelés, de ses immenses portes fortifiées - trente-deux hectares de palais, de cours intérieures, de cathédrales et de clochers –, c'est dans ce lieu de pouvoir absolu et de tragédies que Svetlana passera, en dépit de son aversion, comme elle l'écrira en 1963, la plus grande partie de ses vingt-cinq premières années[7].

À la naissance de sa fille, Staline a 47 ans, et Nadia, sa seconde épouse[8], vingt-deux ans de moins. Leur amour, car nul ne doute de sa réalité, même si tous les témoins s'accordent pour parler de relations souvent houleuses, a l'âge de la révolution. Dans ses Mémoires, Svetlana évoque leur rencontre, au cours de cette période de terribles bouleversements, par une métaphore : « Une petite barque accolée à un énorme transatlantique. C'est ainsi que m'apparaît ce couple sur la mer furieuse[9]. » Nadia n'est, en effet, qu'une lycéenne de 16 ans, tandis que Joseph, leader bolchevique endurci et reconnu, est déjà fort d'une longue pratique révolutionnaire.

Surnommé Sosso dans son enfance, Iossif Djougachvili est né en 1879, à Gori, un gros bourg du nord de la Géorgie. Son père, Vissarion Ivanovitch Djougachvili, dit Besso, et sa mère Ekaterina Gavrilovna Gueladzé, dite Kéké, sont tous deux d'origine serve. Simple cordonnier, Vissarion, alcoolique et brutal, bat avec la même constance femme et enfant[10]. Ekaterina, pieuse, soumise, mais tenace et rude à l'ouvrage, sait être aussi une femme de caractère et protéger son fils unique qu'elle élève seule lorsque le couple se sépare en 1883. Devenue veuve alors que Sosso n'a que 11 ans, elle rêve de faire de lui un prêtre, seule manière pour un pauvre de continuer à s'instruire. Elle réussit à le faire admettre comme boursier au séminaire orthodoxe de Tiflis, la plus importante école religieuse de Géorgie. Mais cette décision est loin de plaire au jeune adolescent. C'est un bon élève, brillant en mathématiques et doué d'une prodigieuse mémoire, mais rétif à la discipline et dénué de toute attirance pour la religion. Expulsé au bout de cinq ans pour comportement irrespectueux et grossièreté, il quitte le séminaire sans avoir achevé ses études. Au plus grand regret de sa mère, il ne sera jamais prêtre. Toutefois, selon Svetlana, ces années l'auront marqué à jamais : « Son expérience du séminaire l'avait conduit à penser qu'on doit être intolérant, au besoin vulgaire, qu'il faut abuser le troupeau pour le tenir à sa merci, qu'on doit intriguer, mentir, et qu'il est de bonne guerre de pratiquer pas mal le vice, et le moins possible la vertu[11]. »

C'est une tout autre voie qu'il choisit. Celle de la lutte révolutionnaire. Lecteur assidu de Marx, de Plekhanov et de Lénine, il est membre depuis 1898 du Parti ouvrier social-démocrate de Russie (POSDR)[12]. Repéré et surveillé par la police pour ses activités de propagande auprès des ouvriers du pétrole de Transcaucasie, il bascule bientôt dans la clandestinité sous le nom de Koba. Celui qui fut l'un des leaders des émeutes qui éclatent à Batoumi[13] est pour la première fois arrêté avant d'être expédié en Sibérie orientale. Entre avril 1902 et 1913, il est appréhendé huit fois, exilé sept fois, et réussit six fois à s'évader. Une existence qui ne fait qu'endurcir ce jeune homme râblé à l'épaisse chevelure sombre et aux traits rudes, et le rapproche de Lénine[14] dont il partage les options radicales. Coopté au Comité central du Parti en 1912, Koba se métamorphose peu à peu en Staline, s'affirmant désormais comme l'un des principaux dirigeants de l'intérieur[15], contribuant ainsi cette même année à la création du journal la *Pravda*[16], dont il signe le premier éditorial.

Exilé une dernière fois sous haute surveillance dans le nord de la Sibérie, une région éloignée de tout, dont les rigueurs du climat affecteront à jamais sa santé, il retrouve la liberté grâce à la Révolution de février 1917 qui conduit à l'abdication du Tsar. Il rejoint Petrograd[17] et se rend aussitôt chez Sergueï Iakovlevitch Allilouïev. Le foyer de cet ouvrier électricien spécialisé, bolchevik de la première heure, qu'il a rencontré à Tiflis au début du siècle, est devenu lors de ses courtes périodes de liberté son habituel point de chute. Dans l'atmosphère de liesse qui prévaut en ce printemps de 1917, c'est le retour de l'enfant prodigue. Il est fêté chaleureusement par toute la famille : Sergueï Iakovlevitch et son épouse, la belle et impétueuse Olga Fedorenko[18], elle-même membre du Parti depuis l'année précédente, et leurs quatre enfants, Pavel, Fiodor, Anna et Nadia, la benjamine. Cette dernière n'est encore qu'une adolescente, préoccupée par ses études secondaires et ses deux heures quotidiennes de musique. Toutefois, Tchekhov « la rase » et l'instruction religieuse l'insupporte. En revanche, nourrie de culture révolutionnaire dès son enfance, elle s'enthousiasme : « Je me bats sans cesse pour la révolution [...] ; désormais, tout le monde m'appelle bolchevique, mais sans méchanceté, affectueusement[19] », écrit-elle à une amie.

Comment Nadia résisterait-elle à la geste d'un homme qui, pour elle, idéaliste et romantique, fait figure de héros – d'autant que, selon la légende familiale, Staline l'aurait sauvée de la noyade alors qu'elle n'avait que 3 ans[20] ? L'adolescente à la beauté méridionale – le visage en un ovale régulier, un nez légèrement retroussé, de doux yeux bruns aux longs cils et sourcils noirs, une peau mate et une certaine langueur – tombe passionnément amoureuse. Iossif (Joseph) lui, est un homme mûr, souffrant – conséquence de ses exils sibériens – de rhumatismes articulaires, le bras droit plus court que le gauche, petit (1 mètre 67 selon les uns, 1 mètre 62 pour d'autres), bourru, mais d'un incontestable charme, aux yeux que certains disent couleur de miel. Il finit par s'éprendre de Nadia. Bientôt, ils fuient ensemble. Pour la jeune fille, qui fait ce choix contre l'opinion de ses parents, notamment de sa mère, c'est une nouvelle vie qui commence en pleine guerre civile à la suite de la révolution d'Octobre[21]. Elle l'accompagne sur le front, est présente dans le train blindé où elle lui sert de secrétaire, comme à Tsaritsyne[22]. Puis, le couple regagne Moscou où ils se marient. Elle travaille alors au secrétariat de Lénine jusqu'à la mort de celui-ci. Entretemps, un fils est né en 1921 : Vassili, l'aîné de cinq ans de Svetlana.

Aussi éprise qu'elle soit de Staline – en dépit de sa brutalité et de sa grossièreté qu'elle découvre peu à peu – et dévouée à sa cause qu'elle a faite sienne, la jeune femme n'en a pas moins des exigences pour elle-même[23]. Nadia, qui ne se contentera jamais du rôle de mère et d'épouse, entend acquérir, ainsi que l'exigent les temps nouveaux, une formation professionnelle, « une spécialisation pour se libérer de la dépendance d'autrui[24] ». Tout à la fois volontaire, distante et passionnée – des traits que l'on retrouvera plus tard chez sa fille –, elle s'avère un personnage complexe, qui cache nombre de perplexités et de doutes. Preuve en est cette lettre[25] qu'elle adresse en

1926 à son amie Maria Svanidzé, sœur de la première épouse de Staline : « Tu me dis que tu t'ennuies. Tu sais, chère, c'est la même chose partout. Je ne parviens pas à me lier avec quiconque à Moscou. Parfois, cela paraît même étrange de ne développer aucune amitié intime, mais cela dépend des caractères. Bizarre aussi que je me sente plus proche de femmes étrangères au Parti. C'est beaucoup plus simple de s'entendre avec elles. » Vient ensuite cette phrase révélatrice d'un malaise dû, semble-t-il, à des difficultés dans son couple : « Je regrette de m'être créé de nouvelles obligations familiales. » Ceci, à peine un mois avant la naissance de Svetlana !

À cette époque, Staline est déjà un dirigeant redouté, mais il n'est pas encore le *khoziaïn*[26]. Il subsiste une certaine liberté de paroles et d'action. « Moscou, pendant toutes ces années, bouillonne de vie[27] », rappelle Varlam Chalamov. La société n'est pas totalement mise au pas, réduite en servitude. Et Staline, loin d'être indifférent à la naissance de Svetlana, semble pouvoir combiner vie politique et familiale.

Chapitre III

« Ma mère, personnage principal de nos vies »

Svetlana est élevée dans ce qu'on appellerait aujourd'hui une famille élargie : Joseph, Nadia et leurs deux jeunes enfants, Vassili et Svetlana ; Iakov, leur demi-frère, un jeune homme effacé d'une vingtaine d'années qui, mal aimé de Staline, a rejoint le foyer de son père et de sa nouvelle épouse en 1921 après avoir longtemps vécu en Géorgie dans la famille de sa mère. Enfin, Artiom Sergueïev, adopté par le couple au lendemain de la guerre civile[1].

Tout ce monde est logé au palais Potechny. Construit au XVIIe siècle, ce bâtiment au toit pointu de trois étages a accueilli un théâtre de comédie avant d'abriter au XIXe siècle les bureaux de l'Okhrana, la police secrète du Tsar. Les Staline y occupent un appartement de bonne taille, confortable avec sa bibliothèque, deux salles de bains, mais meublé avec la simplicité qui, à de rares exceptions près, est encore la règle commune chez les dirigeants du Parti. Nadia, par exemple, refusera toujours d'être conduite par un chauffeur, empruntant l'autobus pour se rendre à son travail. Économe, elle gère avec austérité le budget familial. Les cartes de rationnement sont encore en vigueur et les rations sont comptées à la table des grands et des petits. Une vie normale, en quelque sorte… tout au moins aux yeux de Svetlana qui n'a guère d'élément de comparaison avec le Russe de base.

Vivre au Kremlin n'est pas un privilège réservé aux seuls membres de la famille de Staline. Depuis l'installation à Moscou du pouvoir bolchevique en 1918 et suivant le principe que la propriété privée n'existe plus, tout appartient à l'État (et de ce fait au Parti qui en est l'émanation). La plupart des dirigeants – « ces travailleurs responsables », selon la terminologie soviétique – ont dès lors la jouissance des lieux occupés jadis par les tsars. Vladimir Lénine et Léon Trotski y demeurèrent ; c'est maintenant le tour de Staline et de ses affidés, tels Kliment Vorochilov, Viatcheslav Molotov, Anastase Mikoïan, Sergo Ordjonikidzé[2], etc. Une proximité qui permet aux enfants de courir ensemble dans les cours du Kremlin, aux épouses de se retrouver après le travail, à Staline de proposer à son voisin, Lazare Kaganovitch, une partie d'échecs, mais surtout de ne jamais perdre de vue ses alliés et de les garder sous la main. Une proximité qui se poursuit dans les datchas voisines de Moscou où parents et enfants se retrouvent pendant les week-ends. On pique-nique, on nage, on se promène. Tout de blanc vêtu, le ministre de la Défense, Kliment Vorochilov, joue au tennis avec Nadia.

« Oh, quelle belle époque c'était ! » – écrit la femme de celui-ci dans son Journal : « Quelles relations simples et amicales[3] ! »

Dans ses divers recueils de Mémoires[4], souvenirs fatalement transfigurés par le passage du temps, Svetlana consacre nombre de pages aux premières années de sa petite enfance, celles qui courent de sa naissance à la disparition de sa mère à 31 ans, en 1932. Une mort longtemps entourée de mystère et entachée de soupçons, dont Svetlana ne connaîtra les circonstances véritables que beaucoup plus tard. Tentant sans doute, à l'heure où elle se penche sur un lointain passé, de contrebalancer l'ombre de ce père omnipotent, araignée dans sa toile, dont l'image ne cessera de l'obséder sa vie durant, c'est à Nadia que Svetlana réserve le rôle dominant : « Le héros, le personnage principal de nos vies, c'était ma mère. »

Pourtant celle-ci est souvent absente. Retenue par la fin de ses études à l'Académie industrielle, ses vacances à Sotchi où Staline soigne ses rhumatismes, ses propres séjours à Carlsbad[5] – station thermale située en Tchécoslovaquie où elle suit un traitement pour ses migraines – et à Berlin pour visiter Pavel, son frère aîné et préféré, elle confie, comme dans l'ancien temps, ses enfants à des *niania*[6]. Nadia choisit surtout avec discernement ceux qui vont les instruire, institutrices et précepteurs[7]. « C'étaient notre formation et notre éducation qui préoccupaient le plus Maman. Je n'ai passé près d'elle que mes six premières années, mais cela me suffit pour apprendre à écrire et à lire le russe et l'allemand, à dessiner, à modeler, à faire des collages, à noter la musique. Et quelles merveilleuses fêtes elle organisait chez nous ! » Mais Svetlana ne peut cacher ce qui fut source de chagrins et plus tard de nostalgies : « C'était une mère sévère et exigeante, qui nous prodiguait rarement ses caresses »[8], comme le montre cette photo où Nadia, pleine de retenue, tient dans ses bras sa petite fille âgée d'environ 1 an, toutes deux faisant face au photographe sans un regard l'une pour l'autre.

Tout le contraire de Staline qui, s'il traite ses fils avec dureté, réserve toute sa tendresse à Svetlana, cette petite rousse aux yeux d'un bleu très clair et au visage parsemé de taches de rousseur : « Mon père me prenait dans ses bras, ne cessait de me dire qu'il m'adorait, m'embrassait, multipliait les petits noms affectueux : "mon petit rossignol", "ma petite mouche". Maman lui reprochait de me gâter. » Et pourtant, c'est sa mère que Svetlana préfère. Elle conserve précieusement ses photos et au fond d'elle-même ces rares moments d'abandon : « Elle venait parfois me voir dans ma chambre le soir, au moment où j'allais m'endormir et me caressait la tête. Longtemps après, je m'enfouissais dans mon oreiller pour y retrouver le parfum mystérieux qui l'imprégnait[9]. »

Nul doute qu'elle l'idéalise, comme elle idéalise ses premières années et l'atmosphère de ce qu'elle appelle la maison de son enfance, une datcha à pignon de style gothique située à Zoubalovo, près d'Oussovo, à trente-cinq kilomètres de Moscou. C'est dans ce domaine entouré de forêts qui avait appartenu avant la révolution à un nabab du nom de Zoubalov, propriétaire de raffineries à Batoum et à Bakou, où Staline et Mikoïan[10] ont jadis organisé des grèves, que les principaux dirigeants passent l'essentiel de leurs loisirs. Il y a là trois villas de taille différente. Celle des Mikoïan, Zoulalovo-2, la plus grande et la plus luxueuse, a conservé, conformément aux goûts raffinés de son nouvel occupant, père de cinq enfants, l'aspect qu'elle avait lorsque ses maîtres émigrés l'ont quittée – des statues de marbre rapportées d'Italie, sur les murs des tapisseries anciennes des Gobelins, aux fenêtres du rez-de-chaussée, des vitraux multicolores. Celle de Staline est plus modeste, un peu à l'écart, mais le parc – vision tchekhovienne – réserve tant d'émerveillement à *la petite princesse du Kremlin* : « Devant la maison se dressait un bosquet de jeunes bouleaux, transparent, scintillant de blancheur, où nous allions alors ramasser des champignons. Un peu plus loin, on avait installé une ruche, près de deux petites clairières où l'on semait chaque été du sarrasin pour le miel. Le terrain autour du bois de pins, rectiligne et sec, était entretenu avec soin ; il y poussait des fraises et des myrtilles, et l'air y avait une odeur et une fraîcheur enivrantes[11]. » Svetlana partage ses jeux avec toute une bande de cousins et d'amis, dans le cadre d'une petite propriété seigneuriale, enfermée dans son mode de vie rural : faucher le foin, ramasser des champignons, cueillir des baies. Chaque année, se souvient Svetlana, « nous avions *notre* miel frais, *nos* salaisons, *nos* marinades et *nos* volailles ». Staline n'est pas pour rien dans la beauté des lieux. Quand il ne travaille pas, il aime à cette époque jardiner, planter, couper du bois, soigner ses roses, tracer des allées. Il ne s'agit pas seulement pour lui de contempler la nature, mais de la transformer. Améliorer, moderniser la vieille demeure, en la dotant d'un balcon et d'une terrasse, c'est aussi ce qu'il fait dans cette période où la famille conserve encore pour lui son importance. Le premier étage lui est réservé, ainsi qu'à sa femme ; les enfants, le premier cercle de la parentèle et les invités occupent le rez-de-chaussée.

La datcha de Zoubalovo ne désemplit pas[12]. Les grands-parents maternels, les Allilouïev, sont particulièrement assidus, pour la plus grande joie de Svetlana qui a la chevelure et le teint d'Olga, sa belle et ardente grand-mère. Née et élevée en Géorgie, tout à la fois croyante et avide de liberté, celle-ci a la réputation d'être volage et incontrôlable. Son grand-père, Sergueï, est beaucoup plus réservé. Grand, avec des mains fines et de longues jambes nerveuses, le visage orné d'une barbiche en pointe et de moustaches blanches, il représente pour Svetlana le type même du révolutionnaire idéaliste de l'ancien temps. Des tempéraments si contraires qu'ils finissent dans les dernières années de leur vie par s'installer dans des chambres séparées, situées à deux extrémités de la maison. Les frères et sœurs de Nadia fréquentent aussi Zoubalovo, notamment Anna, l'aînée de Nadia, qui a épousé Stanislas Redens, un bolchevique d'origine polonaise, proche de Dzerjinski, le fondateur de la Tcheka, où il a lui-même fait carrière ; Pavel, son frère aîné, est son confident. Marié depuis 1919 à Evguenia Alexandrovna Zemlianitsina, une belle jeune femme blonde aux yeux bleus, un temps actrice au théâtre de Novgorod, il a participé à la guerre civile, travaillé à l'Académie militaire avant d'être nommé, à la fin des années 1920, attaché militaire à Berlin.

Les parents de la première femme de Staline, les Svanidzé, comptent aussi parmi les hôtes de Zoubalovo. Nadia est très liée avec la famille d'Ekaterina : ses sœurs, Sachiko et Mariko, son frère, Alexandre Semionovitch, *alias* Aliocha. Camarade de Staline au séminaire de Tiflis et bolchevique de la première heure, ce dernier appartient à la vieille garde des communistes géorgiens. Polyglotte – Aliocha a étudié en Allemagne, à l'université d'Iéna –, il occupe durant les années 1920 et 1930 différents postes aux ministères des Affaires étrangères, des Finances et du Commerce extérieur. Il vit et travaille souvent hors d'URSS, à Londres, Genève ou Berlin. Sa femme, Maria Anissimovna – tante Maroussia pour les enfants –, née dans une riche famille juive d'origine séfarade et ancienne chanteuse à l'opéra de Tiflis, jouit de la confiance de Nadia. Aliocha restera un des intimes de Staline jusqu'en 1937. Une année funeste, point culminant d'une terreur qui n'épargnera ni les Svanidzé ni les Allilouïev.

Mais pour l'instant, on est bien loin, semble-t-il, de tout drame, et Svetlana se remémore l'atmosphère joyeuse qui prévalait lors des visites de certains vieux compagnons et familiers de son père. Nikolaï Boukharine[13], vêtu d'une blouse à la Tolstoï et chaussé de sandales, est l'un de ses préférés. Il apprend à sa nounou à monter à bicyclette et remplit la maison d'animaux, des hérissons se glissent sur le balcon, un épervier légèrement blessé est mis en cage et un renard apprivoisé court dans le parc. Il y a aussi les Géorgiens : Grigori Ordjonikidzé, dit Sergo, vieux complice de Staline, Avel Enoukidzé, le parrain de Nadia. Enfin, Semion Boudienny, légendaire chef de la Cavalerie rouge, qui apporte son gros accordéon et fait chanter l'assistance, y compris Staline, en russe et en ukrainien[14].

Pour Svetlana, Zoubalovo incarnera à jamais le temps d'une « enfance ensoleillée », une réalité qui en dissimule une autre, plus cruelle. Petite fille protégée, presque à l'égal des enfants Romanov, elle ignore tout de la tyrannie qui s'installe partout dans le pays. Que peut-elle savoir de la réalité quotidienne, des pénuries, de la famine, des souffrances de la population ? Peut-elle appréhender, suspecter, le rôle qu'y joue Staline, ce père qu'elle aime mais dont elle n'a jamais vu le vrai visage ? Entre 1926 et 1929, le successeur de Lénine frappe sans répit et successivement ses rivaux potentiels de droite comme de gauche et surmonte tous les obstacles susceptibles de limiter son pouvoir au sein du Parti. Il affirme du même coup son autorité sur la Guépéou[15] et impose sa ligne. C'est ainsi qu'après avoir lutté contre l'opposition de gauche favorable à l'industrialisation défendue par Léon Trotski, s'être déclaré partisan de la poursuite de la nouvelle politique économique et protecteur des paysans, il s'approprie les idées de ceux qu'il a combattus, à savoir industrialiser à tout prix et à toute force en adoptant des solutions extrêmes.

Dès 1927, la Russie soviétique, peu industrialisée et dont l'agriculture est arriérée, connaît un désastre économique[16]. Pendant l'hiver 1927-1928, les denrées alimentaires manquent à nouveau dans les villes, les campagnes préférant conserver leurs récoltes plutôt que de les céder à vil prix au commerce d'État. Staline impute la crise aux koulaks[17] et décide de mesures extraordinaires pour nourrir l'Armée rouge, les centres ouvriers. Les communistes sont mobilisés, les villages perquisitionnés, les céréales réquisitionnées par la violence, les paysans arrêtés et parfois exécutés de manière tout aussi arbitraire. Avec la lutte contre les koulaks, présentés comme des ennemis de classe, la collectivisation s'impose, sovkhozes et kolkhozes remplacent la petite exploitation : « Staline, écrit Boris Souvarine, active l'industrialisation dans les villes, la collectivisation dans les campagnes, il aiguillonne le Parti et surtout la jeunesse communiste qui transmettent leur impulsion à tous les rouages de l'inexorable machine bureaucratique et policière[18]. » Dans *Vie et Destin*, Vassili Grossman témoigne par la voix d'un de ses personnages de la situation : « Pendant la collectivisation [...] il vit des hommes épuisés tomber dans la neige pour ne plus se relever. Il vit les villages fermés. Il vit une paysanne en guenilles aux mains noires de travailleuse, au cou décharné ; ceux qui l'escortaient la regardaient avec horreur ; elle avait mangé, rendue folle par la faim, ses deux enfants[19]. » Tout pour le plan et par le plan, ainsi peut se résumer la vie entière du peuple russe à dater de 1929, « l'année du Grand tournant ».

C'est aussi l'année du cinquantième anniversaire du père de Svetlana. Staline est fêté dans la presse à longueur d'articles, ses portraits sont partout et les louanges sans limite. Il a droit, contre toute vérité historique, à d'innombrables titres de gloire : organisateur du Parti bolchevique, meneur de la révolution, chef de l'Armée rouge, vainqueur de la guerre civile et étrangère, guide du prolétariat mondial, « Léniniste d'airain », « Bolchevique de granit », les métaphores ne manquent pas ! C'est le début d'un culte de la personnalité qui ne connaîtra pas de répit jusqu'à sa mort. Staline règne, et avec lui régneront sans discontinuer l'épuration et la terreur, mais d'abord la famine. « L'époque de mon enfance et de ma jeunesse fut tragique, cruelle, effrayante, écrit Andreï Sakharov [...]. Je me souviens de récits sur des adolescents fuyant l'Ukraine affamée, la région des terres noires ou la Biélorussie, en se cachant sous les wagons dans les caisses à outils. On racontait que bien souvent, on les en retirait à l'état de cadavres. Les affamés mourraient dans les gares, les enfants sans abri trouvaient refuge dans des cuves à bitume ou dans des portes cochères[20]. »

En 1931, Svetlana a 5 ans. Ignorant tout de la tragédie qui se joue, comment imaginerait-elle que le monde insouciant de son enfance va bientôt se briser ?

CHAPITRE IV

La mort de Nadia : le drame fondateur

7 novembre 1932, Moscou fête le quinzième anniversaire de la révolution d'Octobre. Le froid est glacial, le vent souffle et il pleut à verse, sans que cela retienne les Moscovites de venir par milliers assister à la grande parade qui se déroule sur la place Rouge, dans une forêt de drapeaux frappés de la faucille et du marteau. Des portraits géants de Marx, Engels, Lénine et Staline s'étalent sur la façade du futur Goum, qui fait face au Kremlin. Des calicots frappés de slogans : « Le socialisme vaincra », « Prolétaires de tous les pays, unissez-vous », ornent le bâtiment ocre rouge du musée d'Histoire situé à l'opposé de la cathédrale polychrome de Vassili Blajenoï (Basile-le-Bienheureux). Assise dans les tribunes dressées pour les dignitaires du régime, Nadia regarde avec inquiétude vers la plateforme supérieure où se trouve Staline : « Il a froid, dit-elle, à son voisin, le jeune Nikita Khrouchtchev[1]. Je lui ai dit de s'habiller plus chaudement, mais comme d'habitude, il a grogné quelque chose et il est parti[2]. »

Svetlana assiste pour la première fois à l'événement aux côtés de sa mère. Elle découvre un visage inconnu de son père[3], celui du *Vojd* (le Guide), serré dans sa capote militaire. Mais il ne semble pas que cette apparition en majesté du secrétaire général du Parti communiste l'ait alors marquée de façon particulière. À 6 ans et demi, sans doute était-elle trop jeune pour saisir toute la réalité de la puissance incarnée par Staline. La proximité avec Nadia et l'attention que celle-ci lui porte touchent bien davantage la petite fille aux joues rougies par le froid et l'excitation.

Le lendemain, le 8 novembre 1932, vers 19 heures, Nadia se prépare pour la réception qui doit réunir les grands pontes de l'ère stalinienne et leurs épouses, organisée chaque année, à l'occasion de l'anniversaire de la révolution, par Kliment Vorochilov, le commissaire à la Défense. Nadia, toujours si discrète dans sa manière de se vêtir, a décidé ce soir-là de se faire belle. Virevoltant devant sa sœur Anna dans une robe du soir noire brodée de roses rouges, cadeau de son frère Pavel, elle pose une rose thé[4] dans ses cheveux noirs qu'elle laisse libres, contrairement à son habitude de les porter en chignon, et jette un manteau sur ses épaules : de l'appartement du palais Potechny à l'aile des Cavaliers où a lieu le dîner de fête, il n'y a qu'une allée neigeuse à traverser.

Les autres convives, dont Lazare Kaganovitch, le commandant cosaque Boudienny, l'habile Mikoïan ou le président, Mikhaïl Kalinine – tous vétérans des brutales campagnes de répression des paysans, victimes de la collectivisation –, vivent pour la plupart dans l'enceinte du Kremlin. Aussi n'ont-ils, eux aussi, que quelques centaines de mètres à parcourir pour rejoindre le spacieux et douillet appartement du futur maréchal Vorochilov, l'un des dirigeants les plus médaillés du régime en dépit de son incompétence militaire. Parmi les femmes, l'épouse de Molotov, la brune et brillante Polina Semionovna Jemtchoujina[5]. Plusieurs fois commissaire du peuple, elle fera montre toute sa vie d'un indéfectible dévouement au maître de la Russie soviétique.

Vêtu comme à son habitude de sa vareuse militaire et d'un vieux pantalon flottant, tirant ostensiblement sur sa pipe – les enfants disent qu'il sent le tabac –, le secrétaire général arrive, accompagné de Molotov, son numéro deux, et de Valerian Kouïbychev, son responsable de l'économie. Après une longue séance de travail pour décider avec Guenrikh Iagoda, le vice-président de la Guépéou, des mesures à prendre en vue de juguler les risques d'agitation au sein du Parti et la menace de nouveaux complots[6], les trois hommes souhaitent se détendre et passer une joyeuse et amicale soirée.

En ce temps où sévit la famine dans le pays, il ne peut être question de banquet fastueux, mais les plats sont nombreux : zakouskis, borchtch, diverses sortes de poissons salés, peut-être de l'agneau, préparés à la cantine du Kremlin. Le vin géorgien et la vodka coulent à flots. Staline prend comme toujours place au milieu de la table, Nadia est assise face à lui, un rien dépitée de voir qu'il ne s'étonne même pas de son élégance – ne s'est-elle pas faite belle à son intention ?

Au bout d'un moment, si l'on en croit les souvenirs des témoins rapportés par les différents biographes de Staline, notamment par Simon Sebag Montefiore[7], Iossif et Nadia commencent à se disputer, ce qui n'est guère inhabituel. Nadia supporte mal de voir flirter son mari (s'il n'est pas un coureur de jupons, ce n'est pas non plus un moine, et les femmes « raffolent de lui » selon Molotov[8]) avec la ravissante Galia Egorova, une actrice de cinéma, bien connue pour ses liaisons et ses toilettes suggestives, qu'il bombarde de boulettes de mie de pain. Nadia est d'un tempérament jaloux, mais, selon certains témoignages, c'est un toast de nature politique qui la met en rage. Staline lève son verre à la destruction des ennemis de l'État et remarque que Nadia n'en fait rien. « Hé ! toi, pourquoi ne bois-tu pas ? » lui crie-t-il à travers la table. La jeune femme reste impassible. Staline lui lance alors des écorces d'orange et des cigarettes et tonne : « Hé toi ! Bois donc un coup ! » « Je ne m'appelle pas Hé toi », réplique Nadia qui se lève aussitôt et quitte la salle comme une furie. L'assemblée est médusée : comment ose-t-elle agir ainsi ? Staline, la langue pâteuse, ne prononce que deux mots : « Quelle sotte ! » et continue de boire.

Soucieuse de ne pas la laisser seule, Polina Molotova, proche amie de Nadia, attrape son manteau et la suit. Dans la nuit noire et glaciale, les deux femmes font plusieurs fois le tour du Kremlin. Nadia se plaint de Staline : « Pourquoi a-t-il besoin de flirter comme ça ? » Puis elle évoque une aventure qu'il aurait aussi avec la coiffeuse qui lui fait la barbe, avant de retrouver son calme. Dans *Vingt Lettres à un ami*, Svetlana se remémore le récit que lui fit Polina en 1955[9] : « Petit à petit Nadia se calma, elle me parla de ses études à l'Académie, des perspectives de son travail, dont elle attendait beaucoup. Ton père était grossier, pour ta mère la vie avec lui n'était pas rose, et tout le monde le savait [...]. Lorsqu'elle se fut complètement calmée, continua l'épouse de Molotov, nous nous séparâmes, pour aller dormir chacune chez nous. J'étais convaincue que tout était arrangé[10]. »

Le matin suivant, l'intendante Karolina Vassilievna Til, après avoir préparé le petit-déjeuner, part comme à l'habitude réveiller Nadia. À son entrée dans la chambre, elle découvre le corps de sa maîtresse gisant par terre à côté de son lit, dans une mare de sang. À proximité, un petit pistolet – un Mauser –, cadeau de son frère Pavel[11]. Tremblante de peur, Karolina Til court chercher la *nia-nia* de Svetlana. Ensemble, elles portent le corps sur le lit mais elles sont terrorisées à l'idée de réveiller Staline. Nul ne sait d'ailleurs à quelle heure il est rentré. A-t-il vu Nadia avec qui il fait désormais chambre à part et se sont-ils querellés ? A-t-il dormi à la datcha qui se trouve à vingt minutes de Moscou comme il le fait parfois[12] ? Nul non plus n'a entendu de détonation. Alors que faire à part téléphoner à Pauker, le chef de la sécurité, à Polina Molotova, à l'« oncle » Enoukidzé, le parrain de Nadia ? Arrivé le premier, celui-ci est bientôt suivi par Molotov et Vorochilov. Plus tard, ce sera le tour des parents de la jeune femme et de deux médecins. Ayant examiné le corps de Nadia, le professeur Kuchner établit son rapport : « Il y a un trou de cinq millimètres à l'endroit du cœur. Conclusion immédiate résultant d'une plaie ouverte au cœur[13]. »

Tous sont dans l'expectative, personne n'ose prendre la liberté de réveiller le maître des lieux qui, se couchant la plupart du temps à l'aube, ne se lève jamais avant 11 heures. Soudain, Staline entre dans la salle à manger. Quelqu'un[14] s'avance vers lui : « Iossif, Nadejda Sergueïevna nous a quittés, Iossif, Iossif, Nadia est morte. » Staline reste interdit, comme foudroyé par la nouvelle, et la vue du corps lui est insupportable. « Elle m'a anéanti, dit-il. Comment a-t-elle pu mettre fin à ses jours ? Comment a-t-elle pu m'abandonner moi et les enfants ? Pourquoi un tel coup de poignard dans le dos[15] ? » Cet homme si dur, si cruel, qui n'hésite pas à faire massacrer des milliers d'individus, semble avoir perdu le contrôle de lui-même, passant de la rage à la prostration. Il parlerait même de démissionner[16] et de se suicider. Pendant plusieurs jours, tous les membres de la famille se relaient pour ne pas le laisser seul. Il réagit d'autant plus violemment, écrit Svetlana, qu'il trouve dans son bureau une lettre à la fois personnelle et politique, pleine d'accusations et de reproches que lui a laissée Nadia. Qu'il s'agisse d'un règlement de comptes avec un mari qui l'a déçue ou d'une critique acerbe de la politique qu'il a mise en œuvre, Svetlana reconnaît toutefois n'en avoir eu connaissance que par ouï-dire, la lettre ayant été détruite par la suite. A-t-elle d'ailleurs jamais existé[17] ?

Quoi qu'il en soit, le suicide de Nadia a donné lieu à toutes sortes de spéculations que la version officielle voulue par Staline – Nadia aurait succombé à une crise d'appendicite aiguë – n'est pas parvenue à apaiser. Les unes concernent les circonstances de la mort – certains n'hésitent pas à parler de meurtre et mettent directement en cause Staline (une accusation toujours réfutée par Svetlana), les autres les motifs qui ont conduit cette jeune femme de 31 ans à commettre l'irréparable.

Comment, en effet, expliquer ce geste ? Plus de quatre-vingts ans après la disparition de Nadia, on en reste encore aux hypothèses. Difficultés existentielles ou conjugales ? Personnalités trop dissemblables ? Fragilité psychique et état dépressif ? Déception et culpabilité de Nadia devant les outrances du pouvoir et les souffrances de la population, dont elle sait son mari responsable ?

Il paraît incontestable que les relations entre les époux sont devenues de plus en plus difficiles dans les années qui précèdent le drame. Leurs querelles sont notoires, et ils se trouvent souvent éloignés l'un de l'autre. Cela ne signifie pas pour autant que l'amour n'existait plus entre eux. En témoignent les lettres qu'ils échangent[18]. Ainsi celle de Staline datée du 21 juin 1930 et adressée à sa femme, partie suivre un traitement pour ses migraines à Carlsbad : « Tu me manques tellement Tatochka, je me sens aussi seul qu'un vieux hibou. Je ne vais pas quitter la ville pour affaires. Je finis mon travail et j'irai voir les enfants demain [...]. Au revoir, ne tarde pas trop, reviens très vite à la maison. Je t'embrasse. Ton Iossif. » Un peu plus tard, Nadia termine ainsi sa lettre : « Je t'en prie, prends soin de toi. Je t'embrasse passionnément, comme tu m'as embrassée lors de mon départ. Ta Nadia. »

Pourtant, Staline est grossier, brutal avec elle, comme l'affirme aussi bien sa sœur aînée, Anna Sergueïevna, qui a pourtant beaucoup d'affection pour son beau-frère, que Polina Molotova. Et puis, sa seule raison de vivre n'est-elle pas sa fanatique volonté d'imposer sa loi et de régner sans partage ? « Mon père, était le centre d'un cercle noir, dans lequel tout mourait et tout était détruit[19] », écrira plus tard Svetlana. Déjà, en 1926, alors que Svetlana n'a pas encore 6 mois, Nadia est partie pour Leningrad en emmenant ses deux enfants et leur nounou, avec l'intention de ne jamais revenir à Moscou. Staline réagit, téléphone, disant qu'il arrive pour ramener tout le monde à la maison. Elle lui répond avec vivacité : « Pourquoi viendrais-tu nous chercher ? Cela coûtera trop cher à l'État. Je vais revenir toute seule. » Enfin, dans les dernières semaines de son existence, Nadejda, qui termine ses études, confie à sa sœur Anna qu'elle a décidé de partir, une fois l'examen final passé, pour s'installer chez elle à Kharkov et y travailler. Selon le récit que fera plus tard sa nounou à Svetlana, Nadia se montrait alors infiniment triste et irritable. Elle ne cessait de répéter : « J'en ai assez de tout, tout me dégoûte, plus rien ne m'intéresse. » À une amie d'école qui lui demandait : « Et tes enfants, tes enfants aussi ? » Elle répond : « Les enfants, c'est la même chose ! »

La fragilité de Nadejda n'est pas un secret. On la sait vulnérable et on la voit parfois mélancolique. Et si un témoin familier du couple Staline, comme Molotov qui a assisté à une de leurs altercations, a vite fait de la considérer comme une « toquée », il n'en reste pas moins que sa propre famille admet qu'elle est parfois dérangée et trop sensible, victime de migraines et de fatigues chroniques. Son dossier médical, conservé par Staline dans ses archives, indique que Nadia souffrait de psychose maniaco-dépressive héréditaire[20].

Rien n'exclut non plus de possibles désaccords avec ce dernier sur l'évolution politique du pays à la suite de la marche forcée de la collectivisation et la dékoulakisation qui engendre pour le peuple privations et souffrances. Nadia est une bolchevique de cœur, une militante, mais elle s'effraie des options radicales prises par Staline qui contrarient ses propres aspirations révolutionnaires. Elle sait, en outre, user d'indépendance quand il s'agit de ses amitiés. En 1927, elle assiste à l'enterrement de Ioffé, le plus fidèle lieutenant de Trotski ; elle conserve des rapports chaleureux avec Boukharine, bientôt victime de la « Grande purge » de 1938, avec qui elle partage secrètement les mêmes vues critiques sur la collectivisation[21]. Elle n'hésite pas non plus à protester auprès de Staline en 1929 contre les arrestations de plusieurs de ses condisciples de l'Académie industrielle pour avoir dénoncé la famine. Toutefois, elle n'a jamais été une opposante, contrairement à une hypothèse défendue par certains historiens comme Isaac Deutscher et Victor Serge.

Alors, en accomplissant ce geste de désespoir, Nadia, dont les dernières photos montrent « un visage fermé, fier, mélancolique, le regard empli d'une tristesse si profonde » que Svetlana a peine à regarder, a-t-elle voulu échapper à un futur qui n'annonçait rien de bon, comme le pense sa fille ? « Maman était un être de feu. Les gens étaient d'ailleurs à cette époque incroyablement sincères et émotifs ; s'ils jugeaient impossible de vivre comme le moment l'exigeait, ils se suicidaient. » Ils furent nombreux – qu'on songe aux poètes Serge Essenine ou Vladimir Maïakovski, à ces milliers de bolcheviks des origines – à choisir de se tirer une balle dans la tête ou dans le cœur.

Quant à Staline, écrit Simon Sebag Montefiore[22], Nadia pesa sur lui jusqu'à sa mort. Chaque fois qu'il rencontrait quelqu'un qui l'avait bien connue, il parlait d'elle. Il fit aussi agrandir une de ses photos où, un châle sur les épaules, elle paraît heureuse et épanouie, et fit accrocher ce portrait dans toutes les pièces de l'appartement du Kremlin[23]. Mais cette disparition, loin de le rendre plus humain, ne fit qu'exacerber sa paranoïa, son esprit de vengeance et son apitoiement sur lui-même.

La mort de Nadia fut un événement d'ampleur nationale comme l'atteste le faste des funérailles voulues par Staline et la multitude d'hommages qui lui furent rendus pendant plusieurs jours dans la *Pravda*. La cérémonie, conduite par Enoukidzé, débuta le matin au Goum occupé alors par le Comité exécutif central, où la dépouille avait été transportée pendant la nuit. Nadejda Allilouïeva Staline y repose dans un cercueil ouvert, le visage entouré de fleurs, ses ecchymoses poudrées et fardées par les embaumeurs. Outre la famille et les proches, dont les quatre meilleures amies[24] de Nadia, sont présents tous les membres du Comité central, de la Commission de contrôle, les dirigeants du Kominterm et plusieurs ambassadeurs. Dans la garde d'honneur, Molotov, Vorochilov,

Kaganovitch et Mikoïan. Staline, accompagné de son fils de 12 ans, Vassili[25], s'approche, les larmes aux yeux. « Je n'avais jamais vu Staline pleurer », dit Molotov. Comme les préposés s'apprêtent à clouer le cercueil, « l'homme de fer » les arrête d'un geste, se penche, soulève la tête de Nadia et l'embrasse passionnément. Svetlana, conduite par Zina, la femme de Sergo Ordjonikidzé, pour un dernier baiser à sa mère, pousse un cri et recule. Elle est emmenée aussitôt hors de la salle, mais cette vision de Nadia inerte ne disparut jamais de sa mémoire.

Sorti sur la place Rouge, le cercueil est placé sur un corbillard à l'ancienne, surmonté d'un lourd baldaquin. Six palefreniers vêtus de deuil mènent six chevaux noirs par la bride. Un orchestre militaire joue une marche funèbre. Le cortège, qui s'étend sur des centaines de mètres, se dirige vers l'historique cimetière de Novodevitchi. Staline marche entre Molotov et Mikoïan. À leurs côtés, Kaganovitch et Vorochilov. Staline est-il présent au cimetière ou, refusant de s'y rendre, a-t-il quitté le cortège en chemin, comme beaucoup l'affirment ? La question fait encore polémique. Mais pour l'historien Simon Sebag Montefiore, sa présence est incontestable. Il y est venu en voiture avec Olga, la mère de Nadia. Kaganovitch, chargé de prononcer l'oraison funèbre, en témoigne lui-même : « C'était si difficile, en présence de Staline. »

Son oraison est un modèle de la tradition bolchevique : « Camarades, nous assistons aux funérailles de l'un des meilleurs et des plus fidèles membres de notre Parti. Elle a grandi dans la famille d'un ouvrier bolchevique organiquement lié à notre Parti… Elle s'est distinguée par les qualités les plus dignes d'un bolchevik – la fermeté, l'endurance dans la lutte [...] combattante de la classe ouvrière pendant et après la guerre civile [...]. Nous comprenons le poids de la perte subie par le camarade Staline[26]. » Boukharine prend ensuite la parole. À son retour chez lui, ce dernier ne peut se retenir de raconter à sa femme l'incident qui avait eu lieu un jour où, s'étant rendu à l'improviste à la datcha de Zoubalovo, alors qu'il se promenait en devisant dans le jardin avec Nadia, Staline était arrivé à pas de loup et, le regardant dans les yeux, avait prononcé ces paroles terrifiantes : « Je te tuerai. » Nikolaï Boukharine avait pris cela comme une grossière plaisanterie, mais Nadia s'était mise à trembler et à pâlir[27].

Staline choisira avec soin le monument érigé sur sa tombe, une masse de marbre blanc dont se dégage le fin visage de Nadia, avec une rose pour rappeler celle qu'elle portait dans les cheveux le dernier soir de sa vie et l'inscription suivante : « Membre du Parti bolchevique. » Mais jamais, selon Svetlana, il ne se rendra sur les lieux où repose sa jeune femme.

CHAPITRE V

Une relation père-fille exclusive

Svetlana a 6 ans lors du décès de Nadejda. Dans ses Mémoires, elle confie qu'elle ne se souvient pas de la manière dont elle apprit la nouvelle et ne dit mot du chagrin éprouvé. À la différence de Vassili, son aîné de cinq ans, un jeune garçon fragile soumis à un choc qui le déstabilisera pour toujours, elle mettra longtemps à accepter l'idée que sa mère a disparu à jamais, s'inquiétant encore, lors de son septième anniversaire, du jour de son retour de l'étranger[1].

Tout ignorante qu'elle soit de la vérité de cette mort, Svetlana pressent que jamais plus la vie ne sera comme avant. Elle en fait l'expérience le soir même des funérailles, lorsqu'on les emmène, elle et son frère, non pas à Zoubalovo, mais dans une autre datcha, celle de Sokolovo, « une demeure sinistre où tout était lugubre ».

Très vite, des changements se font dans les habitudes quotidiennes. Incapable de rester là où Nadia s'est donné la mort, Staline déménage dans un appartement occupé jadis par Lénine, que lui cède Boukharine. Situé à l'entresol du palais du Sénat, ce qui fut autrefois un immense corridor, dont un côté s'ouvre sur des pièces mornes et impersonnelles, encadrées de murs énormes et surmontés de voûtes[2], a l'avantage pour le maître des lieux de se trouver juste en dessous de son bureau officiel de président du Conseil des ministres et de Premier secrétaire du Comité central. Ainsi, alors qu'il ne déjeune jamais avec eux, n'a-t-il qu'un étage à descendre pour rejoindre ses enfants à l'heure du dîner. En père attentif, Staline les interroge sur leurs études, signe leurs carnets de notes, regarde leurs cahiers, puis retourne travailler. Mais il ne dort pas au Kremlin. Tard dans la nuit, cinq Zis noires blindées, dont on ignore dans laquelle il se trouve, quittent, tous rideaux baissés, l'enceinte de la forteresse rouge. Silencieux, le convoi traverse la capitale endormie à destination de la nouvelle datcha de Kountsevo, surnommée la *Blijniaïa*[3]. Ce vaste bâtiment moderne à un étage qu'il vient de faire construire restera, jusqu'à sa mort vingt ans plus tard, sa résidence principale.

Mais c'est à Zoubalovo, où le changement est le plus visible, que Svetlana ressent, plus qu'ailleurs, l'absence de sa mère. La pelouse réservée aux enfants s'est volatilisée avec ses balançoires, ses anneaux, sa petite cabane de Robinson ; seul subsiste son emplacement recouvert de sable alors que les broussailles envahissent le jardin. D'autres disparitions suivent, celles de familiers : son institutrice Natalia Konstantinova, dont elle ignore si elle est partie d'elle-même ou si elle a été chassée, celle plus tardive d'Alexandre Ivanovitch, le précepteur de son frère, ce jeune adolescent si rétif à l'étude et qui la brutalise. Mais dans les deux ou trois premières années qui suivent le décès de Nadejda, la rupture totale avec le passé n'est pas consommée et la famille semble rester unie. Les parents de Nadejda fréquentent toujours Zoubalovo. Sergueï, le grand-père de Svetlana, peut se présenter au bureau de Staline sans y être invité et Olga, sa fière grand-mère, conserve au Kremlin un petit appartement où objets, coussins et tapis se mêlent dans un chaleureux fouillis.

Lors des vacances d'été, Staline emmène Svetlana et Vassili à Sotchi au bord de la mer Noire et convie ses deux belles-familles, les Alliloüiev et les Svanidzé, pour le Nouvel An ou à l'occasion d'autres réjouissances. Une photo prise à la *Blijniaïa* le 21 décembre 1934, jour de son anniversaire, témoigne de cette proximité : souriant, au milieu de parents et d'amis, Staline entoure de son bras droit les épaules de Sachiko Svanidzé, une des sœurs de sa première épouse. Le 22 avril 1935, Staline, à la demande de Svetlana, organise la visite impromptue du métro de Moscou dont la construction s'achève, et à laquelle participent ses deux belles-sœurs, Maria Svanidzé et Evguenia Alliloüieva. Cette escapade permet au *Vojd* de mesurer sa popularité auprès du petit peuple.

Svetlana est l'objet de toutes les attentions de son père : « Lorsqu'il quittait le Kremlin, il lui arrivait d'entrer une fois encore dans ma chambre et, son manteau déjà sur les épaules, de se pencher sur moi pour m'embrasser dans mon sommeil. Toute petite, il adorait m'embrasser. Il avait pour moi la tendresse fougueuse que les Géorgiens ont pour les enfants[4]. » Svetlana l'attendrit, le distrait, le console. Il aime l'avoir à ses côtés lorsqu'il séjourne à Sotchi en compagnie du favori du moment, Kirov, Boukharine, Jdanov ou Beria. Pour sa part, elle se plaint de ses trop nombreuses absences et se soucie de sa santé quand ils sont séparés, comme l'attestent les lettres qu'ils échangent à partir de 1933 :

« Bonjour mon cher Petit papa (*Papotchka*) :

Comment vis-tu et comment est ta santé ? J'ai reçu ta lettre et je suis heureuse que tu me permettes de rester ici et de t'attendre. Je craignais de partir pour Moscou et que tu n'arrives à Sotchi sans t'avoir vu. Cher Papotchka, quand tu viendras, tu ne me reconnaîtras pas. Je suis toute bronzée. Chaque nuit j'entends les hurlements des coyotes. Je t'attends à Sotchi.

Je t'embrasse.

Svetanka[5]. »

« Bonjour, mon petit moineau !

Ne m'en veux pas de ne pas t'avoir répondu tout de suite. J'étais trop occupé. Je suis vivant, en bonne santé, je me sens bien.

J'embrasse très, très fort mon petit moineau »

« Setanka[6] chérie,

J'ai reçu ta lettre du 25-9. Merci de ne pas oublier ton petit papa. Je vais assez bien, ma santé est bonne mais je m'ennuie de toi. As-tu reçu les grenades et les pêches ? Je t'en enverrai encore si tu le désires. Dis à Vassia de m'écrire. À bientôt. Je t'embrasse bien fort. Ton petit papa. »

La complicité est telle entre le père et sa fille qu'il lui propose un petit jeu qui se poursuivra jusqu'aux 16 ans de Svetlana. Elle est la « patronne », c'est elle qui donne des ordres à celui qui n'est que son « secrétaire », reproduisant en l'inversant le rapport hiérarchique au sommet du Parti. Ainsi s'adresse-t-elle à lui le 28 avril 1934 :

« Au camarade Staline, secrétaire n° 1

Ordre n° 5.

Je t'ordonne de m'autoriser à aller au cinéma, et toi, prescris le film Tchapaïev et une comédie américaine[7].

Setanka, la patronne. »

Autre ordre du 15 décembre 1938 : « Papa ! Vu qu'il gèle aujourd'hui, je t'ordonne de mettre ta pelisse. »

Sous l'ordre, Staline signait : « J'obéis », ou bien : « Je me soumets », ou encore : « À exécuter. »

Le dernier feuillet de ce jeu date de mai 1941, à la veille de la guerre : « Mon cher petit secrétaire, je me dépêche de vous signaler que votre patronne a eu "excellent" à sa dernière rédaction. La première épreuve est donc surmontée. J'en passe une seconde demain. Mangez et buvez bien. J'embrasse mon petit papa très fort mille fois. Salut aux secrétaires[8]. Ta petite patronne. »

Le jeu a ses revers. Staline aime sa fille, mais d'un amour exigeant, tyrannique auquel la petite Svetlana, qui craint l'obscurité et souffre de cauchemars depuis la disparition de sa mère, se soumet : « L'autorité de mon père fut alors pour moi incontestable. » Elle est sa chose. Ainsi ne peut-il supporter de la voir, à 9 ans, porter une robe qui découvre ses genoux ou qu'elle le délaisse un moment parce qu'elle s'ennuie. « Sa tendresse est celui du chat pour une souris[9] », écrit Khrouchtchev dans ses souvenirs. Et Eileen Bigland, journaliste britannique, constate en 1937 : « Il se comporte avec elle comme un ours jouant avec un cube[10]. »

En 1933, Svetlana a 7 ans. C'est une petite fille potelée et souriante au visage rond, au regard vif et attentif. Instruite jusqu'alors par des professeurs particuliers, elle entre à l'école n° 25 : « Il faut inscrire Svetlana à l'école, sinon elle sera encore plus sauvage », a décrété Staline. Cet établissement modèle, situé en plein centre de Moscou, rue Staropimenovski, près de l'actuelle rue de Tver, a la réputation d'être le meilleur du pays. Il est fréquenté par les enfants de l'élite culturelle, artistique et politique soviétique. Toutefois, un bon élève peut y trouver sa place, à condition, bien sûr, d'être pistonné, comme ce camarade de Vassili, fils de la femme de ménage de l'établissement. Chaque matin à 7 heures 45, une limousine dépose Svetlana et son frère place Pouchkine, à quelques encablures des lourdes portes de chêne. Là non plus, Svetlana ne peut échapper à la figure du *Père* : une grande photo du « meilleur ami des jeunes Soviétiques » l'accueille dès l'entrée. Ni à la propagande du temps : « Sans savoir, pas de communisme », professe une grande bannière dans la bibliothèque, riche de dix mille volumes.

Alors qu'à la même époque, le papier et les crayons sont rationnés dans nombre d'écoles de province, rien ne semble trop beau pour les privilégiés qui fréquentent le numéro 25. L'école a son club de théâtre, d'échecs, de littérature, son laboratoire de photographie, ses salles de bal ou de gymnastique, ses stages de parachutisme et ses combats de boxe. Encouragée par Vassili, auquel elle ne concède que quelques rares mérites, Svetlana joue au volley-ball et fait du ski. Mais contrairement à lui, dont les maîtres se plaignent sans cesse[11], Svetlana est une excellente élève, pour la plus grande fierté de son père. Elle suit aussi, comme le veut le fonctionnement de l'école, alors même que seulement 15 % des professeurs sont membres du Parti en 1933, le parcours obligé du jeune communiste[12]. Vêtue de son uniforme de pionnier, Svetlana, enthousiaste, défile sur la place Rouge lors des parades du Premier Mai ou du 7 Novembre. Pour les jeunes, se souvient un participant à ces réjouissances, quelle joie de se lever à 6 heures du matin ! Quelle impatience pendant les longues heures d'attente ! Quel amusement aussi ! On jouait de l'accordéon, on chantait, on portait des drapeaux et toujours cette même interrogation en tendant le cou vers la plateforme au-dessus du mausolée où se trouve Staline : « Va-t-on Le voir d'assez près[13] ? »

Il faudra du temps à Svetlana pour écrire : « On nous faisait rentrer le communisme dans le crâne dès que nous étions dans les langes. Nous n'étions pas des nouveau-nés, mais des "petits enfants d'octobre", pas des écoliers, mais des "pionniers", pas des étudiants, mais des komsomols. Quand j'étais jeune, le communisme était pour moi une forteresse indestructible. Indestructible était aussi la toute-puissance de mon père, et la foi en son infaillibilité en toutes circonstances, sans exception[14]. »

À partir de 1935-1936, après des années de famine, de collectivisation forcée, de mise en condition de tout un peuple, la vie quotidienne s'améliore quelque peu. Le signal d'un nouvel âge est donné par Staline lui-même lorsqu'il prononce la fameuse phrase reprise en chœur par les dix mille journaux du pays : « La vie est devenue plus facile, camarades, la vie est devenue plus gaie ; et quand on vit dans la gaîté, le travail se fait bien. » Peu à peu on voit les magasins de Moscou se remplir : on peut acheter du poisson fumé, du caviar et quatre ou cinq sortes de fromages. On commence à mieux s'habiller, les femmes vont chez le coiffeur et la manucure… *Otiets narodov*, le père des peuples, autorise pêle-mêle la joie de vivre, l'amour obligatoire, le bonheur familial[15], la poésie et l'humanisme… On recommence à danser le tango, le fox-trot. Leonid Outioussov crée le grand orchestre de jazz soviétique avec une chanson qui est comme l'emblème de ces temps dits nouveaux : « On peut être un bon komsomol et soupirer sous la lune au printemps / On peut aussi bien travailler et porter une cravate bigarrée… » On chante aussi : « Je ne connais aucun pays au monde où l'on respire aussi librement. »

Entre la peur et la fascination, tout un peuple est ainsi mis en condition, endoctriné, soumis à une propagande que les haut-parleurs dans la rue ou les radios enchâssées dans les murs des appartements transmettent à longueur de jour et de nuit. Mais au-delà du décor et de la mise en scène s'affirment les années les plus noires de la décennie. Et l'entourage de Svetlana n'y échappera pas.

Chapitre VI

Mais où sont-ils donc tous passés ?

Le 6 décembre 1934, deux ans après la mort de sa mère, Svetlana se retrouve dans la salle des Colonnes, aux funérailles de Serge Kirov, l'un des compagnons de lutte de son père, un de ceux qu'elle préfère avec Sergo Ordjonikidzé et Nikolaï Boukharine[1]. Une semaine auparavant, le 1er décembre, le secrétaire de la puissante organisation du Parti de Leningrad a été assassiné en plein après-midi au Smolny[2]. Le meurtrier, Leonid Nikolaïev, est un jeune communiste à la dérive. La nouvelle bouleverse Staline. Accompagné de Vorochilov, Molotov, Jdanov et Iagoda, il part aussitôt pour l'ancienne capitale impériale et interroge lui-même le meurtrier. Ce dernier maintient d'abord avoir agi seul, mais, livré à la torture, il désigne un certain nombre de complices. Persuadé que ce meurtre est le fruit d'un complot fomenté par les partisans de Zinoviev, ancien responsable de la ville, Staline signe un décret d'exception qui impose l'instruction des procès des terroristes dans les dix jours et leur exécution immédiate dès le prononcé du jugement, sans possibilité de faire appel. Le 23 décembre, les chefs de l'ancienne opposition de gauche, Zinoviev et Kamenev en tête, qui furent ses alliés contre Trotski, sont arrêtés. Le 27, la justice révèle un complot du « centre leningradois », censément inspiré par l'ancien créateur de l'Armée rouge. Se penchant sur la dépouille de Kirov pour lui dire un dernier adieu, Staline n'avait-il pas murmuré : « Dors tranquille, mon cher ami, nous te vengerons » ? La vengeance dépassera toutes les limites.

Cet assassinat sert Staline. Pour certains historiens soviétiques comme Roy Medvedev[3], il pourrait même en être l'instigateur : la popularité de Kirov ne faisait-elle pas de l'ombre au maître du Kremlin[4] ? Mais ce n'est là qu'une hypothèse contestée par la plupart de ses collègues, tels Adam Ulam[5] ou Simon Sebag Montefiore[6]. Quoi qu'il en soit, l'événement sert de prétexte à une terreur aveugle à laquelle n'échappe aucune couche de la société et qui vise d'abord les bolcheviks de la première heure[7] et les militaires[8]. Entre 1934 et 1937, deux millions de personnes sont condamnées à mort ou envoyées dans des camps de travail forcé. En dix-sept mois, entre 1937 et 1938, point culminant de la *Ejovchtchina*[9], un million huit cent mille personnes sont arrêtées. Sept cent mille sont fusillées, quatre cent mille envoyées au goulag[10]. « À partir de 1936, raconte un témoin moscovite, les fenêtres de la maison où j'habitais furent de moins en moins nombreuses à s'éclairer, et la maison devint silencieuse. Chaque trou noir correspondait à une famille arrêtée et l'immeuble prit un aspect lugubre. Les gens disparaissaient du jour au lendemain. Et notre *dvornik* (concierge), le pauvre, est devenu fou à force d'insomnies : le jour il nettoyait la neige, la nuit il devait accompagner de chambre en chambre (c'était la loi) les hommes du NKVD et assister jusqu'au matin aux perquisitions. L'angoisse silencieuse et cachée, la crainte qu'on frappe à notre porte, nous les ressentions tous[11]. »

La nuit, le silence plane sur Moscou et la circulation est inexistante, à l'exception de gros camions bâchés qui filent à toute allure. Sur leurs flancs sont inscrits en grosses lettres les mots : « poissons », « légumes », « viandes ». À l'intérieur, des milliers d'hommes et de femmes arrachés à leurs familles. Ce qui engendre la terreur, selon Sakharov, c'est, outre le caractère massif et cruel de la répression, son irrationalité, sa quotidienneté, lorsqu'on ne peut comprendre qui est arrêté ni pourquoi.

À la fin de l'été 1937, lors de son retour à Moscou après ses vacances à Sotchi auprès de Staline, la petite fille de 11 ans ne retrouve rien de l'existence passée. Disparues Elizaveta Leonidovna, la vieille cuisinière, qui ressemble à Catherine la Grande et son aide Tania, d'une laideur extrême, mais, selon Svetlana, d'une gaieté inextinguible ainsi que les femmes de ménage, la grande Klavdia et la petite Zina, celle-ci envoyée chez Staline à Kountsevo. Mais surtout, éloignée pour toujours, Karolina Vassilievna Til, à qui il n'est plus question de faire confiance à cause de sa nationalité[12]. L'intendante allemande, choisie par Nadia dix ans auparavant, est remplacée par Alexandra Nakachidzé, lieutenant puis major des services de la Sécurité d'État. Parente éloignée de la femme de Beria, cette Géorgienne âgée de moins de 30 ans a notamment la charge de suivre de près Vassili et sa sœur partout où ils vont. Mais elle s'occupe aussi de mettre de l'ordre dans les affaires des enfants : elle change les meubles et surtout jette les objets conservés pieusement par Svetlana qui avaient appartenu à sa mère. « Un pion, rouage malheureux d'un mécanisme monstrueux qui ne lui permet de faire que ce qu'on exige d'elle », juge Svetlana qui la méprise.

Désormais, tout est organisé comme un service d'État et le personnel – « les chargés de service » – s'accroît de manière fantastique. Ainsi, chaque datcha possède-t-elle son intendant, son détachement de la garde avec son propre chef, deux cuisiniers, deux équipes de servantes et de femmes de ménage, tous collaborateurs du NKVD[13]. Ces fonctionnaires n'ont qu'un seul désir : empocher le plus possible d'argent et d'avantages en nature, se faire construire des maisons de campagne et s'acheter des voitures aux frais de l'État. L'un des pires, note Svetlana dans *Vingt Lettres à un ami*, est le général Nikolaï Vlassik[14] qui commande la garde de Staline. Favori tout-puissant mais d'une inculture crasse et d'une impudence totale, il corrige sans vergogne les œuvres des artistes et jouit d'un pouvoir sans limite sur le personnel.

À partir de l'automne 1937, Ivan Krivenko, un tchékiste, est assigné à la jeune écolière en tant que garde du corps. Lui succédera bientôt Alexandre Sergueïevitch Volkov qui ne la lâche pas d'une semelle. Il est partout derrière elle, au théâtre, aux leçons de musique, il fouille son cartable, lit en cachette son journal : « Il devait me protéger, de qui ? De quoi ? » – se demande-t-elle. Et surtout il sème la terreur à l'école en imposant ses propres règlements. Elle doit utiliser un réduit isolé plutôt que le vestiaire commun ; elle n'a plus le droit de manger à la même table que ses camarades et chaque jour un officier du NKVD lui apporte son déjeuner préparé dans les cuisines du Kremlin. Enfin, on la sépare d'une de ses meilleures amies, Macha, une petite rousse aux taches de rousseur avec qui elle partage un même goût pour Guy de Maupassant, lorsque ses parents sont arrêtés.

Svetlana résiste toutefois quand elle est touchée dans ce qui lui est le plus cher : un rapport de police remis à son père juge sa nounou, Alexandra Bychkova, « peu sûre » pour avoir servi dans une famille aristocratique avant la révolution. Décision est prise de la chasser. Apprenant la nouvelle, Svetlana se met à hurler. Elle écrira plus tard avec candeur : « Mon père ne supportait pas les larmes » – du moins les siennes, doit-on nuancer – et il céda : « Peut-être en lui un éclair de bon sens lui fit-il protester contre cette absurdité. Il se fâcha et ordonna qu'on laisse ma nounou en paix »[15].

« Nous devons détruire tous les ennemis du peuple l'un après l'autre [...]. Personne n'échappera aux purges », avait clamé Staline en 1937, lors d'un banquet privé en l'honneur du vingtième anniversaire de la révolution d'Octobre. Ainsi en est-il pour les membres de sa propre famille, si chers à Svetlana. Les premiers à être arrêtés sont Alexandre (« Aliocha ») Svanidzé, frère aîné de la première épouse de Staline, et sa femme Maria, dite Mariko, qui avait pourtant applaudi, quelques mois auparavant, aux sentences prononcées contre les « ennemis du régime soviétique », ces « traîtres au peuple »[16]. Le 21 décembre 1937, le couple rentre d'une réception chez Evguenia et Pavel Allilouïev, le frère préféré de Nadia. À leur porte, des agents du NKVD les attendent et ne leur laissent même pas le temps de se changer. Alexandre est en smoking, Mariko, en tenue de soirée. Condamnés d'abord, lui à dix ans de camp, elle à huit ans, ils seront finalement condamnés à mort et exécutés en pleine guerre, après que la Cour suprême de l'URSS aura remplacé les nombreuses peines de privation de liberté par la peine capitale. Aliocha est fusillé en août 1941, sa femme au mois de mars 1942. Ils laissent un petit garçon, surnommé Johnreed.

Pavel Allilouïev avait tenté de joindre son beau-frère pour plaider en leur faveur, mais ses démarches étaient restées vaines. Lui-même sera bientôt pris dans la nasse. À son retour de vacances de Sotchi au mois de novembre 1938, ce haut gradé, bolchevique de toujours, découvre que la plupart de ses collaborateurs à la division des blindés ont été arrêtés en raison des purges qui frappent alors l'Armée rouge. Sous le choc, son cœur fatigué ne résiste pas : il tombe, frappé d'une crise cardiaque en plein milieu de son bureau. Il n'en faut pas plus pour que la police secrète soupçonne son épouse de l'avoir empoisonné. Des soupçons que Beria, jaloux de tous ceux qui approchent de trop près Staline, communique à ce dernier. Toutefois, Genia est laissée en liberté. Mais dans cet univers de suspicion exacerbée, de mensonges et de guet-apens, rien ne s'oublie. En 1948, dix ans après la mort de son mari, alors que de nouvelles purges sont engagées, la tante de Svetlana est jetée en prison. En ce début de guerre froide, elle est accusée non seulement d'avoir empoisonné Pavel, mais aussi de s'être livrée à des « actes d'espionnage ». Elle ne sera libérée qu'en 1954.

Stanislav Redens, mari d'Anna Sergueïevna, sœur aînée de Nadia, n'échappe pas non plus à la paranoïa de Staline. Ce bolchevik polonais, compagnon d'armes de Felix Dzerjinski, ayant lui-même participé aux purges en Ukraine au début des années 1930, est arrêté le 22 novembre 1939 à son retour d'une mission au Kazakhstan[17]. Anna obtient de Staline la permission de le visiter à la prison de Lefortovo, où il est incarcéré. Il sera libéré, lui assure son beau-frère, à condition qu'il reconnaisse ses crimes. Redens refuse. Il est exécuté le 12 février 1940. Anna et ses enfants sont laissés en liberté mais il leur est défendu de voir Svetlana et son frère.

Le Kremlin et Zoubalovo leur sont désormais interdits. Après la guerre, Anna écrira un livre de souvenirs (jugé plus tard sans intérêt par Svetlana) avec l'aide d'une jeune journaliste, qui mettra Staline en rage. « Elle parle trop », assure-t-il. Ainsi est-elle arrêtée en 1948. Elle passera plusieurs années en cellule, fera un long séjour à l'infirmerie du camp et ne sera libérée qu'en 1954, après la mort du tyran. À son retour, elle est dans un état inquiétant et semble indifférente à tout ; elle mettra plusieurs années à retrouver ses esprits. Jamais, racontera Svetlana plus tard, elle ne crut que son mari ait pu être un ennemi du peuple. Jamais, non plus, elle ne crut qu'on l'avait fusillé, bien que Staline, « impitoyable », lui ait annoncé la sentence avant la guerre.

À la fin des années 1930, pour Svetlana, jeune écolière d'une douzaine d'années, il est impossible de voir dans tous ses proches qui lui sont chers des « ennemis du peuple ». Impossible aussi pour elle – comme pour tant de victimes du Tsar rouge – d'imaginer que son père est l'instigateur du malheur. Il ne peut s'agir que de malentendus. « Mais où sont-ils donc tous passés ? » se demande-t-elle. « Pourquoi notre maison s'est-elle vidée de ses habitants ?... Je sentais autour de moi et de plus en plus vite, le vide, l'absence, le désert d'un monde où il ne me restait plus que l'école et ma nounou[18]. »

Chapitre VII

Le temps de la contestation

Il faudra encore des années à Svetlana pour qu'elle prenne conscience que son père est le responsable d'un drame qui touche la société tout entière, y compris sa famille. Qu'il est capable de condamner à mort des gens qu'il sait innocents : « Je l'ai aimé et respecté jusqu'à mon adolescence[1] », écrit-elle. Même plus tard, lorsqu'elle reviendra sur cette époque dans ses Mémoires, Svetlana cherchera à trouver plus coupable que lui – et en premier lieu Beria, ce « professionnel » du meurtre, détesté, dit-elle, depuis sa plus tendre enfance : « Je considère Beria, plus rusé, plus perfide, plus astucieux, plus effronté, plus acharné, plus ferme et par conséquent plus fort que mon père, qui avait les nerfs fragiles, était capable de doutes, était plus confiant, plus grossier, plus violent et surtout plus simple. [...] Beria le flattait avec une impudence proprement orientale, connaissant sa faiblesse, son amour-propre, sa susceptibilité, son déséquilibre après la mort de maman, sa profonde solitude spirituelle. » On a peine à croire qu'elle ait réellement pu penser que Joseph Staline se laissait naïvement manœuvrer, lui qui ordonnait tout ! Il n'a d'ailleurs pas même besoin de formuler ses ordres : ses sbires, apeurés et se méfiant les uns des autres, sont conditionnés pour les exécuter, avant même qu'il ne les exprime.

La méconnaissance de la réalité ambiante qui est celle de Svetlana, à la fin des années 1930, n'a cependant rien de surprenant. Derrière les hauts murs du Kremlin, la jeune adolescente vit sous cloche, protégée par sa nounou bien-aimée, Alexandra Bychkova, qui crée autour d'elle un « capiton douillet ». Son horizon se limite à l'école, aux leçons, à ses « obligations » de pionnière, à quelques rares amies dont Marfa Pechkova, la petite-fille de Gorki, gloire littéraire du régime et chantre du stalinisme, qui après avoir vécu de longues années à Capri, a choisi de rentrer en URSS. Ses tentatives pour en savoir plus sur le sort qui a été fait aux membres disparus de sa famille restent vaines. « On ne pose pas de questions », lui conseille la nounou. Plus laconique encore, Olga, sa grand-mère maternelle, qui pourtant ne doute pas un instant de la responsabilité de Staline dans la perte de ses enfants, murmure : « C'est le destin. » De toutes parts, chacun répugne à livrer ses pensées. Le silence n'est-il pas le meilleur moyen de se protéger du malheur ?

À l'exception d'une visite que fait Svetlana à Tbilissi en compagnie de Vassili en 1935, pour voir Kéké, leur grand-mère paternelle, vieille femme simple et pieuse toute vêtue de noir avec qui il lui est impossible de converser, puisqu'elle ne parle que le géorgien, Svetlana ignore tout du reste de l'Union soviétique. Moscou et les datchas du gouvernement sont les seuls lieux qu'elle fréquente en dehors de l'école.

Ainsi vit-elle dans une sorte d'innocence aveugle, désireuse sans doute de ne voir en Staline que ce père dont elle est depuis toujours l'enfant chéri. Toutefois, en 1940, elle perçoit une autre vérité lorsqu'une de ses camarades de classe, dont le père vient d'être arrêté, lui confie une lettre dans laquelle sa mère demande à Staline de sauver son mari. Le soir, Svetlana remet cette supplique à son père. C'est le moment du dîner auquel assistent plusieurs personnes, dont Molotov. Tous connaissent l'homme concerné : il s'agit de Sloutski qui a été consul en Mandchourie puis ambassadeur au Japon. Staline prend alors Svetlana à part et, après un long sermon, lui interdit d'accepter de telles lettres et de jouer ainsi les intermédiaires. « Chose incroyable – se remémore Svetlana –, deux ou trois jours plus tard le diplomate était rendu à sa famille. J'avais la preuve que le destin d'un homme ne dépendait que de lui, que d'un mot de mon père[2]. »

Les différends entre celui-ci et l'adolescente augmentent à mesure qu'elle grandit et qu'elle tente d'acquérir un peu d'indépendance. Capricieux, despotique, il la rabroue sur sa tenue ou l'expression délurée qu'il lui trouve sur une photo. Misogyne et prude, bien loin d'avoir jamais été un adepte de l'amour libre prôné au début des années 1920 dans la jeune république soviétique[3], Staline se met soudain à crier : « Tu te promènes encore les jambes nues » et lui demande pour quelles raisons elle porte des socquettes et non pas des bas en plein été. Il exige que sa robe ne soit pas marquée à la taille, mais ample et vague, comme une cape. Son béret est aussi matière à remontrances : « Qu'est-ce que c'est que cette crêpe que tu portes sur la tête ? Tu ne peux pas porter des chapeaux ? »

Svetlana a 15 ans, lorsque dans la nuit du 21 au 22 juin 1941, Hitler déclenche l'opération *Barbarossa* contre l'Union soviétique. Cent quarante-sept divisions allemandes franchissent les frontières de la patrie de Lénine sans rencontrer de résistance[4]. En dépit de moult avertissements[5], Staline a toujours refusé de croire qu'Hitler, avec qui il a signé un pacte de non-agression en 1939[6], puisse prendre le risque d'ouvrir un second front à l'Est. Plus tard, Svetlana écrira que son père ne pouvait accepter l'idée qu'Hitler l'avait joué : « Il se considérait comme infaillible, il estimait que son flair était imbattable [...]. Bien après la guerre, il répétait, c'était devenu une habitude : "Quand même, avec ces Allemands, nous aurions été invincibles"[7]. »

À Moscou, c'est le tout début de l'été et des vacances scolaires. Il fait chaud et le soleil brille dans un ciel sans nuages en cette matinée du 22 juin. Tout paraît normal, la *Pravda* consacre son éditorial du jour à l'école. Au théâtre, on joue *Rigoletto*, la *Traviata* et *Les Trois Sœurs* de Tchekhov. À midi, la radio n'apporte que des informations ordinaires : les *oudarniki* (ouvriers de choc) ont rempli leur pourcentage du plan, les kolkhoziens ont remporté une nouvelle victoire. Et puis soudain, après un silence, le speaker annonce d'une voix grave : « C'est la guerre. Ici, l'ensemble des stations radio de l'Union soviétique. Les troupes allemandes ont forcé les frontières pendant la nuit, des villes ont été bombardées. Les troupes soviétiques, prises au dépourvu, reculent. » Quelques instants plus tard, le ministre des Affaires étrangères, Viatcheslav Molotov, prend la parole : « Notre cause est juste, nous battrons l'ennemi et la victoire sera entre nos mains. »

Le *Vojd*, lui, que personne, ni Boudienny, vice-commissaire à la Défense ni le maréchal Timochenko, titulaire du poste, n'a osé réveiller avant le petit matin, est invisible, y compris pour Svetlana qui ignore où il se trouve. Staline est en état de choc. Passant de l'incertitude – il doute même qu'Hitler soit au courant – à la peur, de l'anxiété à la colère, il se mure à Kountsevo avant de convoquer les principaux responsables militaires, économiques et diplomatiques du pays[8]. Mais, pendant plus d'une semaine, pas une fois il n'adresse la parole à son peuple. Pourtant, la situation ne cesse de s'aggraver et, le 28 juin, les Allemands, après une percée de cinq cents kilomètres qui conduit à l'encerclement de quatre cent mille soldats de l'Armée rouge, s'emparent de Minsk, la capitale de la Biélorussie. Pris alors de panique, tour à tour prostré et hurlant, Staline envisage même de démissionner[9]. Ce n'est que le 3 juillet que, pressé par ses plus proches compagnons, il prononce enfin son premier discours à la radio. Il n'appelle plus ses concitoyens « camarades » mais « frères et sœurs » ; et de poursuivre, s'adressant aux soldats de l'armée et de la marine : « C'est à vous mes amis, que je lance cet appel [...]. Les lâches, les déserteurs, ceux qui provoquent la panique seront écrasés dans une lutte sans merci. »

Certes, le *Vojd* menaçant est bien de nouveau aux commandes, mais sa détermination n'améliorera guère la situation sur le terrain où l'étau allemand se resserre. Très vite, Moscou prend des allures de ville assiégée. Le couvre-feu est imposé. Des queues se forment devant les magasins pour acheter du sel, des allumettes, du savon, ou devant les caisses d'épargne où il n'est plus possible de retirer plus de deux cents roubles. La défense passive s'organise, des veilleurs postés sur les toits récupèrent la nuit les bombes incendiaires, l'anarchie règne dans la ville avec l'arrivée des réfugiés de l'ouest du pays alors même que l'exode des Moscovites vers l'est commence.

Quel que soit son désarroi, le futur généralissime se soucie toutefois d'assurer la sécurité de sa fille[10]. De manière surprenante, Staline, qui n'a plus vu sa belle-sœur depuis la mort tragique de son mari, Pavel, le frère aîné de Nadia, l'invite à venir le voir à Kountsevo. Evguenia Allilouïeva retrouve un homme effondré, méconnaissable, qui lui demande d'accompagner sa fille à Sotchi et lui confie : « La guerre sera longue et il y aura beaucoup de morts. » Mais Genia, une forte personnalité qui sait que Staline n'est pas insensible à son charme, est assez audacieuse pour refuser. C'est finalement Anna Redens, une autre de ses belles-sœurs qui, avec ses deux fils, emmènera Svetlana et sa nounou dans le Sud[11].

Au mois d'août 1941, pendant ce premier été de guerre où l'avancée allemande menace le pays tout entier, Svetlana est confrontée à un événement qui la bouleverse. Son demi-frère Iacha (diminutif de Iakov), lieutenant d'artillerie du 14e régiment Howitzer de la 14e division blindée, a été fait prisonnier en Biélorussie. Il ne s'est pas rendu, refusant de reculer, mais il ne s'est pas non plus suicidé comme l'exigerait la morale stalinienne. C'est Staline qui, d'une voix neutre, sans marquer la moindre émotion et sans faire d'autre commentaire, communique à Svetlana la nouvelle au téléphone. Il précise seulement : « Ne dis pas un mot à sa femme pour le moment. » Ioulia Meltzer, une jeune femme d'origine juive, que Iakov a épousée en 1936, après un premier mariage malheureux, se trouve justement aux côtés de Svetlana. À son expression, elle comprend que quelque chose de grave est arrivé.

Elle la presse de questions, mais la jeune fille refuse de lui dire la vérité.

Staline a toujours été d'une froideur glaciale avec ce fils né de son premier mariage. Il le considère comme un propre à rien et le méprise. À part la couleur des yeux et la voix, il est vrai qu'il lui ressemble bien peu. Ni vaniteux, ni ambitieux, ni violent, écrit Svetlana qui le défend toujours, à l'exemple de sa mère qui tentait, lorsqu'elle était encore en vie, de le protéger de la vindicte paternelle. Staline ne s'était-il pas exclamé, après une tentative de suicide de Iakov, alors âgé de 23 ans : « Il n'a même pas été capable de tirer juste » ? Puis il avait chargé Nadia de lui dire qu'il ne voulait plus jamais le revoir.

Pour tenter de regagner l'estime de son père, Iakov avait abandonné son métier d'ingénieur en 1935 pour entrer dans l'armée. Peine perdue. Pour Staline, en ne mourant pas au combat et en tombant entre les mains allemandes, son fils s'est, une fois encore, comporté comme un lâche[12]. Des photos représentant ce dernier, la mine défaite, l'uniforme délesté de ses insignes et entouré d'officiers ennemis lui parviennent. Pire, raconte Svetlana, l'idée naquit en Staline que la prise de Iacha n'était pas une chose toute simple. Il tira cette conclusion d'une photo que diffusa la propagande allemande montrant son fils vêtu d'une veste de cuir qu'il portait avant la guerre. C'était sûr, quelqu'un avait « trahi, livré Iacha » et Ioulia ne pouvait pas être étrangère à cette machination. À l'automne 1941, on arrêta la jeune femme à son retour à Moscou. Enfermée à la Loubianka avant d'être transférée à Engels sur la Volga, elle ne sera libérée qu'en 1943. Elle ne reçut aucune explication sur les raisons de son incarcération. Elle ne devait jamais revoir Staline.

Les Allemands, pendant les années de détention de Iakov, cherchèrent à l'utiliser de mille façons contre son pays, mais il résista avec courage, refusant toute collaboration avec l'ennemi. Staline, selon l'historienne Lili Marcou[13], tenta finalement de le faire libérer. Plusieurs commandos furent organisés, composés, entre autres, de volontaires espagnols. Après la titanesque bataille de Stalingrad, Hitler proposa au maître du Kremlin d'échanger son fils contre le maréchal von Paulus, le commandant en chef de la VIe armée, dont la reddition avec tous ses hommes le 31 janvier 1943 marqua le tournant de la guerre sur le sol russe. Staline refusa. Iakov ne devait jamais revoir sa patrie. De nombreuses versions circulèrent sur sa mort, dont celle de son suicide – il se serait jeté sur les barbelés électrifiés du dernier oflag où il était enfermé. Au lendemain de la fin de la guerre, lors d'une première rencontre entre le père et la fille qui ne s'étaient pas vus depuis des mois, Svetlana apprit de la bouche même de Staline que Iacha avait été fusillé par les Allemands. Il avait reçu une lettre d'un officier belge – un prince, précisa-t-il –, témoin de l'exécution, qui lui présentait ses condoléances. « Il haletait, se souvient Svetlana, comme atteint par cette nouvelle, mais refusa d'en dire davantage[14]. »

Au mois de septembre 1941, Svetlana et les siens quittent Sotchi pour rejoindre Moscou. Le Sud, menacé par l'avance allemande, risque d'être coupé du reste du pays. Dans la capitale, l'atmosphère est tendue, la population, désorientée ; certains quartiers ont été bombardés, y compris le lycée de Svetlana, qui visite avec son père le bunker en cours de construction tout près de l'appartement du Kremlin. Son séjour y est bref. Un wagon spécial l'emmène avec le reste de la famille vers

Kouïbychev[15], l'ancienne Samara, sur la Volga. En cas d'attaque directe contre Moscou, Staline envisage d'y installer son quartier général. Il y est poussé par les potentats qui l'entourent, notamment par Lavrenti Beria et Gueorgui Malenkov. Dans cette perspective, un autre bunker qui descend à cent mètres sous terre est construit en toute hâte. Pendant que sa clique se prépare à évacuer la capitale, Iossif Djougachvili Staline « s'enferme dans un silence impénétrable et ne souffle mot sur ses plans. Il rumine, observe, s'interroge, passe son temps de détente à lire des livres d'histoire, dont une biographie d'Ivan le Terrible[16] ». Garé sur une voie secrète, un train spécial l'attend. Mais Staline ne quittera pas Moscou.

À Kouïbychev, un petit musée, situé rue des Pionniers, a été rapidement déménagé et transformé en résidence pour accueillir Svetlana et les siens – à l'exception de Ioulia, déjà incarcérée, et du grand-père Sergueï parti s'installer à Tbilissi. La fille de Staline fréquente une école où elle retrouve un certain nombre de ses amis, comme le fils d'Anastase Mikoïan ou Marfa Pechkova. Mais elle n'aime pas la ville, peuplée en grande partie de réfugiés – « des vieillards et des pauvres », écrit-elle à Staline dans une lettre qu'elle lui adresse le 19 septembre 1941, avec ce curieux début : « Papa, mon précieux bonheur[17]. » Dans ce courrier, elle ne cache pas ses inquiétudes pour ce père dont elle n'ignore plus la cruauté, mais qu'elle craint de voir disparaître. Elle le supplie de la laisser venir le voir à Moscou, ne serait-ce que deux ou trois jours. Mais elle manifeste bien d'autres préoccupations, notamment quant à l'évolution de la guerre : « Papa, pourquoi les Allemands continuent-ils d'avancer et d'avancer ? Quand se décidera-t-on enfin à leur donner une bonne raclée ? Nous ne pouvons continuer à leur abandonner nos villes et nos industries. » Mais elle fait aussi preuve d'audace et de générosité : « Papa, j'ai encore une demande à te faire, Goulia, la fille de Iakov, est restée à Sotchi. J'aimerais beaucoup qu'elle nous rejoigne, maintenant qu'elle n'a plus personne. » Svetlana obtient gain de cause. Le 28 octobre, elle arrive à Moscou pour quelques jours. À peine le temps d'entrevoir son père, tout occupé de la conduite des opérations dans le bunker enfin construit. Sur les murs de son bureau, réplique parfaite de celui de la *Blijniaïa*, des cartes où figurent les divers fronts. Il est entouré de plusieurs membres du Politburo et de généraux. Les informations lui arrivent à jet continu et Svetlana ne peut que constater qu'il ne fait guère attention à elle : « Je le dérangeais. »

Quelque temps plus tard, au cours de l'hiver 1941-1942, Svetlana fait lors de son exil de Kouïbychev une découverte qui l'atteint au plus profond d'elle-même. Étant donné l'alliance entre Soviétiques et Occidentaux, la presse anglo-saxonne est désormais autorisée en Union soviétique et Staline encourage sa fille à améliorer son anglais qu'elle parle déjà assez bien. Svetlana lit avec avidité *Life*, *Fortune*, *The Illustrated London News*. Un monde qu'elle ignore s'ouvre à elle. Mais ce qui la bouleverse, c'est ce secret d'État dont elle a soudain la révélation à la lecture d'un article sur son père : sa mère n'est nullement morte d'une appendicite, comme le veut le mensonge forgé par Staline. Elle s'est suicidée dans la nuit du 9 novembre 1932.

Journal en main, Svetlana, abasourdie, se précipite vers sa grand-mère : « Je sais tout, pourquoi m'avoir caché la vérité ? » Olga lui fait alors le récit complet du drame. Ce fut un choc terrible, un désespoir sans borne, témoigne son amie Marfa Pechkova. Svetlana en fut marquée à vie : « Je n'arrivais pas à retrouver mon équilibre. Quelque chose s'était brisé en moi ; le ressort de ma soumission absolue à la volonté de mon père, à ses opinions, à ses paroles s'était cassé. » De ce jour, une nouvelle douleur l'habite : comment Nadia a-t-elle pu l'abandonner ?

À 16 ans, Svetlana comprit qu'elle était irrémédiablement seule.

Chapitre VIII

Une *love story* qui finit mal

L'hiver 1941-1942 est interminable. Le pays tout entier reste suspendu aux nouvelles du front. Le 5 décembre, les troupes soviétiques, sous le commandement du futur maréchal Joukov, réussissent enfin à stopper l'offensive nazie en direction de Moscou et font reculer les Allemands sur trois cents kilomètres. C'est la première victoire de Staline, mais toute relative : la Wehrmacht poursuit son avancée au sud vers l'Ukraine et le Caucase. Leningrad est assiégée depuis le mois de novembre précédent. La ville de Pierre le Grand, soumise à un blocus qui va durer neuf cents jours, vit un enfer. Avec comme corollaire un million de morts de faim.

Mais Moscou hors d'atteinte, c'est tout un symbole. Et l'espoir renaît, d'autant que l'alliance avec les démocraties occidentales se renforce de jour en jour[1]. Certes, le couvre-feu persiste, les fenêtres sont tendues de papier pour que les vitres n'éclatent pas sous l'effet des bombardements et les sirènes d'alerte rompent le silence nocturne. Il est très difficile de se nourrir et le marché noir prospère, mais ceux qui ont fui pendant l'été 1941 retrouvent peu à peu le chemin de la capitale.

Svetlana rentre définitivement à Moscou au mois de juin 1942. Rien n'est plus pareil. L'appartement du Kremlin a été partiellement déménagé, les rayonnages de la bibliothèque vidés, tous les livres ont été transférés à Kouïbychev. Mais le pire pour elle, c'est Zoubalovo. Par crainte de l'arrivée des Allemands, on a fait sauter l'ancienne datcha – des blocs noircis des murs subsistent – et c'est une nouvelle maison qui surgit à l'automne. Le bâtiment neuf n'a plus rien du charme de la maison de son enfance. Peinte en vert sombre pour le camouflage, c'est, au dire de Svetlana, une bâtisse monstrueuse, informe, surmontée d'une tourelle en son milieu et lestée de terrasses inachevées.

Après des semaines d'attente, la jeune fille revoit son père au milieu du mois d'août. Et encore s'agit-il de retrouvailles très peu intimes. Churchill vient d'arriver à Moscou. C'est la première rencontre du Premier ministre britannique avec le généralissime pour des discussions qui touchent à la stratégie future de la guerre. La négociation est âpre. Staline réclame de ses alliés anglo-américains l'ouverture rapide d'un second front à l'ouest pour obliger Hitler à desserrer son étreinte sur l'Union soviétique. La réponse de Churchill est négative : une telle opération est impossible en 1942, il faut encore attendre au moins jusqu'à l'année suivante pour envisager un débarquement sur les côtes françaises. Staline est furieux mais il n'en invite pas moins l'homme à l'éternel cigare à dîner le soir même dans son appartement. Svetlana, toujours tenue à distance de la moindre réception avec des étrangers, y est conviée sur ordre de son père qui a fait téléphoner l'après-midi même à Zoubalovo. La jeune fille n'est pas seulement surprise mais perplexe : « En partant, je me demandais si je devais prononcer quelques mots en anglais ou s'il valait mieux que je garde le silence. »

Staline se montre très cordial avec ses invités, eux-mêmes charmés par son hospitalité et l'amabilité de son accueil. Soudain, il désigne Svetlana à Churchill : « C'est ma fille », et lui caressant les cheveux, « la rousse ». Le Premier britannique sourit et, pointant son cigare vers le sommet de son crâne, réplique qu'enfant, il a lui-même été roux. Il ajoute que sa fille sert dans la Royal Air Force. Svetlana comprend tout ce qu'il dit, mais elle est trop timide pour prononcer un mot d'anglais ; Staline ne lui en laisse d'ailleurs pas le temps. Elle espérait dîner avec les deux hommes, mais lorsque la conversation commence à rouler sur la guerre, le *Vojd* embrasse sa fille et lui dit de retourner à ses occupations. L'intermède du bon père de famille est terminé. Il n'était destiné, écrira plus tard Svetlana, qu'à montrer à Churchill qu'il était un homme comme les autres. Un sentiment que corrobore le Premier britannique : « Un éclair de malice dans les yeux, Staline me regarda comme pour me dire, me sembla-t-il : vous voyez, même nous les bolcheviks, nous connaissons la vie de famille[2]. »

À l'automne 1942, Svetlana entre en première. Elle a 16 ans. À l'école n° 25 qui a rouvert ses portes, il fait froid. Beaucoup d'élèves ont été dispersés aux quatre vents depuis le début de la guerre, mais les cours d'Anna Alexeïevna Iasnolskaïa, le meilleur professeur de littérature de tout Moscou, selon la jeune fille, réchauffent le cœur et l'esprit. C'est tout un monde de lectures qui s'ouvre à elle. Svetlana lit avec passion Schiller, Goethe, Gorki, Tchekhov et les poètes soviétiques Maïakovski et Essenine. Plus encore Dostoïevski, en dépit de l'interdiction qui pèse sur ses livres. L'esprit du temps n'est pas non plus absent à travers les poèmes de David Samoïlov[3] : « La guerre, le malheur, le rêve et la jeunesse / se sont confondus et gravés dans mon cœur / Plus tard est venue l'heure du réveil… »

Ce goût de la lecture, mais aussi de la peinture et de la musique, Svetlana le partage avec une nouvelle venue qui fait son apparition sur les bancs de sa classe en cet automne 1942. Olga Rifkina fait exception dans cet établissement pour enfants privilégiés. Elle est juive et habite dans un appartement communautaire avec sa grand-mère. Pendant plus d'un an, elle a vécu à Penza, où sa mère et son jeune frère se trouvent toujours, sans fréquenter l'école[4]. L'accueil n'est guère chaleureux, professeurs et élèves la regardent de haut. À une exception près, Svetlana : « J'ai aimé tout de suite Svetlana, c'était une personne particulièrement humble. Et même timide. Elle possédait beaucoup de féminité et de charme. Elle a attiré mon attention et je l'ai admirée. Et notre amitié survivra jusqu'au dernier jour de nos vies[5]… »

Une amitié intense, comme il en existe à cet âge. Les deux jeunes filles se promènent des heures durant le long de la Moskova, fréquentent le conservatoire où elles écoutent Bach, Mozart, Fauré ou Prokofiev. Ceci, au grand dam de Klimov, l'éternel suivant de Svetlana, pour qui le son des violons est comparable à celui d'une scie. Et, contrevenant aux interdits, elles apprennent par cœur les poèmes de la subversive Anna Akhmatova. Sans doute leur vie est différente. La petite princesse du Kremlin ignore que son amie, une fois rentrée chez elle, n'a le plus souvent pour dîner qu'un bol de soupe et une tasse de thé. « À l'époque, Svetlana était complètement isolée de la vie réelle ordinaire, se souvient encore Olga. Elle ignorait les restrictions et la faim. Elle n'avait jamais eu besoin de rien acheter et l'argent, quelle que soit sa valeur, n'avait pour elle aucun sens[6]. »

Son père dirigeant la guerre du fond de son bunker, Svetlana, toujours accompagnée de son inséparable nounou, vit la plupart du temps à Zoubalovo où sont installés son frère, sa femme Galina et leur fils Alexandre qui n'a que quelques mois. Vassili, qui fut colonel d'aviation à 22 ans, n'a plus le droit de piloter un avion pour l'avoir fait en état d'ivresse. Il vient néanmoins d'être nommé inspecteur des forces aériennes au quartier général de Moscou. Un poste qu'il doit plus à son père, dont pourtant les colères le font trembler, qu'à ses vertus guerrières et à sa tempérance. Au plus fort de la bataille de Stalingrad et alors que les bombardements se poursuivent sur la capitale, il mène joyeuse vie. Entouré de courtisans, il passe son temps en beuveries, fréquente assidûment l'Aragvi, le fameux restaurant géorgien de la capitale. Vassili a surtout transformé Zoubalovo en un lieu de plaisir. Les amis du « Prince rouge », qui est aussi un séducteur et se montre à l'occasion violent avec sa femme, sont d'abord des pilotes et des athlètes célèbres, mais aussi des auteurs de films comme Roman Karmen[7], des écrivains et poètes comme le six fois prix Staline, Constantin Simonov[8], des actrices comme Valentina Serova et des danseuses. Tout ce monde, dont s'inspirera plus tard Vassili Axionov dans *Une saga moscovite*, se presse à Zoubalovo pour des soirées où la vodka coule à flots et qui ne se terminent qu'au petit matin. On écoute du jazz, on discute cinéma, on danse le fox-trot. Des couples se forment pour une nuit.

Vassili insiste pour que Svetlana participe à la fête en dépit de ses réticences. Obstinée et volontaire aussi bien que timide et réservée, presque tout la sépare de

Vassili, à l'exception d'un sentiment d'abandon partagé. Physiquement, c'est maintenant une jeune fille aux formes pleines qui ne manque ni de charme ni de séduction. Lors d'une de ces soirées un bel homme de vingt ans de plus qu'elle – la même différence d'âge qui existait entre Joseph et Nadejda – lui en fait prendre conscience. Alexeï Iakovlevitch Kapler est un scénariste fameux[9]. Surnommé Lioussia, c'est aussi un conteur et un charmeur : sa réputation de Casanova n'est plus à faire, bien qu'il soit marié. Svetlana et lui se sont déjà vus une première fois lors d'une avant-première à la Maison du Cinéma, rue Gnezdnikovky, et Kapler s'est étonné de la manière dont Svetlana parlait du septième art.

Mais la vraie rencontre a lieu le soir du 8 novembre 1942. Vassili et ses invités fêtent à Zoubalovo l'anniversaire de la Révolution. Kapler est intrigué par Svetlana qui ressemble si peu, dans sa robe simple mais faite sur mesure, aux autres femmes présentes : « J'ai été immédiatement frappé par sa grâce et son intelligence, confiera-t-il, près de trente ans plus tard. Ses jugements étaient audacieux, ses manières, dénuées de toute prétention[10]. » Et à la grande surprise de Svetlana, Kapler l'invite à danser le fox-trot : « Je devais être assez gauche, mais Lioussia me jura que je dansais à la perfection. Un sentiment inconnu de confort m'envahit à ses côtés. Je ressentais une confiance infinie à l'égard de cet homme fort et bienveillant. J'avais envie de poser ma tête sur sa poitrine et de fermer les yeux[11]… » Pendant qu'ils dansent, Kapler s'étonne : pourquoi cet air de tristesse ? Il remarque aussi une jolie broche en rubis agrafée sur sa robe. Svetlana lui explique qu'elle lui vient de sa mère qui est morte juste dix ans auparavant. Sans l'avoir prévu, elle commença à lui parler de sa vie comme elle ne l'avait jamais fait avec personne. Puis ils partirent se promener dans le parc en compagnie de Constantin Simonov, Kapler serrant la main de Svetlana dans la poche de son manteau…

C'est le début d'une idylle. Platonique, elle n'en sera pas moins intense et pèsera sur leurs deux vies. Kapler la définira ainsi : « Une relation unique ; peut-être une amitié tumultueuse et désespérée entre deux personnes qui se comprenaient et aimaient être ensemble[12]. » Svetlana connaîtra là son amour le plus pur et le plus romanesque : « Nous étions attirés l'un vers l'autre par une force invincible[13]. » Dès lors, ils cherchent à se voir le plus souvent possible. Lioussia vient l'attendre à la sortie du lycée, dissimulé sous le porche d'une maison voisine et le cœur de Svetlana bat en le voyant. Il lui offre des disques et des livres, dont *Pour qui sonne le glas*, le roman interdit d'Hemingway sur la guerre d'Espagne. Pendant des jours et des jours, ils se réfugient à la galerie Tretiakov où ils déambulent à moitié gelés jusqu'à l'heure de la fermeture. Ils assistent au Bolchoï aux représentations de *L'Oiseau bleu* et de *La Dame de Pique* et, dans la salle des avant-premières du Club des artistes de cinéma, Kapler lui fait découvrir les comédies musicales de Fred Astaire et Ginger Rogers, et surtout *La Reine Christine*. Greta Garbo bouleverse la fille de Staline et l'un et l'autre s'identifient aux personnages du film. Svetlana est la souveraine qui, rebelle, veut échapper à son destin royal ; Kapler, Don Alfonso, l'envoyé du roi d'Espagne, pour lequel Christine de Suède est prête à tout abandonner. Ils marchent aussi des heures dans les rues sombres et enneigées de Moscou. À quelques pas derrière eux déambule l'infatigable « protecteur » de Svetlana, Mikhaïl Nikititch Klimov. Svetlana a fini par ressentir pour lui une certaine affection et Kapler lui offre des cigarettes[14]. L'homme n'en est pas moins effrayé, il sait que le téléphone de la jeune fille est sur écoute et que le NKVD fait chaque jour son rapport au Kremlin.

Envoyé spécial de la *Pravda*, Alexeï Kapler part au milieu du mois de novembre pour Stalingrad dont la bataille tient le monde entier en haleine[15]. C'est sous forme de lettres à sa bien bien-aimée que le cinéaste signe ses articles sur la guerre : « Lieutenant L. » Ainsi fait-il preuve d'une audace incroyable en faisant allusion à leur relation amoureuse ; comme si Svetlana n'avait pas pour père l'implacable Géorgien ! Il évoque leurs longues promenades à la galerie Tretiakov et termine ainsi son récit : « Il neige sans doute à Moscou. De ta fenêtre, tu vois les murs crénelés du Kremlin. » Svetlana trouve le geste chevaleresque mais téméraire : « Un frisson de peur me saisit. Je me demandais ce qui se passerait lorsque mon père ouvrirait le journal [...]. Mon Dieu, mon Dieu, qu'est-ce que l'avenir me réservait[16] ? »

Lorsque Kapler rentre de Stalingrad à la fin du mois de décembre, Svetlana et son amoureux, conscients des risques pris, décident de ne plus se voir, ni même de se téléphoner. Mais au bout de trois semaines, Svetlana n'y résiste pas. Soucieuse de la surveillance qui l'entoure, elle utilise le téléphone de sa grand-mère pour appeler Kapler. Bientôt, ils hantent à nouveau les cinémas et les théâtres et à nouveau parcourent, transis, les rues enneigées de la capitale. La menace est pourtant loin d'avoir disparu. Le colonel Roumiantsev, bras droit du général Vlassik, chef de la garde de Staline, n'a pas tardé à appeler Lioussia pour lui conseiller de se faire envoyer en mission et de quitter Moscou sans délai. Bien loin de l'écouter, Alexeï Kapler a interrompu la communication. « C'était une question de respect pour moi-même[17] », dira-t-il plus tard.

Tous deux n'en sentent pas moins l'orage approcher. Au mois de février, Kapler s'apprête à quitter à nouveau Moscou pour Tachkent. On doit y tourner le scénario de son film *Elle défend la patrie*, consacré aux partisans de Biélorussie. L'un et l'autre ont conscience que cette séparation peut être longue, sinon définitive. Le 28 février, le jour de l'anniversaire de Svetlana qui fête ses 17 ans, ils se rencontrent dans un appartement près de la gare de Koursk que Vassili a mis à leur disposition. Ils n'y sont pas seuls. Tremblant comme à son habitude, le fidèle Klimov est à l'écoute dans une pièce attenante, dont la porte reste grande ouverte. La gorge serrée, ils ne parviennent pas à parler : « Nous restions debout à nous embrasser en silence, car nous savions que nous nous voyions pour la dernière fois. Malgré les larmes qui nous montaient aux yeux, nous nous sentions heureux pendant ces minutes douces-amères[18]. »

Staline est fou de rage. Le 2 mai, Alexeï Kapler se rend à une réunion professionnelle. Alors qu'il s'apprête à descendre de voiture, une main se pose sur son épaule. Un homme décline son identité et lui ordonne de reprendre le volant avant de s'installer à ses côtés. Il ne prononce qu'un seul mot : à la Loubianka[19]. Dans le rétroviseur, Kapler aperçoit une Packard noire qui les escorte. À son bord, le général Vlassik. Quelques minutes plus tard, les deux véhicules franchissent le lourd portail de cet ancien siège d'une compagnie d'assurances, devenu haut lieu de la répression. Un guichet où l'on remet son passeport, un grand hall à colonnes, un corridor interminable au parquet ciré, des lumières blafardes. Kabulov, un vice-ministre de l'Intérieur, domine Kapler qui n'ignore pas que l'on torture dans les sous-sols du bâtiment. L'entrevue est brève. L'homme du NKVD ne fait aucune allusion à Svetlana, ne prononce pas le nom de Staline, n'évoque aucun contact avec des étrangers ; il n'est pas non plus question d'espionnage pour les Britanniques. Il ne prononce qu'une phrase qui vaut condamnation sans jugement : « Alexeï Iakovlevitch Kapler, sur la base de l'article 58 de notre loi, vous êtes en état d'arrestation pour avoir fait état dans vos propos d'opinions antisoviétiques et contre-révolutionnaires[20]. »

Kapler est, à sa manière, un privilégié. Dix ans de camp est le prix habituel à payer pour ce genre de crime[21]. Il n'en récolte que cinq, mais il n'a le droit de prévenir personne, pas même sa femme, et encore moins Svetlana. Déporté dans le nord de la Russie, il est détenu à Vorkouta, immense complexe concentrationnaire dans la République autonome des Komis[22], où l'exploitation des détenus et la brutalité font loi. Par chance, le directeur du camp, qui est amateur de spectacles, connaît sa réputation. Il le nomme d'abord photographe du territoire dont il a la charge et l'autorise bientôt à rejoindre en tant que *zazonnik* (prisonnier en semi-liberté) la troupe du théâtre de Vorkouta. C'est là qu'il rencontre l'actrice Valentina Tokaraskaïa qui deviendra sa maîtresse. Libéré au bout de cinq ans, Kapler est interdit de séjour à Moscou. Aussi décide-t-il de rejoindre Kiev où vivent ses parents. Il prend toutefois le risque de s'arrêter à Moscou pour tenter de revoir sa femme. Il y reste à peine deux jours mais au moment où il monte dans le train pour l'Ukraine, des policiers l'arrêtent. Cette petite escapade lui vaudra une nouvelle condamnation à cinq ans. Cette fois-ci, pas question de théâtre : c'est le travail forcé dans une mine de charbon du bassin de la Petchora.

Après leur dernier rendez-vous, Svetlana était rentrée chez elle, pressentant le pire. Le 3 mars au matin, Staline entre brusquement dans la chambre de sa fille, sans prendre garde au fait que celle-ci est en train de s'habiller. Son regard furieux « pétrifia la nounou tapie dans un coin ». « Je n'avais jamais vu mon père ainsi. D'habitude réservé dans son langage et ses émotions, il suffoquait de colère au point de bredouiller : "Où, où est ta correspondance, où sont toutes les lettres de ton écrivain ? Je sais tout ! Toutes les transcriptions de tes communications téléphoniques, les voici !" Et, enfouissant sa main dans sa poche : "Viens là un peu ! Ton Kapler est un espion anglais, il est arrêté !" » Et il lança sur la table les lettres et les photos que Lioussia avaient envoyées de Stalingrad, des ébauches de récits et un nouveau scénario de film sur Chostakovitch. « Mais je l'aime ! » – s'écria Svetlana. « Tu l'aimes ! » hurla Staline avec une indéfinissable méchanceté. « Et pour la première fois, il me gifla à deux reprises. » Puis il se tourna vers la gouvernante : « Voyez donc, nounou, où elle en est arrivée » ; et ne pouvant se contenir : « Pensez à la guerre que nous menons, et voilà à quoi elle s'occupe. » Édulcorant les paroles de son père, Svetlana écrira avec pruderie : « Et il proféra des insultes de moujik... » Staline n'en reste pas là, il ajoute : « Regarde-toi ! Qui voudra de toi ! Regarde-toi donc un peu dans une glace ! À qui peux-tu donc plaire ? Il est entouré de filles, espèce d'idiote[23] ! »

Le soir, de retour de l'école, Svetlana est à nouveau confrontée à son père. Il continue de fulminer et, déchirant les lettres de Lioussia, marmonne : « Quel écrivain ! Il ne sait même pas écrire correctement le russe ! Tu ne pouvais pas te trouver un Russe ! » Le fait que Kapler soit juif, précise-t-elle encore, l'irritait plus que tout. Svetlana quitte la pièce.

Longtemps, Svetlana ignora ce qui était arrivé à Kapler, qu'elle ne revit que onze années plus tard.

CHAPITRE IX

Un premier mariage contre le père…

La violence physique et verbale que Staline a manifestée le 3 mars 1943 à l'égard de Svetlana pour fustiger ses amours avec Alexeï Kapler marque un nouveau point de rupture entre le père et la fille. Pendant des mois ils n'ont aucun contact. Ni rencontre ni coup de téléphone. Plus que jamais absorbé par la conduite de la guerre jusqu'à la victoire finale, le vainqueur de Stalingrad, qui règne sur « une nouvelle Russie bolchevique et impériale[1] », ne se préoccupe guère du sort de ses enfants, y compris de celle qui a été longtemps l'enfant chérie. C'est finalement Svetlana qui rompt le silence. Au mois de juillet, elle l'appelle à la datcha de Kountsevo pour lui annoncer qu'elle a terminé le lycée. La voix de son père est impersonnelle, et sa réponse tient en trois mots : « Viens me voir. »

Le temps n'est plus aux démonstrations de tendresse, Staline va droit au but. Il interroge sa fille sur ses projets. Svetlana souhaite entrer à la Faculté des lettres, elle veut écrire. Il réagit aussitôt : « Tu veux être une femme de lettres ? Ainsi cette bohème t'attire. Ils sont tous des ignorants et tu veux l'être aussi… Non, tu dois recevoir une bonne instruction. Au moins, fais de l'histoire ! Il faut connaître l'histoire de la société, c'est indispensable pour un écrivain. Étudie l'histoire, et ensuite fais ce que tu voudras[2]. » Staline espère sans doute encore faire de sa fille une bonne marxiste et un membre loyal du Parti communiste. Svetlana obtempère mais fait un choix qui lui est propre, celui de l'histoire moderne des États-Unis, une matière idéologiquement acceptable dans cette période de coopération avec les alliés anglo-saxons. Ainsi écrira-t-elle des essais sur le New Deal de Roosevelt, les syndicats, sur la politique étrangère américaine en Amérique latine et en Europe.

En entrant à la Faculté d'histoire de l'université de Moscou, et en contrepartie de son acquiescement aux desiderata de son père, Svetlana, soucieuse de ne pas se couvrir de ridicule face aux autres étudiants, obtient quelque temps plus tard d'être délivrée de la tutelle de Klimov, son éternel chaperon. À 17 ans, elle souhaite ne pas se distinguer de ses contemporains et être une étudiante comme les autres. Mais est-ce possible quand on est la « petite princesse » du Kremlin ? Un étudiant de la Faculté d'histoire de Moscou qui l'a bien connue en 1943-1944 se souvient : « Si sa courte pelisse de petit-gris, ses tailleurs anglais de couleur sombre, ses blouses de soie vivement colorées, ses élégantes chaussures à talons plats – toutes choses que nous n'avions jamais vues – avaient bien été fabriqués sur le territoire soviétique[3], alors c'était probablement dans cette contrée montagneuse : la Nomenklatura[4]. » De plus, beaucoup des jeunes gens qu'elle côtoie ont vu leurs parents disparaître lors des purges de la fin des années 1930 si bien qu'il leur est difficile de la considérer autrement qu'avec suspicion. De toute sa vie, et quoi qu'il arrive, Svetlana ne pourra parvenir à atteindre ce qui semble son désir profond : rester anonyme pour vivre à sa guise et échapper à l'empreinte de celui dont une seule parole a pu anéantir des milliers, des dizaines de milliers de personnes.

Que lui reste-t-il de son idylle avec Alexeï Kapler à part cette solitude et ce sentiment d'abandon qu'elle connaît bien ? Ce premier amour lui a fait découvrir une terre inconnue, celle de la complicité, de la tendresse, du bonheur d'être deux. Ses conditions de vie dans l'appartement du Kremlin, déserté par Staline, lui sont de moins en moins supportables. Elle dîne dans la seule compagnie de sa nounou et elle n'ose pas inviter ses nouveaux amis car un permis spécial est obligatoire pour pénétrer à l'intérieur de la forteresse. L'unique exception fut Olga Rifkina à la fin de l'année scolaire 1944.

Un peu plus d'un an après la fin de sa première histoire d'amour, Svetlana se rend à Kountsevo pour annoncer à son père son intention de se marier. « C'était le mois de mai 1944, tout fleurissait autour de la datcha, le calme régnait, les abeilles bourdonnaient. “Tu veux donc te marier ?” me dit-il. » Pour toute réponse, Staline hausse les épaules : « Que le diable t'emporte, fais ce que tu veux[5] ! » L'heureux élu, un étudiant en droit que Svetlana connaît depuis le lycée, se nomme Grigori (Gricha) Morozov et appartient à une famille d'origine juive[6]. En pleine Grande Guerre patriotique contre le nazisme et alors même que le monde découvre avec horreur les camps de la mort, l'antisémitisme n'est pas de mise en Union soviétique. Il faudra encore deux ans et le début de la guerre froide pour qu'il devienne doctrine d'État, sous prétexte de « lutte contre le cosmopolitisme[7] ».

Comme la guerre bat encore son plein, la cérémonie du mariage est des plus simples. Les deux jeunes gens se rendent à la mairie où un fonctionnaire demande à la jeune femme, en voyant son passeport : votre père est-il au courant ? Certes, Staline ne s'est pas opposé à ce projet, mais il a toutefois déclaré qu'il refusait à tout jamais de rencontrer Grigori Morozov : « Il est trop prudent ton mari, la situation est terrible sur le front, on se tue, et lui, vois-tu, s'embusque à l'arrière[8]. »

Svetlana écrira plus tard qu'au contraire de Grigori, elle n'était pas amoureuse de lui ; il était charmant et ils s'entendaient bien, mais rien de plus. Alors, pourquoi ce mariage ? Pour provoquer son père ? Fuir le Kremlin ? Tenter d'oublier Kapler ? Cherche-t-elle à se consoler de ne pouvoir en épouser un autre, à savoir le fils de Lavrenti Beria, dont Svetlana fréquente assidûment la famille ? Sergo, alors âgé de 21 ans, « était si beau que toutes les filles en étaient amoureuses. Elles en rêvaient toutes », raconte sa femme, Marfa Pechkova. Tel aurait d'ailleurs été le cas de Svetlana qui se serait éprise de lui et mis en tête de l'épouser, alors même qu'il était marié avec une autre. L'historien britannique Montefiore rapporte même que Svetlana aurait suggéré aux Beria d'envoyer Marfa vivre ailleurs avec sa fille aînée, tandis qu'elle s'installerait avec Sergo et élèverait son deuxième enfant[9]. Une attitude qui n'étonne en rien Mikoïan : « Elle est comme son père, quand elle veut quelque chose, elle n'en démord pas[10]. » Pour sa part, Svetlana Allilouïeva ne dit mot d'une telle histoire. Tout au plus avouera-t-elle longtemps après : « Lorsque j'étais jeune, je voulais absolument me marier. »

Svetlana abandonne le Kremlin et le jeune couple s'installe dans « la maison du gouvernement[11] ». Construit en 1931 par l'architecte Boris Iofane pour regrouper dans un même lieu les membres du gouvernement et leurs familles jusque-là hébergés dans divers hôtels de Moscou, ce gigantesque complexe de plus de cinq cents appartements n'a pas moins de neuf entrées. Située sur la rive droite de la Moskova, face au Kremlin, cette ville dans la ville, dotée des derniers acquis du confort moderne, des services nécessaires à la vie quotidienne ainsi que de toutes sortes d'équipements culturels avait pour ambition d'incarner l'urbanisme dédié à « l'homme nouveau ». « L'immeuble était si immense qu'il cachait le soleil le matin et faisait de l'ombre même dans les journées les plus lumineuses », écrit l'écrivain Iouri Trifonov[12] qui en a fait la matière de son roman *La Maison du quai*[13]. Comme le laisse deviner la métaphore citée, l'ombre le recouvre inexorablement : les deux tiers des habitants disparurent lors des purges des années 1930. Parmi eux, le chef du gouvernement Alexeï Rykov ou le maréchal Toukhatchevski. À la fin des années 1940, bien d'autres subirent le même sort.

Svetlana et Morozov vivent dans l'appartement 370. Rien, à part leurs objets personnels, ne le distingue des autres logements, meublés et décorés de la même façon, réservés à la fine fleur de la Nomenklatura. À 18 ans, Svetlana a gagné son indépendance. Bientôt, elle attend son premier enfant.

Le 9 mai 1945, les Russes sont à Berlin, l'Allemagne défaite, la victoire sur le nazisme est totale. L'URSS tout entière vibre d'enthousiasme et d'attente. Si elle a pu battre Hitler, pourchasser ses troupes à travers toute l'Europe au prix de tant de millions de morts civils et militaires, elle va maintenant construire cette société où régneront justice et abondance. Son peuple, qui a tant souffert, tant sacrifié aux exigences de la guerre et du régime, espère enfin une vie plus facile et plus libre. À Moscou, la population est en liesse et rend gloire à ses dirigeants et aux alliés occidentaux. Ce jour-là, Svetlana, qui a entendu la nouvelle à la radio, téléphone dès l'aube à son père pour le féliciter de sa victoire. Elle ne peut retenir ses larmes. Le dialogue est aussi bref qu'à l'accoutumée : « Oui, la victoire ! – me dit-il. Merci, je te félicite à mon tour. Comment vas-tu ? »

Ce soir-là, Grigori et Svetlana invitèrent tous leurs amis à fêter l'événement. L'appartement est comble. Le champagne coule à flots et la soirée se poursuit jusqu'à l'aube. Deux semaines plus tard, Svetlana met au monde un petit garçon prénommé Iossif (Joseph). Elle attendra jusqu'au mois d'août pour se rendre à Kountsevo et le présenter à son père qui revient de la conférence de Potsdam[14]. La date est mal choisie, c'est le jour où les Américains lancent la première bombe atomique sur Hiroshima, et Staline a bien d'autres choses en tête qu'accorder une attention particulière à sa fille et au nouveau-né : « Quelle importance pouvaient avoir semblables vétilles dans le déroulement des événements mondiaux ? »

La vie est facile pour le jeune couple. Tous deux sont des étudiants privilégiés. Svetlana, à 19 ans, n'a qu'une hâte : retourner à l'université pour regagner le temps perdu à cause de sa grossesse. Ainsi choisit-elle de confier son petit Iossif, surnommé Ossia, aux soins de nourrices, dont la sienne, la fidèle Alexandra Bychkova. L'enfant vit avec sa *niania* à Zoubalovo et ne voit que rarement sa mère. La tradition des nounous s'est perpétuée dans l'élite soviétique et Svetlana n'agit pas différemment des autres jeunes femmes de son milieu. Mais comment ne pas s'étonner que celle qui dit avoir tant souffert de l'abandon soit si peu maternelle ? Le mariage s'avère d'ailleurs assez vite un échec. Après trois ans de vie commune, Grigori et Svetlana se séparent au printemps de 1947. La rumeur courut que Staline avait exigé qu'ils divorcent, mais Svetlana a toujours nié ce fait, affirmant qu'il s'agissait de raisons personnelles. Sans doute n'a-t-elle pas trouvé dans son exigeant et jeune mari toute l'attention qu'elle souhaitait. Et puis trois avortements ont miné sa santé. Tombée gravement malade, elle annonce à Gricha qu'elle le quitte et retourne au Kremlin avec le petit Iossif. « Comme nous étions jeunes et inconséquents – confiera-t-elle plus tard à une amie. Mais c'était moi qui n'étais jamais satisfaite, cherchant toujours à fuir pour trouver quelque chose de mieux[15]. »

L'idée d'avoir un gendre juif n'avait jamais plu à Staline qui fut heureux du divorce de sa fille. C'est ainsi qu'après de longs mois sans la voir, il l'invite à l'accompagner à Sotchi à l'été 1947. Ils passent trois semaines ensemble « un moment à la fois agréable et triste, une épreuve difficile[16] », écrit-elle. Elle supporte mal de vivre auprès de son père. Il dort la moitié de la journée et veille souvent jusqu'à l'aube, en compagnie d'Andreï Jdanov, de Lavrenti Beria, de Gueorgui Malenkov, venus de leurs résidences voisines. Ah, ces dîners qui n'en finissent pas et auxquels elle est contrainte d'assister, où se racontent les mêmes histoires, où les camarades de Staline qu'il maltraite et qu'il pousse à boire au cours d'interminables toasts s'écroulent finalement raides morts sur le sol ! Et lorsque le père et la fille se retrouvent seuls lors d'une promenade, que peuvent-ils se dire ? De crainte de prononcer des mots ou des noms qui pourraient éveiller la suspicion du « Montagnard du Kremlin[17] », Svetlana reste constamment sur ses gardes.

Le retour à Moscou pour la réouverture de l'université n'est pas moins difficile, alors qu'elle se réinstalle avec le petit Ossia et sa nounou dans l'appartement désert du Kremlin. Sous la surveillance du nouvel intendant, le capitaine de la sécurité d'État, Ivan Ivanovitch Borodatchek, qui va jusqu'à noter sur un cahier les livres qu'elle emprunte à la bibliothèque de son père, la voici encore une fois prise au piège. Le plus dur pour Svetlana, consciente de la difficulté d'élargir le cercle qui l'enserre, c'est à nouveau la solitude. À 21 ans, elle ne peut imaginer que ce sentiment sera son plus fidèle compagnon.

CHAPITRE X

… et un second pour le satisfaire

La première année d'après-guerre fut vécue par les Soviétiques dans une sorte d'euphorie. La guerre avait permis le retour à une relative liberté et, la paix retrouvée, le pays pouvait espérer, après tant de souffrances et de sacrifices, des « lendemains qui chantent » dans un monde pacifié. Même Staline, épuisé[1], s'autorisa de longues vacances. Mais ces illusions firent long feu. « La Grande Alliance » des démocraties occidentales et de l'Union soviétique n'avait été que de circonstance. Une fois l'ennemi commun terrassé, les divergences se multiplièrent. Mettant à profit le nouveau rapport de forces géopolitique consécutif aux accords de Yalta[2], « le petit père des peuples » entend imposer le communisme aux pays d'Europe de l'Est tombés dans son escarcelle. La réponse ne se fait pas attendre : le 5 mars 1946, l'ex-Premier ministre britannique, Winston Churchill, prononce lors d'un voyage aux États-Unis un discours prémonitoire au Westminster College de Fulton. Exprimant l'urgence d'une alliance entre Britanniques et Américains pour prévenir la guerre et la tyrannie qu'engendrerait une poursuite de l'expansionnisme soviétique, il constate, d'une formule qui fera date : « De Stettin dans la Baltique à

Trieste dans l'Adriatique, *un rideau de fer* est tombé sur l'Europe. »

Convaincu que les États-Unis vont user tôt ou tard contre l'URSS de l'arme nucléaire, comme ils l'ont fait au Japon, Staline met Beria à la tête de la recherche atomique[3]. Très vite, l'antagonisme grandit entre les États-Unis et l'URSS et les accusations réciproques d'espionnage ont des conséquences directes sur la vie des citoyens des deux nations. Aux États-Unis, sous l'impulsion du sénateur McCarthy, le Comité sur les activités anti-américaines déclenche la chasse aux communistes – ou jugés tels. En URSS, Andreï Jdanov, Premier secrétaire du PC de Leningrad, grand maître de l'idéologie et favori du dictateur, entreprend, avec l'appui du MGB, une terrifiante offensive au nom du nationalisme russe et de l'orthodoxie socialiste (la *Jdanovchtchina*) contre tout ce qui, de près ou de loin, peut avoir un lien avec l'Occident. La lutte contre le cosmopolitisme commence par l'ancienne capitale des tsars : les principales revues littéraires sont interdites ; les poètes et les écrivains parmi les plus célèbres, tels Anna Akhmatova[4] ou Mikhaïl Zochtchenko[5], sont stigmatisés et exclus de l'Union des écrivains ; Dimitri Chostakovitch est accusé de faire « de la cacophonie à la place de musique ». Bientôt la répression touche toutes les sphères de la vie artistique et scientifique. Les Juifs, nombreux dans l'intelligentsia, constituent à partir de 1948 et jusqu'à la mort de Staline une cible privilégiée[6].

En 1948, le fait le plus marquant est l'arrestation des principaux membres du Comité juif antifasciste[7]. Créé pendant la guerre à l'initiative de Staline, il a pour mission de raffermir les liens avec la communauté juive des États-Unis, susceptible d'aider financièrement l'effort de guerre soviétique. Un des personnages les plus actifs en est Solomon Mikhoels, directeur du théâtre juif de Moscou, admiré par Staline pour sa performance dans le rôle du roi Lear. Ce qui n'empêchera pas ce dernier de s'en débarrasser. Une machination est montée contre lui, dont Svetlana témoigne dans *En une seule année*[8]. En visite à la datcha de Staline, elle entre par hasard dans le bureau de son père et l'entend parler au téléphone. Elle raconte : « On le tenait apparemment au courant de quelque chose. Il écoutait. Et comme s'il avait voulu résumer la situation, il dit : "Eh bien, ce sera un accident de voiture." Je me souviens parfaitement du ton qu'il utilisa, ce n'était pas une question, mais une réponse. Il affirmait, il suggérait un accident de voiture. Il raccrocha, me dit bonjour, et un peu plus tard me dit : "Mikhoels s'est tué dans un accident de voiture". »

Le lendemain, en arrivant à l'université, Svetlana apprend par une étudiante, dont le père travaille au théâtre juif, que Mikhoels a été assassiné à Minsk où il avait été envoyé en mission. Pour elle, tout est clair : « L'accident était ainsi la couverture choisie par mon père lorsqu'on lui avait rapporté l'exécution. » Le metteur en scène, dont le corps fut ramené à Moscou, eut droit à un enterrement quasi officiel et une cérémonie fut organisée sur le lieu même de son théâtre.

Autre victime plus surprenante, étant donné son plein accord avec le régime et sa position au sein du pouvoir, Polina Jemtchoujina, l'épouse juive et très aimée de Molotov qui n'en accepte pas moins de divorcer sur ordre de Staline. Polina est arrêtée, torturée à la Loubianka et finalement condamnée à cinq ans d'exil intérieur en Asie centrale[9]. Il est vrai que cette femme impérieuse et élégante ne craignait pas de prendre parfois des risques. Elle s'était entretenue en yiddish lors d'une réception diplomatique avec Golda Meir, première ambassadrice d'Israël en Union soviétique et avait assisté aux funérailles de Mikhoels. De toute façon, Staline l'avait toujours détestée, lui reprochant, comme il le confiait à sa fille, l'influence qu'elle avait eue sur sa mère. N'avait-elle pas été, de surcroît, la dernière personne à voir Nadejda avant son suicide ?

Cette fois encore, cette nouvelle vague de répressions n'épargne pas les proches de Svetlana. Ses deux tantes[10] Anna Sergueïevna Redens, dont le livre de Mémoires avait exaspéré Staline en raison d'une certaine intimité familiale dévoilée, Genia, la veuve de Pavel, qui a épousé en secondes noces un ingénieur juif, Nikolaï Molotchnikov, et Kira, la fille de cette dernière, sont arrêtées en janvier 1948 pour complicité avec les milieux sionistes. « Elles en savaient trop, elles n'arrêtaient pas de bavarder, ça tombait aux mains de l'ennemi », répond le dictateur à sa fille lorsqu'elle tente d'intercéder en leur faveur. Autre arrestation, celle de Joseph Morozov, père de l'ex-mari de Svetlana dont elle ne parvient pas à obtenir la libération. Elle-même n'est pas épargnée par la paranoïa de son père qui ne cesse d'augmenter avec l'âge :

« Ce sont les sionistes qui t'ont fourni ton premier mari.

– Mais, papa, les jeunes de chez nous se moquent complètement du sionisme !

– Tu ne comprends pas, le sionisme a infesté la vieille génération, qui empoisonne maintenant la jeunesse[11]. »

Il accuse même Svetlana de tenir des propos antisoviétiques !

Svetlana rapporte cette conversation vingt ans après les événements, mais on peut s'interroger sur ses réactions de l'époque. A-t-elle vraiment affronté cet homme redoutable ? Certes, il lui arrive de tenir tête à Staline et le choix qu'elle fait de ses amitiés comme de ses amours est une preuve de son besoin de liberté, mais elle semble incapable de rompre avec lui. C'est elle qui demande à le voir alors qu'ils ne se sont pas rencontrés depuis des mois et elle subit toujours sa loi. Ainsi en est-il de son second mariage.

Au printemps de l'année 1949, Svetlana épouse à 23 ans un ami d'enfance, Iouri Jdanov, le fils d'Andreï, grand maître de l'idéologie, mort l'année précédente : « Cet homme me plaît, lui dit Staline, il a de l'avenir et il t'aime. Épouse-le. » Iouri est un jeune chimiste de 28 ans, « calme, intelligent et bon pianiste » selon Mikoïan. Staline, qui le connaît depuis l'enfance, lui a déconseillé d'entrer en politique, ce qui ne l'a pas empêché de le faire nommer un peu plus tard chef du département des sciences du Comité central. Un poste qui n'a rien pour plaire au jeune Jdanov qui manifeste d'ailleurs un certain courage en attaquant les théories génétiques de Trofim Lyssenko[12]. L'affaire a eu lieu l'année précédente au grand dam de son futur beau-père. Contraint de lui adresser une lettre d'excuses publiée dans la *Pravda* où il s'accuse d'inexpérience et de manque de maturité, Iouri n'en garde pas moins la faveur de Staline. Svetlana écrira : « Mon second mariage fut le fruit du choix de mon père, et sans qu'aucun sentiment d'amour nous y ait poussés, par simple intérêt bien compris. J'étais lasse de me battre et je pensais que l'entrée dans une autre famille me donnerait au moins une ombre de liberté et l'affaire fut conclue[13]. » La réception a lieu dans la datcha des Jdanov, à onze kilomètres de Zoubalovo. Svetlana porte une robe à traîne, mais Staline est absent. Après un voyage de noces au bord de la mer Noire, Svetlana s'installe avec son mari dans sa belle-famille. Staline a pourtant averti sa fille qu'elle ne supporterait pas l'atmosphère ambiante : « Les bonnes femmes, la mère et les sœurs de Iouri vont te bouffer là-bas. » En effet, l'esprit de parti le plus formaliste et la mesquinerie petite-bourgeoise qui règnent dans cet intérieur où vases, napperons et reproductions de natures mortes rivalisent de mauvais goût, lui sont très vite insupportables. Iouri, entièrement soumis à sa mère qu'il nomme « la chouette sage », la déçoit également. Il supporte mal son travail au Comité central et, de cœur sec par nature, selon Svetlana, il n'accorde guère d'attention à ses états d'âme.

Quelles que soient les difficultés que les jeunes gens rencontrent dans leur relation, Svetlana est bientôt enceinte. Mais sa grossesse est difficile. Gravement malade au cours de l'hiver 1949-1950, elle passe plusieurs semaines en clinique, soignée pour une infection des reins qui met sa vie en danger. Elle accouche au mois de mai d'une petite fille prématurée, Katia. Obligée de demeurer encore un mois à l'hôpital, elle se sent abandonnée et se tourne une fois de plus vers son père. Staline lui répond sans attendre : « Bonjour Svetotchka ! J'ai reçu ta lettre. Je suis très heureux que tu t'en sois sortie aussi facilement. Les reins, c'est sérieux. Avec un accouchement par-dessus le marché. Où es-tu allée chercher que je t'avais abandonnée ? Ce sont des histoires. Et je ne te conseille pas de croire aux histoires. Fais attention à toi et prends soin de ta fille : l'État a besoin de gens, même d'enfants prématurés. Patiente un peu, nous nous reverrons bientôt. J'embrasse ma Svetotchka. Ton petit papa[14]. »

Svetlana est heureuse de recevoir cette lettre, mais elle ne peut s'empêcher d'éprouver un moment d'effroi et un certain malaise à l'idée que la petite Katia, encore si fragile, soit nécessaire à l'État. C'est encore à son père que Svetlana écrit quelques mois plus tard une longue lettre où elle se plaint avec une certaine violence de l'indifférence de son mari : « J'en ai fini avec ce professeur au cœur aride, il peut s'enterrer sous tous ses livres, car épouse et enfants ne lui sont nullement nécessaires, seuls comptent ses proches parents[15]. » Et, le priant de ne pas se mettre en colère, elle lui demande une rencontre en tête à tête qu'il accepte. « Je sais ce que tu veux me dire, dit-il, tu as décidé de divorcer. Je ne peux te faire changer d'avis, mais ton comportement est insupportable. » Quelque temps plus tard, lors d'une promenade dans les jardins avec Akaki Mgueladzé, un jeune ami géorgien, Staline se lamente sur ses échecs parentaux et lui confie : « Svetlana n'en fait qu'à sa tête... Morozov était un brave gars, mais pour Svetlana, ce n'était pas de l'amour. Elle voulait simplement s'amuser... Elle portait la culotte... Et, naturellement, cela a compromis leur mariage. Ensuite, elle s'est remariée. Et maintenant ? Elle ne sait même pas coudre un bouton, ses *nianias* ne lui ont rien appris. Si sa mère l'avait élevée, elle aurait eu davantage de discipline[16]. » Et de soupirer : « Oh, Nadia, Nadia ! »

Plus tard, Svetlana reconnaîtra que Jdanov était intelligent, cultivé, très doué dans sa spécialité et un excellent père de famille, prenant soin de sa fille comme du petit

Joseph Morozov qui vivait avec eux. Toutefois, ils avaient du monde une conception différente.

Ayant obtenu en quelque sorte la bénédiction paternelle, Svetlana s'installe à nouveau dans « la maison du gouvernement » avec sa nounou et ses enfants. Son père s'inquiète : comment va-t-elle s'en sortir alors que, selon la loi[17], elle ne devrait plus avoir droit à aucun privilège, ni datcha ni voiture avec chauffeur ? Âgée maintenant de 26 ans et diplômée de l'université, Svetlana, qui ne veut pas être traitée de parasite, lui répond que la bourse de recherche qu'elle reçoit lui suffit pour l'essentiel. Staline lui offre plusieurs milliers de roubles – il semble ignorer que la monnaie a été récemment dévaluée – qui ne représentent en fait que quelques jours de nourriture et propose de lui offrir une voiture à condition qu'elle passe son permis. Elle se souviendra longtemps du jour où, avec un seul garde du corps assis à la place arrière, elle conduisit elle-même le maître de l'Empire rouge, si heureux de voir sa fille au volant.

À l'automne 1951, Svetlana rejoint son père sur les instances de celui-ci à Borjomi en Géorgie, dernier voyage de Staline dans le Midi. Il a alors 72 ans et la nostalgie de son pays natal le tourmente. « Il marchait pourtant d'un pas alerte dans le parc, suivi par les généraux de sa garde, gras et poussifs, qui clopinaient en haletant comme des cachalots – se souvient Svetlana qui sait être cinglante. Lui s'arrêtait soudain, faisait demi-tour et fonçait droit sur eux, un rictus méchant sur le visage. »

Svetlana l'ignore, mais elle ne reverra son père que deux fois. Au mois de novembre 1952, elle emmène ses deux enfants voir leur grand-père. Staline avait rencontré Iossif quelques années auparavant, il l'avait trouvé beau et intelligent et avait semblé prendre plaisir à sa compagnie ; à l'égard de la petite Katia, il ne manifesta qu'indifférence. Dans le bureau de son père, des photos d'enfants inconnus, découpées dans un magazine ornaient les murs, mais Svetlana ne vit aucune photo des siens. Ce jour-là, elle comprit à quel point la vie de famille était étrangère à son père.

Une dernière rencontre eut lieu peu de temps après, à l'occasion du soixante-treizième anniversaire de Staline, le 21 décembre 1952. Beria, Malenkov, Boulganine, Mikoïan et Khrouchtchev sont présents. Molotov, en disgrâce depuis le XIXe Congrès, est absent[18]. La cuisine géorgienne est à l'honneur – alors même que le *Vojd* ne supporte pas que l'on parle en sa présence la langue de son pays natal – mais Staline, qui craint l'empoisonnement, a exigé que chaque plat soit testé en cuisine avant de l'être à nouveau par l'un des participants. Arrivée seule, Svetlana constate que Staline, contrairement à l'accoutumée, ne fume pas, que son teint d'ordinairement pâle est cramoisi – sans doute des problèmes de tension, pense-t-elle, ce qui ne le retient pas de boire comme à l'ordinaire son vin géorgien à petites gorgées. Svetlana ne s'attarde pas – la conduite de chacun, les mêmes éternels propos, tout lui semble factice. Quand elle s'éclipse, son père lui glisse de l'argent dans son sac.

Nikita Khrouchtchev[19] donne une tout autre version de la soirée. Svetlana est seule à rester sobre au milieu d'une bande d'hommes plus vieux qu'elle. Soudain, Staline lui demande de danser. Lorsqu'elle veut s'arrêter, il s'approche d'elle et, titubant, insiste : « Svetlanka, danse. Tu es l'hôtesse, alors danse. » « Mais j'ai déjà dansé, papa, et je suis fatiguée. » Là-dessus, Staline l'empoigna par les cheveux et la ramena vers la piste de danse. En omettant cet épisode, Svetlana a-t-elle voulu épargner la mémoire de son père qu'elle a vu ce soir-là pour la dernière fois dans sa toute-puissance ?

CHAPITRE XI

La mort du Père

Jamais, depuis la grande terreur des années 1930, la patrie de Gorki et d'Eisenstein, de Babel et de Mandelstam, n'a vécu dans un tel état de soumission, personne n'échappant à la suspicion. Après l'immense effort de guerre consenti par les Soviétiques, leur aspiration à une vie plus tranquille ne pouvait qu'aller à l'encontre de la terreur mise en place par Staline pour consolider son pouvoir. Et cela d'autant que la situation alimentaire désastreuse et les tensions internationales avec la guerre de Corée risquaient de mettre en cause son autorité. En renouant avec l'instrument de la peur, le Guide, dans cet après-guerre, pensait continuer d'imposer sa loi à ses rivaux potentiels et à l'ensemble de la population[1]. Passant l'essentiel de son temps à Kountsevo, alors que la population le croit au Kremlin, le *Vojd* vieillissant et maladif, qui feint de s'exaspérer des ovations de la foule et de toute effusion, s'isole de plus en plus. Dieu caché – qualifié à la fois par ses thuriféraires de sommet de l'intelligence, d'ingénieur des âmes, de père de tous les peuples ou de meilleur ami des enfants et des chiens –, il n'en reste pas moins omnipotent et tyrannique, comme le note Khrouchtchev : « Il décidait et décrétait [...]. Une proposition de Staline était un commandement et l'on ne discute pas un ordre divin, on rend grâce et on obéit[2]. » Ce qui le caractérise, estime de son côté Adam Ulam, c'est la crainte de la mort et la défiance de tous : « Il enviait les jeunes, exécrait les vieux et craignait les uns comme les autres. [...] Le pouvoir absolu et la vieillesse conjugués conduisaient Staline à voir en chaque auxiliaire un témoin gênant ou bien une menace à sa puissance, y compris ceux dont il a fait ses créatures[3]. »

C'est ainsi qu'à partir de 1949, Molotov, Mikoïan et partiellement Vorochilov, ce dernier pourtant fidèle entre les fidèles, sont mis sur la touche tandis qu'il fait venir Khrouchtchev d'Ukraine, en le nommant secrétaire du Parti de Moscou, pour servir de contrepoids au tandem Beria-Malenkov. Les uns comme les autres vivent dans la peur d'être liquidés du jour au lendemain.

En 1952, Staline, qui gouverne depuis 1939 sans avoir convoqué le congrès du Parti alors que celui-ci est censé se réunir tous les quatre ans, fixe au mois d'octobre – soit treize ans plus tard – la réunion du XIXe Congrès. Il décide de l'ordre du jour et distribue les rôles ; et c'est encore lui qui clôture la session par un discours. Staline ne parle pas plus de six ou sept minutes. Mais comme à l'accoutumée, quand il paraît ou prend la parole, toute la salle éclate en ovations folles et hurle au génie. « Après qu'il eut quitté la tribune, et la séance une fois levée, nous le rejoignîmes pour une réunion dans le salon du Praesidium. Il nous dit, se souvient encore Khrouchtchev : "Hein ? Vous avez vu ? Je peux encore le faire !" » Mais, nuance l'homme du XXe Congrès : « Le maître de l'URSS a d'incroyables difficultés pour prononcer un discours, même aussi bref[4]. »

C'est dans ce contexte, où la persécution contre les Juifs est récurrente depuis la répression du Comité juif antifasciste, qu'éclate, trois mois plus tard, l'affaire dite des « blouses blanches ». Sous le titre « Les médecins tueurs », la *Pravda* révèle le 13 janvier l'existence d'un nouveau complot. Suite à la dénonciation par le docteur Lydia Timatchouk, radiologue à l'hôpital du Kremlin, de plusieurs de ses confrères, les organes de sécurité de l'État découvrent un groupe de « terroristes » dont le but serait d'abréger la vie des hauts responsables soviétiques. Ainsi, Jdanov aurait été l'une des victimes de leurs traitements pernicieux ! Parmi les quatorze médecins dénoncés[5], onze sont juifs. Accusés d'être des agents sionistes, « ces monstres du genre humain », qui seraient employés par l'American Joint Distribution Committee, lui-même filiale des services secrets américains[6], sont emprisonnés et torturés. Avec l'affaire des « blouses blanches », la campagne contre les Juifs prend une tout autre ampleur, raconte Lila Lounguine[7]. « Non seulement nous n'avions plus le droit de travailler, mais nous étions rejetés de la vie qui avait été jusqu'ici la nôtre. Les voisins ne vous parlaient plus, les malades refusaient de se faire soigner dans les polycliniques par les quelques médecins qui n'avaient pas encore été licenciés. De nouveau, comme au temps des tsars, on accusait les Juifs de tuer des enfants chrétiens pour confectionner le pain azyme avec leur sang. À Moscou, à Leningrad, couraient les bruits les plus fantastiques : des pogroms se préparaient, tous les Juifs allaient être envoyés en Sibérie, pour les sauver – aurait dit Staline – du courroux légitime du peuple russe. [...] Nous vivions dans l'angoisse et les menaces étaient palpables. Nous n'avions déjà que trop d'exemples de ce genre de déportations : les Tatars, les

Bulgares et les Grecs de Crimée, les Turcs, les Kabardines et les Ossètes au Caucase, les Allemands de la Volga [...]. Au début de l'année 1953, le bruit courut que les Juifs de Moscou allaient être dirigés, selon leur quartier, vers l'une ou l'autre des sept gares de la capitale. Nous ne fûmes sauvés que par la mort de Staline[8]. »

Le 2 mars 1953 au matin, Svetlana, qui a fêté deux jours auparavant ses 27 ans, assiste à une leçon de français à l'Académie, quand on l'appelle pour lui dire que Gueorgui Malenkov lui demande de se rendre sans attendre à la *Blijniaïa*. Très surprise – jamais personne d'autre que son père ne l'invite à aller le voir à sa datcha de Kountsevo –, la jeune femme est d'autant plus inquiète qu'elle n'a pas vu Staline depuis plusieurs semaines et qu'elle a vainement tenté de le joindre ces derniers jours. Nikita Khrouchtchev et Nicolaï Boulganine l'accueillent dès son arrivée et la prennent par le bras. Leur visage est baigné de larmes. « Allons à la maison, lui disent-ils ; Beria et Malenkov te raconteront tout[9]. » Svetlana conclut aussitôt que tout est fini. Dans la maison règne une agitation inaccoutumée : non, Staline n'est pas mort, il a été victime pendant la nuit d'une congestion qui l'a laissé inconscient. Svetlana se sent soulagée. Mais les détails qu'on lui donne sur les circonstances et l'heure où s'est produite la crise sont le fruit d'un mensonge collectif concocté par les plus proches collaborateurs du Maître. Ce n'est que bien plus tard qu'elle apprendra la réalité du drame dont nous résumons ici l'essentiel.

Le 27 février, Staline a assisté au Bolchoï à une représentation du *Lac des cygnes* de Tchaïkovski. Le jour suivant, il a convié Beria, Malenkov, Boulganine et Khrouchtchev à une séance de cinéma au Kremlin, qui a été suivie d'un dîner au cours duquel il s'est montré gai et de bonne humeur. Puis, comme à l'ordinaire, la troupe l'a raccompagné à Kountsevo où la nuit s'est terminée par un buffet géorgien qu'il affectionne – ce n'est qu'à 4 heures du matin que ses hôtes furent de retour chez eux. Après leur départ, Staline appela ses gardes et leur dit qu'il allait se coucher, ajoutant, à leur grand étonnement, qu'ils pouvaient eux aussi prendre du repos. Le lendemain, 1er mars, alors qu'il se réveille généralement vers 11 heures, il reste invisible. Aucun bruit ne provient de sa chambre ni de son bureau. Le garde du corps s'en étonne, mais personne n'oserait entrer chez lui sans avoir été appelé. À mesure que le temps passe, l'inquiétude grandit parmi les familiers de la maison. Chacun se demande ce qu'il doit faire. Au grand soulagement de tous, vers 18 heures 30, la lumière s'allume dans le bureau de Staline, mais il n'appelle pas et le silence perdure. Les heures passent et toujours rien. À 22 heures 30, Piotr Lozgatchev, l'adjoint du commandant de la datcha, se décide à prendre le courrier du jour et, sachant que Staline déteste qu'on entre chez lui sur la pointe des pieds, traverse d'un pas ferme trois pièces désertes. Dans la petite salle à manger, il s'arrête, pétrifié : le *Vojd* gît par terre, près de la table. Il n'a pas perdu connaissance mais il ne peut plus parler. « Qu'est-ce qui vous arrive, camarade Staline ? » demande le garde tremblant comme une feuille. Pour seule réponse, il n'obtient qu'un « Dz, Dz ». Sur le tapis, à côté de Staline, la *Pravda* et sa montre arrêtée, marquant 6 heures 30. Par le téléphone intérieur, Lozgatchev appelle ses collègues (dont son supérieur Starostine) qui arrivent à la rescousse. Ils couchent Staline désormais inconscient sur le divan qui se trouve à proximité puis appellent Semion Ignatiev. Ce responsable, depuis 1951, du ministère de la Sécurité d'État n'entend prendre aucun risque et leur conseille d'appeler Beria, apparemment le seul à pouvoir décider de la marche à suivre. Or, il est introuvable. Ils contactent alors Malenkov, qui prévient Khrouchtchev et Boulganine. Les heures s'égrènent. À 3 heures du matin, une voiture se fait entendre et Malenkov et Beria apparaissent enfin. Rageur, ce dernier regarde de loin le malade et affirme avec aplomb que Staline n'a rien et qu'il dort profondément : « Ne paniquez pas, dit-il. Ne nous dérangez plus et surtout ne dérangez pas le camarade Staline. » Les gardes tentent vainement de protester que Staline a un besoin urgent de soins. Ce n'est qu'à 7 heures du matin qu'arrivent Khrouchtchev et Boulganine, bientôt suivis de Molotov. Les cinq hommes s'interrogent encore et délibèrent. Toute une nuit s'est écoulée depuis que Staline a été découvert gisant sur le sol, dix heures ont passé depuis qu'il a perdu connaissance sans qu'aucun médecin n'ait été appelé. Enfin, le 2 mars, entre 8 heures 30 et 9 heures du matin, une dizaine de sommités médicales du Kremlin font leur entrée – le professeur Vinogradov, qui avait diagnostiqué chez son ténébreux patient une artériosclérose et lui avait conseillé de prendre sa retraite, est absent, emprisonné et torturé à la Loubianka ! Les médecins qui examinent le malade ne peuvent que constater l'étendue du désastre. Leur diagnostic est sans appel : hémorragie cérébrale. Les soins viennent trop tard, il n'y a plus grand-chose à faire[10].

Son père n'est pas encore mort, mais Svetlana sait qu'il n'en a plus pour longtemps. Elle va le veiller pendant trois jours[11]. Staline a été transporté dans une autre pièce où il a l'habitude de dormir et tout autour se joue « l'effrayant ballet » des médecins. Les électrocardiogrammes succèdent à la pose de sangsues sur la nuque, les radios des poumons aux piqûres ; on apporte d'un centre de recherches un appareil de respiration artificielle, mais l'énorme machine reste là sans servir, personne ne sachant l'utiliser. Parfois Staline ouvre les yeux, mais son regard reste voilé. « Je ne pense pas, écrit Svetlana, qu'il reconnût quiconque. À ces moments, tout le monde se précipitait vers lui, essayant de saisir une parole ou dans ses yeux le moindre désir. Assise près de lui, je lui tenais la main, il me regardait sans me voir. Je l'embrassais, serrais sa main. Que restait-il de lui ? »

Dans *Vingt Lettres à un ami*, Svetlana décrit abondamment les sentiments complexes qui l'assaillent dans cette grande pièce où, depuis vingt ans, se décident et se règlent autour de l'immense table les affaires de l'État et où Staline gît maintenant, inconscient. Et c'est d'abord l'amour qu'elle manifeste à son égard : « J'aimais mon père plus fort et plus tendrement que jamais et je sentais mon cœur déchiré de chagrin et d'amour. » En même temps, elle comprend qu'elle assiste à un événement d'une portée universelle, celle d'une délivrance qui ne la concerne pas seulement, elle, sa fille, mais toute l'humanité, « libérée d'un joug qui avait pesé sur tous les cœurs, sur toutes les âmes, sur tous les esprits sans exception ». Plus inattendu, mais révélateur de sa nature fragile et excessive, ce sentiment de culpabilité qu'elle éprouve à la vue de cet homme désormais impuissant : « Tout entière, déchirée de chagrin, je sentais que j'avais été une fille indigne, sans le moindre dévouement, que j'avais vécu à la maison comme une étrangère, sans avoir en rien aidé cette âme solitaire, ce vieil homme malade, seul sur son Olympe, qui pourtant était mon père, qui m'aimait comme il savait et pouvait le faire. »

L'agonie de Staline, qui dura près de vingt heures, fut terrible. Son visage s'assombrissait, se gonflait, ses traits devenaient méconnaissables. Soudain, alors qu'il étouffait, l'homme qui faisait encore trembler son peuple et le monde « ouvrit les yeux et enveloppa toute l'assistance d'un regard insensé, rempli d'effroi devant la mort et devant les médecins qui se penchaient vers lui. Alors, dans un dernier geste effrayant, il leva la main gauche en l'air. Désignait-il par là quelque chose là-haut, ou bien nous menaçait-il tous ? » s'interroge Svetlana.

Entre-temps, son frère Vassili était arrivé. À moitié ivre, il se mit à crier très fort : les médecins avaient tué son père, l'avaient empoisonné. Allant et venant d'une pièce à l'autre, il répète la même accusation, jouant le rôle, pense sa sœur, du prince qui vient d'hériter du trône et qui va régler ses comptes. Mais ce qui la frappe le plus, c'est le comportement de Beria, excité à l'extrême, dont le visage hideux, dit-elle, manifeste les passions qui l'agitent, l'ambition, le goût illimité du pouvoir, la cruauté et la malignité. Il n'en désire pas moins se montrer, alors qu'il se penche sur la couche du *Vojd* agonisant, « le plus fidèle et le plus dévoué des potentats, comme il a toujours tenté de le paraître, avec un succès malheureusement trop durable ». Svetlana remarque aussi que tous les membres du Politburo venus faire leurs adieux au tyran – Boulganine, Vorochilov, Kaganovitch, Khrouchtchev, Malenkov et Molotov –, et dont beaucoup pleurent, sont terrifiés par l'ambitieux Géorgien qui règne sur la police secrète.

Staline meurt le soir du 5 mars 1953. « Son visage est maintenant pâle et apaisé. Ses traits affichaient une beauté sereine, décrit sa fille. Nous étions pétrifiés et personne ne parlait. » Svetlana est incapable de pleurer.

Après le départ des principaux responsables – Beria a été le premier à regagner le Kremlin, de quoi inquiéter ses pairs : « Il va prendre le pouvoir » dit Mikoïan à Khrouchtchev[12] –, seuls les serviteurs et la famille restent sur place. Le chagrin que manifestent cuisiniers, chauffeurs, gardes et jardiniers en s'approchant de la dépouille de son père, qui se montrait toujours simple et affable avec eux, touche Svetlana par son authenticité. Parmi eux, Valentina Istomina. Gouvernante de la maison depuis dix-huit ans, Valetchka, qui passe aussi pour avoir été la discrète compagne du Maître, tombe à genoux près du divan. La tête contre la poitrine du défunt, elle pleure à gros sanglots comme on le fait dans les campagnes.

La radio avait annoncé la maladie de Staline le 4 mars et le pays tout entier s'était figé dans l'attente. Le 6 mars à l'aurore, un bref communiqué tombe de la bouche du très populaire speaker Levitan qui, bien que juif, était très apprécié de Staline. Il parle très lentement d'une voix grave et profonde, en séparant les syllabes, comme s'il avait peur de prononcer les mots fatidiques : « Le Comité central, le Conseil des ministres et le Praesidium du Soviet suprême font part – un bref silence – de la mort de Staline, le 5 mars à 21 h 50. »

Une impression de catastrophe s'empare de la population d'un bout à l'autre du pays : comment va-t-on vivre maintenant ? De toutes les Républiques, les gens affluent vers Moscou, voyageant sur les toits des trains, voire des locomotives, accrochés aux derniers wagons, en tracteur et parfois même à pied. Partout dans les entreprises, les écoles, les universités, les unions de cinéastes ou d'architectes, ont lieu des cérémonies funèbres. Andreï Gratchev, qui sera quarante ans plus tard conseiller diplomatique de Mikhaïl Gorbatchev et qui n'a alors que 11 ans à l'époque, évoque dans un livre le désespoir qu'il ressentit : « J'étouffais sous les larmes dans mon lit. J'étais révolté par l'injustice de cette mort. Ma grand-mère, plus âgée que lui, était faible, mais bien vivante, couchée sur son lit qu'un placard séparait du mien. Je ne voulais bien sûr pas qu'elle mourût à sa place, mais sa vie, tout comme la mienne, me semblait bien moins importante que celle de Staline. Si mamie ou moi n'étions plus en ce bas monde, cela ne changerait que bien peu de chose alors que le monde entier semblait s'écrouler avec la mort du Chef[13]. »

À partir du samedi 7 mars, son corps est exposé dans la salle des Colonnes de la Maison des syndicats, non loin du Bolchoï. À l'exception de quelques Zis noires officielles, surmontées à l'avant d'un fanion rouge bordé de noir qui traversent la ville à toute allure, il n'y a aucune circulation. Mais les rues, les trottoirs sont noirs de monde, chacun voulant absolument voir le Guide une dernière fois. Svetlana, le regard empreint d'une infinie tristesse, vêtue d'une stricte robe noire dont la manche droite est ornée d'un brassard de deuil, est présente auprès du cercueil posé sur un catafalque. Pour la dernière fois, elle contemple longuement son père revêtu de son costume de maréchal, puis elle s'éloigne. Sans larmes, sans baiser d'adieu, se souvient l'écrivain Constantin Simonov qui fait partie de la garde d'honneur.

Le 9 mars, soit plus d'une semaine après son attaque, ont lieu les obsèques. Placé sur un affût de canon, le cercueil de Staline est conduit vers le Mausolée où il va prendre place auprès du sarcophage de Lénine. La foule qui le suit est immense, venue de tous les points de la capitale. Des millions de gens semblent avoir perdu toute raison, tout contrôle, des centaines de personnes courent sur les toits, piétinées par la foule lorsqu'elles tombent en glissant. « C'était comme une mer agitée d'immenses vagues. On avançait, on reculait. C'était comme une danse magique, un pas en avant, un pas en arrière. Même mort, Staline continuait à exercer sur ses sujets une emprise démentielle[14]. »

Chapitre XII

Le Dégel

« Alors mon père mourut. La foudre frappa le sommet de la montagne, les roulements du tonnerre coururent sur toute la terre, annonçant des pluies chaudes et du bleu dans le ciel. On entreprit de respirer, de parler, de penser, on se mit à se promener dans les rues d'un pas naturel. Moi parmi eux. Je l'avais vu mourir, j'avais eu mal, c'était mon père. Mais je sentais et je savais quelle libération cela allait être aussi pour moi[1]. »

Le 27 mars 1953, la direction collégiale[2] (principalement Malenkov, Beria, Khrouchtchev et Molotov) décrète une amnistie. Un premier contingent d'un million de prisonniers condamnés à des peines de moins de cinq ans, pour la plupart des droits communs, est libéré. Le 4 avril, le ministère de l'Intérieur proclame l'innocence des docteurs en blouse blanche et annonce leur libération immédiate. Mais le plus étonnant est la reconnaissance officielle du crime perpétré par l'État : les accusations étaient fausses, basées sur des preuves fabriquées, et les aveux des accusés extorqués par des méthodes, comme la torture, strictement interdites par la loi soviétique. Beaucoup s'inquiètent toutefois de cette amnistie partielle : qu'en est-il de la multitude de prisonniers politiques qui survivent dans l'enfer de la Kolyma, des camps de Perm, de Karaganda, de Vorkouta ? Ce n'est qu'en 1954 que les tantes de Svetlana seront libérées et il faudra attendre 1955 pour qu'ait lieu la libération en masse des prisonniers du goulag. Mais pendant ce laps de temps, bien que fragile, controversé, le Dégel[3] fut néanmoins réel, notamment dans le milieu de l'intelligentsia. Quelque temps après la mort de Staline, la revue *Novy Mir* se permit de publier des articles remettant en cause des notions jusqu'alors sacrées, en particulier le réalisme soviétique et la tutelle du Parti sur les arts. Des livres critiques parurent, à côté du roman d'Ehrenbourg, notamment les récits de Constantin Paoustovski et le roman de Vladimir Doudintsev, *L'homme ne vit pas seulement de pain*.

Depuis le mois de septembre 1953, où il réussit sa révolution de palais contre Malenkov, Nikita Khrouchtchev est le nouveau Premier secrétaire du PCUS. Rien n'a vraiment changé dans la vie quotidienne de Svetlana depuis la disparition de son père. Sans ressentir aucune nostalgie pour le lieu de sa naissance, le Kremlin et ses églises aux bulbes d'or qui lui font face sur l'autre rive de la Moskova, elle continue d'habiter l'appartement de « la maison du gouvernement » – ce qu'elle appelle « ma première vraie maison » – avec ses deux enfants et sa nounou. Iossif a 8 ans, Katia bientôt 4. Dans ce lieu confortable et meublé avec simplicité, chacun possède sa chambre, celle de Svetlana lui sert aussi de bureau. La pièce la plus vivante est, comme chez la majorité des Soviétiques, la cuisine, dont la table placée près de la fenêtre donne sur une cour où se dresse une petite église du XVIe siècle sculptée et peinte en blanc. C'est là « qu'on reçoit de vrais amis et non des invités[4] ». Revenant sur ces années passées dans l'intimité familiale, Svetlana dresse un portrait contrasté de Iossif et de Katia, jeunes adolescents. Son fils est un garçon paisible, collectionneur et doué pour les arts, féru de lecture et de musique – il partage avec sa mère un même goût pour la musique d'orgue de Bach ; sa fille est généreuse et sportive, toujours entourée d'une bande de copains, elle se passionne pour les sciences. Ils sont, dit-elle, incapables de se passer l'un de l'autre. Attentive à leurs études, Svetlana, loin d'être une mère autoritaire, se montre respectueuse de leur personnalité et de leurs goûts à mesure qu'ils grandissent : « À la maison, ils n'avaient que moi. Nous étions un trio, on se serrait les coudes, on était trois grands copains[5]. »

Toujours soucieuse de simplicité, elle a refusé la *Volga*, luxueuse voiture que lui proposait le Conseil des ministres et conduit sa *Pobeda* (Victoire), tout comme elle a préféré une modeste datcha à Joukovka, à trente kilomètres de Moscou. C'est là, dans ce lieu entouré de forêts de bouleaux, au milieu de l'infini du ciel, que Svetlana tente, lors des week-ends et des vacances qu'elle passe avec Ossia et Katia, de recréer l'atmosphère insouciante de son enfance. À 28 ans, elle mène d'ailleurs une vie plutôt retirée ; Olga Koulikovskaïa, une amie de l'époque, la décrit comme une des femmes les plus solitaires qu'elle ait connue[6]. En 1954, elle soutient sa thèse qui porte sur le développement des traditions du réalisme russe dans le roman soviétique. En dehors de son travail à l'Académie et de quelques traductions de l'anglais, elle recherche plutôt l'anonymat. Elle évite les contacts avec la Nomenklatura et ne montre guère d'intérêt pour la politique. Si elle a rejoint le Parti en 1951 sur les instances de son père (« On me répétait qu'il était invraisemblable que Sa fille restât en dehors des rangs du PCUS »), elle demeure la plupart du temps silencieuse aux réunions. Elle prend toutefois la parole en 1954 pour défendre Ilya Ehrenbourg lorsque le Parti attaque son roman *Le Dégel* qui évoque les répressions en URSS et les changements qui semblent s'annoncer depuis 1953, l'accusant de représenter la vie soviétique sous un jour beaucoup trop sombre : « Je me levai, raconte Svetlana, et je dis que je ne voyais pas en quoi on pouvait blâmer Ehrenbourg, puisque la presse du Parti reconnaissait les fautes passées, et puisque des milliers de gens qu'on avait condamnés pour rien rentraient en ce moment chez eux[7]. » Son intervention fut qualifiée « d'irresponsable et de politiquement immature ».

Soudain, le passé ressurgit. La scène se passe cette même année, lors du Congrès des écrivains auquel assiste Svetlana. Dans la foule, elle aperçoit de loin un homme qu'elle n'a pas vu depuis onze ans sans jamais l'oublier : Alexeï Kapler. Le cinéaste a été libéré peu de temps après la mort de Staline. Il vit maintenant à Moscou avec sa seconde femme, l'actrice Valentina Tokaraskaïa, qui l'a soutenu par ses visites et ses envois de nourriture pendant toutes les années qu'il a passées au goulag. Troublée, Svetlana ne fait pas un geste. Va-t-il la voir ? La reconnaître ? L'ignorer ? L'un et l'autre ont changé : Kapler a maintenant les cheveux blancs, et Svetlana n'est plus la jeune fille pleine d'ardeur et d'illusions qu'il a connue. Et voilà qu'il s'avance vers elle et lui prend la main en riant. Quelques minutes plus tard, ils sortent ensemble du Congrès. Dans le parc Sokolniki où ils vont boire un café, Kapler lui raconte son retour à Moscou où, incapable de faire un pas de plus au sortir du train, il s'est effondré sur un banc en pleurant. La tient-il pour responsable de ses années de souffrance qui sont le fait de son père[8] ? Si elle n'a pas tenté de l'aider, c'est, explique-t-elle, par crainte de lui nuire, d'aggraver son cas. Il reste silencieux. À son tour, elle revient sur les événements de sa vie depuis leur dernière rencontre près de la gare de Koursk, elle évoque avec gravité ses deux mariages. Mais maintenant elle est libre. L'attraction mutuelle n'a pas diminué et très vite ils deviennent amants. Leur liaison reste secrète, ce qui n'empêche pas Svetlana de retrouver Kapler en Crimée où il travaille. Des jours de bonheur et de détente sur la mer Noire. Alexeï prend de nombreuses photos de Svetlana. L'une d'elles la montre assise en maillot deux pièces sur une plage, cheveux courts et bouclés, allure juvénile et regard tendre pour le photographe. Le visage de la jeune femme n'en exprime pas moins une certaine attente mélancolique, comme si elle l'interrogeait sur l'avenir de cet amour. Svetlana en espère tant. « Sa recherche du bonheur était sans limites », explique une journaliste connue, amie de Kapler, Tatiana Tess[9]. Mais Kapler est marié et si son mariage bat de l'aile, il respecte sa femme qui l'a accompagné dans les plus durs moments de sa vie et sans laquelle il n'aurait peut-être pas survécu. Il n'envisage pas de la quitter et il le dit très clairement à Svetlana.

Blessée et orgueilleuse, Svetlana n'entend pas le partager avec une autre. Pas question d'abandonner pour autant ! C'est ainsi qu'un soir, elle prend l'initiative d'aller trouver la femme de Kapler dans la loge du théâtre où elle joue. Impulsive comme toujours, Svetlana l'informe de sa liaison avec Kapler. Parfaitement calme, Valentina Tokaraskaïa lui répond qu'elle n'en ignore rien, et lui assure en riant que son mari est infidèle par nature et qu'il n'a aimé que sa première femme. En un clin d'œil, Svetlana, désarçonnée, perd toute contenance. Soudain confuse, elle renonce à ses prétentions, comme si les mots de son père résonnaient à ses oreilles : « Regarde-toi, qui voudrait de toi ? » Kapler confiera plus tard à Enzo Biagi qu'il souhaitait conserver des liens d'amitié avec Svetlana mais qu'il ne pouvait lui pardonner son geste ridicule, qui montrait qu'elle ne pensait qu'à elle-même. Il concluait : « Ce fut la fin de mon second mariage, et celle de la seconde partie de ma vie avec Sveta[10]. » Un an plus tard, Kapler se séparait de Valentina pour épouser bientôt une jeune poétesse, Ioulia Drounina.

En 1955, Svetlana obtient la permission de se rendre pour la première fois à Leningrad. Elle souhaite visiter ; au 17 de la rue Rojdestvenskaïa, la maison où avait vécu Nadejda ; où celle-ci s'était éprise à 16 ans de Iossif ; où Lénine s'était caché en juillet 1917, quelques mois avant de prendre le pouvoir. Mais ce retour vers le passé n'est que nostalgie. L'appartement a été transformé en musée. Ses grands-parents, ses parents, ses oncles et ses tantes, les proches de la famille, tous sont morts ou en souffrance. Seule sa *niania*, d'une fidélité inconditionnelle et peut-être la seule personne qui l'ait vraiment aimée, est pour peu de temps encore de ce monde. Elle disparaîtra l'année suivante et Svetlana réussira à la faire enterrer au cimetière de Novodevitchi, à côté de Nadia.

1956, c'est aussi l'année du XXe Congrès du PCUS qui s'est ouvert le 14 février. Un événement qui – sans que les congressistes se doutent un instant de ce que trame Nikita Khrouchtchev – va ébranler à jamais le mythe stalinien. Et constituer, pour la fille du dictateur, un nouveau traumatisme. Au milieu du mois de février, Svetlana reçoit en fin d'après-midi un coup de téléphone d'Anastase Mikoïan, vice-Premier ministre depuis un an. Un homme qu'elle connaît depuis sa plus tendre enfance et qu'elle apprécie. Il fait déjà presque nuit, mais il souhaite la voir en urgence. Il lui envoie sa voiture pour la conduire à son domicile situé sur les monts Lénine, non loin de l'université.

Il ne s'embarrasse pas de précautions : « Tiens, lis ça... Ensuite nous en parlerons, si tu crois que c'est nécessaire[11]. » Svetlana s'installe dans la bibliothèque et lit sans omettre un seul mot les pages du texte qu'elle a devant les yeux et qui sera bientôt connu comme le « rapport secret » de Khrouchtchev. C'est un réquisitoire dévastateur contre Staline. C'est lui qui est à l'origine du concept « d'ennemi du peuple » ; c'est lui et lui seul qui a ordonné les arrestations de masse et les déportations de peuples entiers, les exécutions de milliers de gens sans procès et le meurtre de prétendus espions et de traîtres. En réalité, « d'honnêtes communistes », affirme Khrouchtchev, qui précise : « Les confessions ont été obtenues par d'inhumaines tortures, Staline indiquant lui-même aux juges quelles méthodes d'investigation utiliser. Des méthodes simples : frapper, frapper et frapper encore. » Mais les attaques du Premier secrétaire ne se limitent pas aux purges, elles remettent aussi en question ce qui a fait une partie de la gloire du *Vojd* : son « génie stratégique ».

Pour Svetlana, chaque page est un calvaire : « Si au moins j'avais pu répondre, si j'avais pu ne pas y croire, m'écrier : Ce n'est pas vrai ! C'est faux, il n'a pas fait ça ! Mais non, je ne pouvais pas. Je me rappelais des choses que m'avaient dites des amis, ce que j'avais su par hasard, en privé. Je me rappelais les années d'après-guerre, et l'hiver 1952-1953 où j'avais pu voir de mes yeux combien de crimes étaient commis sur l'ordre de mon père[12]. » Sa lecture terminée, Svetlana rejoint Mikoïan et sa femme qui l'attendent avec anxiété. Va-t-elle pleurer ? Discuter la véracité des faits ? Svetlana ne prononce qu'une courte phrase : « Malheureusement, tout cela a l'air d'être vrai. » Mikoïan respire : « Je savais que tu comprendrais. »

Une semaine plus tard, dans la nuit du 24 au 25 février 1956, Khrouchtchev lit son fameux rapport devant les seuls délégués soviétiques réunis pour le Congrès avec pour consigne de ne rien divulguer à l'extérieur. C'est la première fois que la direction soviétique dénonce explicitement les crimes de Staline. Ce fut un véritable coup de tonnerre car, mort, Staline demeurait toujours une idole intouchable. Et voilà que, dénoncé par le Premier secrétaire du Parti, il devenait le grand, le seul responsable de la répression. Pour une partie de la population, ce fut un horrible sacrilège. Certains ne pardonnèrent jamais à Khrouchtchev d'avoir eu cette audace. Le texte ne fut publié intégralement en URSS qu'en 1989 avec la Perestroïka, mais les journaux de l'époque en donnèrent un aperçu. Très vite, cependant, la rumeur d'un événement capital se répandit comme une traînée de poudre et des milliers de membres du Parti furent mis au courant, tandis que des copies du rapport parvenaient clandestinement de Pologne en Occident *via* un délégué au Congrès. Partout, dans les usines, les Unions, les facultés, les appartements communautaires, cela devint le seul sujet de conversation. Des amis se séparèrent à jamais, des familles se divisèrent pour toujours, des hommes se suicidèrent. Alexandre Fadeïev, l'écrivain le plus populaire après Cholokhov et Gorki, se tira une balle dans le cœur.

Ce rapport mit un point final à l'ère stalinienne. Les portraits de Staline furent retirés de nombre d'institutions. Le mont Staline au Pamir devint le mont Octobre.

Même Stalingrad sera bientôt rebaptisée Volgograd. Cette même année parut le premier recueil d'Evgueni Evtouchenko et avec lui surgit une nouvelle génération de poètes – Andreï Voznessenski, Bella Akhmadoulina, Robert Rojdestvenski, etc. – que des milliers de jeunes couraient écouter dans l'immense stade Loujniki où avaient lieu leurs récitals. Mais ce n'était pas pour autant la fin du système, comme le soulignera Svetlana quelques années plus tard, en remarquant que Staline était loin d'être le seul coupable : « Khrouchtchev ne sut pas en finir avec l'appareil du parti, il n'en eut pas le courage. » Tous ces hommes, qui avaient contribué activement à la répression et avaient servi aveuglément le Maître, souvent pour leur grand profit, se trouvaient en effet toujours au pouvoir. Aussi, conséquence de cette situation paradoxale, assistera-t-on quelques mois plus tard à une série d'ébranlements dans les pays du bloc communiste (insurrection de Budapest ; arrivée de Gomulka au pouvoir en Pologne ; rupture sino-soviétique) qui ne seront pas sans effet sur le mouvement de libéralisation qui se développa pendant ces années, non sans résistance d'ailleurs de la part des conservateurs et des nostalgiques du stalinisme.

Chapitre XIII

Devenir une Russe comme les autres

Svetlana n'avait pas attendu le rapport Khrouchtchev pour prendre ses distances avec le stalinisme : « Les dernières années, j'avais boudé mon père, mais c'est seulement après sa mort que ma conscience se débarrassa des mythes, des idéalisations, des mensonges canonisés : l'image du chef génial, l'histoire mensongère du Parti, la présentation fallacieuse de l'essor glorieux du pays. » Sa condition d'universitaire et de chercheuse lui a permis pendant ces premières années du Dégel d'avoir accès à des livres d'histoire de l'URSS publiés à l'étranger[1]. C'est ainsi qu'elle en a une image bien différente de celle qu'elle a pu lire par exemple dans *L'Histoire abrégée du PCUS*, « rectifiée et falsifiée » par Staline lui-même. La lecture du livre de Milovan Djilas, *Conversations avec Staline*, lui a permis de mesurer le cynisme politique du petit père des peuples envers les « pays frères » du bloc socialiste.

Il n'en reste pas moins vrai que le réquisitoire khrouchtchévien, faisant de son père le grand responsable de l'extermination de millions d'hommes et de femmes, y compris de ses plus proches compagnons, la bouleverse. Comment, en tant que fille bien-aimée du dictateur, la petite princesse du Kremlin ne se sentirait-elle pas concernée, sinon porteuse de l'héritage ? « Tout cela était si terrible que j'avais envie de hurler, de courir loin de tous, loin de moi[2]. » Et cela d'autant plus que, à la différence d'Alexeï Kapler et de sa nouvelle femme, la poétesse Ioulia Drounina, qui lui manifestent leur amitié, nombreux sont ceux qui considèrent Svetlana avec suspicion. À l'Institut Gorki de littérature mondiale qu'elle a intégré cette même année 1956, un étudiant s'écrie, en apprenant son nom, qu'elle ressemble à son père. Quelques jours plus tard, à la fin du mois de mars, c'est une nouvelle épreuve qui l'attend, lorsque lecture est faite de l'intégralité du rapport devant une salle pleine de l'Institut. Beaucoup de ses condisciples sont les enfants des victimes de son père. Comment affronter leur regard, leurs réactions ? À la fin de la réunion, Svetlana est incapable de bouger. Assise à l'écart, elle reste longtemps immobile. Andreï Siniavski, un jeune critique et écrivain de talent qui deviendra un dissident célèbre, s'approche d'elle pour l'aider à mettre son manteau. Ce geste la bouleverse. Elle éclate en sanglots.

Bientôt, Siniavski et Svetlana se retrouvent dans le même groupe de chercheurs qui travaillent sur la littérature soviétique des années 1920 et 1930. « La rencontre d'Andreï Siniavski, grand connaisseur de l'art et de la littérature russes, fut pour moi très importante, écrit-elle. Il n'imposait ses vues à personne, n'essayait jamais de convaincre, mais sa personnalité ne pouvait pas ne pas influencer ceux qui l'approchaient : ils se mettaient à réfléchir, à chercher la vérité. » Svetlana découvre alors une pléiade d'écrivains mis à l'index : les Frères Sérapion, Boris Pilniak, Isaac Babel, Evgueni Zamiatine[3], etc. Elle prend conscience de la multitude des courants qui se sont épanouis sans contrainte jusqu'en 1934, date de la proclamation officielle du réalisme socialiste qui exclut toute autre forme de création.

Les relations qu'entretiennent Svetlana et Siniavski dépassent celles du travail. Entre eux se noue une solide amitié. La jeune femme admire son talent d'écrivain et d'orateur, mais apprécie plus que tout la vigueur de ses convictions : « La force de l'esprit était partout présente. » Elle sait qu'elle peut lui faire confiance. Ainsi évoque-t-elle devant lui ses doutes, ses interrogations, ses angoisses. Jusqu'à envisager la question du suicide : « Un suicide, lui répond-il, ne tue que le corps, mais ensuite l'âme se languit, car seul Dieu peut en prendre soin. » Cette religiosité qu'exprime Siniavski trouve un écho qui ne cessera de grandir au fil des années chez la fille de l'Antéchrist. Leur relation se fait à l'occasion plus intime. Siniavski n'y voit nullement un engagement – d'ailleurs il n'est pas libre – mais elle nourrit tous les fantasmes de Svetlana. Et comme toujours, elle ne peut se retenir d'agir, se piégeant elle-même. L'écrivain est marié à Maria Rozanova, une spécialiste de l'art ancien du Nord, que Svetlana connaît bien. Mais peu importe ! « Un soir, elle sonne à l'improviste chez des amis communs où nous dînions, raconte Maria. On lui propose une chaise que Svetlana refuse. Et s'adressant sans attendre à Siniavski : "Andreï, je suis venu te chercher, alors tu viens ?" "Et moi ?", ai-je demandé. "Toi, m'a répondu Svetlana, tu as pris Andreï à sa femme, c'est maintenant mon tour"[4]. » En terminant son récit, Maria Rozanova n'eut qu'un mot au souvenir de la scène : « *Idiotka.* » À ses yeux, Svetlana n'était qu'une femme hystérique marquée par le malheur d'être la fille de Staline mais qui se prenait toujours pour la petite princesse du Kremlin. Siniavski lui, n'était qu'un homme, et qui s'étonnerait de ses incartades ? Svetlana battit une fois de plus en retraite. Qu'a-t-elle vraiment ressenti ? On ne trouve dans ses Mémoires aucune allusion à cette soirée, et encore moins à une relation amoureuse avec l'écrivain. En revanche, elle n'a pas trop de mots pour faire l'éloge d'Andreï et de Maria[5].

L'insurrection hongroise en 1956 et la répression qui s'ensuit avec l'entrée des chars soviétiques à Budapest mettent un coup d'arrêt à la libéralisation. En 1957, l'interdiction de la publication du *Docteur Jivago* en URSS[6] et celle faite à son auteur, Boris Pasternak, de se rendre à Stockholm pour recevoir son prix Nobel, sous prétexte qu'il avait laissé paraître son roman à l'étranger, sèment la consternation au sein de l'intelligentsia libérale. La contre-attaque des ennemis du Dégel incite le Premier secrétaire à reculer pour sauver son autorité. Artistes et écrivains n'ont qu'un but, servir le Parti, déclare Khrouchtchev qui se lance dans de sourds combats avec des poètes comme Margarita Aliguer ou Andreï Voznessenski, le sculpteur Neizvestni ou le cinéaste Mikhaïl Romm. Mais le pays est déjà autre. Quels que soient les aléas de l'ouverture et les reculades du pouvoir, l'aspiration à la liberté de création et d'expression a pénétré le monde artistique et littéraire. Dans les mémoires, la fin des années 1950 comme le début de la décennie suivante resteront une période de relative ouverture. C'est dans ce milieu que Svetlana vit et travaille. La plupart de ses amis sont des intellectuels et des créateurs qui s'efforcent autant qu'il est possible de défendre leur autonomie et de garder l'esprit libre. Et les week-ends passés en groupe à Joukovka sont l'occasion de longues discussions sur la manière de s'affranchir des diktats culturels du Parti. « À Moscou, dit-elle, je ne voyais que des inconnus, d'une immense culture et qui connaissaient leur travail[7] », des spécialistes de littérature allemande ou américaine, des traducteurs ou le rédacteur d'une revue de cinéma de Moscou. Parmi ses proches amis, Lily Golden[8] est la fille d'un Noir américain communiste et d'une poétesse russe d'origine juive. Spécialiste de la musique et de l'art africain, elle est l'auteur d'un livre sur les Noirs de Russie qui, censuré, ne parut jamais que dans une édition réservée à l'étranger. Il y a aussi les Lvov, un couple d'astronomes : « Ils ne parlaient pas politique ; le communisme pour eux, tout simplement, n'existait pas. Dans la famille, on ne s'occupait par tradition que de faire avancer la science, de travailler au bonheur, au progrès de l'humanité[9]. » Autre intime, Vera, qu'elle connaît depuis l'école n° 25. Biologiste, elle a vu sa vie compliquée lorsque le Parti mit purement et simplement hors la loi la génétique classique fondée sur la théorie chromosomique de l'hérédité de Mendel-Morgan, qualifiée de science bourgeoise. Ce qui ne l'a pas empêchée de continuer clandestinement ses recherches. Et combien d'autres personnalités sortant de l'ordinaire qui réussirent à sauvegarder leur indépendance d'esprit !

Soucieuse de ne pas être un enjeu entre les zélateurs du stalinisme et ses détracteurs, Svetlana se fait la plus discrète possible. Ah ! Ne plus être la fille du tyran, mais une Soviétique, une Russe comme les autres ! Au mois de septembre 1957, elle choisit d'abandonner le nom de Staline pour celui de sa mère, Alliloufeva[10] : « Je ne pouvais plus supporter ce mot, son bruit métallique, coupant, me blessait l'oreille, les yeux, le cœur. » Déjà, lorsqu'elle était entrée à l'université, elle en avait parlé à son père : « Staline après tout n'est pas ton nom, mais un pseudonyme politique[11]. » Il n'avait pas répondu et Svetlana, voyant dans ses yeux qu'elle était en train de lui faire mal, n'avait pas insisté. Mais maintenant, elle était libre de choisir, quelles que soient les réactions, telle celle de ce fonctionnaire qui, en regardant ses nouveaux papiers, eut une sorte de frisson compassionnel : « Ils vous ont forcée à faire ça ? »

Svetlana a un peu plus de 30 ans quand elle fait la connaissance de David Samoïlov. De six ans plus âgé qu'elle, il passe, malgré sa petite taille, pour un bel homme qui charme par son regard franc et son sourire ironique. C'est surtout l'un des poètes les plus importants de cette génération marquée par la guerre qu'il a passée au front[12]. Lors d'un dîner chez Stepan et Ella Mikoïan, qui occupent un grand appartement de cinq pièces dans la Maison du quai, ils se retrouvent assis côte à côte. Samoïlov ne connaît pas Svetlana et il la trouve très séduisante. Apprenant son nom, il a du mal à réaliser que cette jeune femme au sourire lumineux est la fille de Staline. Ils se parlent, se plaisent, quittent ensemble la soirée et deviennent amants cette même nuit. Au plus grand étonnement de l'éditeur et écrivain Boris Gribanov, proche ami de Samoïlov, ce qui n'aurait dû être qu'une brève aventure, comme souvent dans la vie du poète, prend l'allure d'une histoire d'amour. Svetlana s'y engouffre avec la flamme qu'on lui connaît. Et comme à chaque fois ressurgit l'obsession du mariage. Faisant de Gribanov son confident, elle insiste pour qu'il plaide sa cause. « C'était, écrit-il, toujours la même conversation : – Boris, il doit m'épouser ! – Svetik (petit surnom affectueux)… cela n'arrivera jamais. – Mais pourquoi ? demandait-elle, indignée. – Parce qu'il est un poète, et toi une princesse. Telle était ma réponse sans équivoque[13]. » Il ajoutera plus tard : « Svetlana était une femme pleine d'émotions, prête à se sacrifier tout entière pour l'homme qu'elle aimait, mais elle n'avait qu'une obsession : que celui qu'elle aime l'épouse. Ce qui compliquait beaucoup la relation. »

Samoïlov ne voulait appartenir à personne. D'ailleurs, est-il si aisé à un esprit libre d'épouser la fille de Staline ? Dans sa fougue et son désir inassouvi d'être aimée, Svetlana est incapable de l'admettre, ce qui conduit au désastre. Dans son Journal, à la date du 17 novembre 1960, Samoïlov évoque la scène qui mit fin à leur idylle : « Aujourd'hui, Sveta est arrivée à l'improviste. Le matin, j'avais une fois de plus tenté d'éviter avec elle une explication téléphonique ; il m'est aussi difficile de parler que de vaincre la maladie ou d'écrire un poème. Et comme d'habitude, elle s'est conduite comme une princesse. Elle a surgi devant moi, me jetant ses gants au visage, un recueil du poète Constantin Sloutchevski et une vieille croix de saint Georges, pitoyables souvenirs d'emballements passés. Le recul du temps est nécessaire pour pouvoir juger de l'absurdité touchante de ses gestes qui résultent du tempérament impétueux hérité de son père et de sa propre solitude. C'est alors qu'on ressent à son endroit un mélange complexe de pitié, d'admiration et d'indignation. Elle est esclave de ses sentiments, et dans l'esclave se dissimule toujours le tyran [...]. De toute ma vie, aucune tragédie personnelle ne m'a autant bouleversé. Et jamais je ne ressentis un désir aussi intense de fuir pareille souffrance insoluble de l'âme[14]. »

En 1967, lorsque Samoïlov apprendra la fuite de Svetlana d'Union soviétique, il sera l'un des rares à comprendre sa décision. Ainsi écrit-il le 24 mars de cette même année : « La fuite de la princesse rousse occupe tout le monde. Je pense souvent à elle et à tout ce qui peut expliquer les raisons de son acte. Elle est plus admirable que je ne le pensais[15]. » Alexeï Kapler n'eut pas cette indulgence : « Je ne pus croire à la nouvelle de son départ. J'ai mes propres idées sur les femmes russes ; j'en ai connu beaucoup, à la guerre, dans les camps ; leur destin est tragique. Même si le sien fut traumatisant, sa maison était ici avec ses enfants, ici était son pays. Je pense que quelque chose d'anormal est arrivé à Svetlana, peut-être une maladie. Elle n'est pas une victime de Staline, mais sa propre victime[16]. »

CHAPITRE XIV

Le réconfort de la foi

Depuis l'affaire Pasternak en 1957 et les revirements en matière de politique culturelle de Nikita Khrouchtchev, le monde intellectuel, qui avait mis tant d'espoirs dans le Dégel, a pris la mesure de ses limites. Réfugiés dans leurs cuisines – c'est là que naîtront les premiers *samizdat*[1] –, écrivains et créateurs attendent des jours meilleurs. Un nouveau coup leur est porté quand, au mois de février 1961, le KGB s'en prend à l'écrivain et journaliste Vassili Grossman dont il détruit le manuscrit de *Vie et Destin*[2]. Et soudain, au mois d'octobre de la même année, l'atmosphère s'éclaircit. Lors du XXIIe Congrès du Parti, l'impulsif Premier secrétaire relance de manière inattendue ses attaques contre Staline et les nostalgiques du *Vojd*. Les conséquences se font vite sentir. À la stupéfaction réjouie de l'intelligentsia libérale et à l'indignation de ses partisans, le « grand défunt » qui reposait aux côtés de Lénine est expulsé du Mausolée. Pour Svetlana, c'est un soulagement : « Je respirais donc lorsque après mille discussions mon père fut enfin mis en terre, d'autant que cela signifiait qu'on ne voyait désormais en lui qu'un simple mortel, indigne de figurer dans la tombe des pharaons[3]. » Cette période de relative tolérance culmine avec la parution à l'automne 1962 de *Une journée d'Ivan Denissovitch* dans la revue *Novy Mir*[4]. Ce récit d'Alexandre Soljenitsyne qui donne, pour la première fois, une vision concrète de la vie quotidienne des camps à travers les yeux d'un moujik a reçu l'imprimatur de Khrouchtchev, profondément touché par les souffrances du pauvre zek. Mais presque au même moment, le même Khrouchtchev ordonne – prélude à un prochain durcissement – la fermeture d'une exposition de tableaux modernes présentés pour la première fois depuis des lustres dans la grande salle du Manège. Devant ces nus, ces figures géométriques, ces visages déconstruits, il n'a qu'un mot, et encore déformé, pour s'indigner : « Pederas, pederas, pederas. »

Svetlana partage les affres de ses contemporains. Incertaine de l'évolution de cette Russie sortie du stalinisme mais toujours soumise à l'arbitraire d'un Parti resté omnipotent, elle l'est encore plus de son propre avenir. À 35 ans, cette mère de deux adolescents, auxquels elle est très attachée mais qui commencent à acquérir leur indépendance, doute d'elle-même. Incapable jusqu'à présent de nouer une relation solide avec un homme, est-elle vouée à la solitude qu'elle n'a que trop connue depuis son enfance ? À l'exception de sa nounou, a-t-elle jamais été vraiment aimée ? Sa mère l'a abandonnée en se suicidant. Son père l'a dorlotée tant qu'elle était une petite fille attrayante dont il se préoccupait à l'occasion. Pour Kapler, a-t-elle été autre chose qu'un intermède romanesque ? Quant à ses deux maris, dont elle a espéré qu'ils lui permettraient d'échapper à l'emprise de Staline, ils n'ont rien fait pour la retenir. Ainsi est-elle d'humeur plutôt mélancolique et sa vie, en ce début de 1961, lui apparaît sombre, sans intérêt, privée de perspective, comme elle l'avoue dans *En une seule année*. « C'est alors que vint le printemps. Et ce fut pour moi, écrit Svetlana, presque le premier, comme s'il me rentrait dans le sang… Quelque chose venait de m'arriver : voilà que mes sens s'ouvraient à la vie. D'un coup comme un jaillissement[5] ! » Ce réveil devant la création, ce sentiment de bonheur – « J'étais, pour la première fois, heureuse d'être au monde », – qu'elle découvre soudain sans en comprendre immédiatement le sens, est d'essence religieuse. La lecture des Psaumes de David lui ouvre le chemin. Au mois de mai 1962, suivant l'exemple de son ami fidèle Andreï Siniavski, Svetlana se fait baptiser secrètement dans la même petite église orthodoxe que lui par le père Nikolaï[6]. Avant d'accepter de donner le sacrement à celle qu'il sait être la fille de Staline, cet ancien jardinier, devenu prêtre sur le tard et peu apprécié de sa hiérarchie, la rencontra plusieurs fois et lui fit parler de sa famille. Sévère, exigeant, il parlait sans onction de la vie de tous les jours, jamais de l'au-delà, et lui demanda de bien réfléchir : « Lorsqu'un adulte se fait baptiser, sa vie peut s'en trouver changée presque du tout au tout. Et quelquefois en pire… Il faut bien y réfléchir ! Pour ne pas vous dire que vous êtes allée trop vite[7] ! » Il lui recommanda aussi de ne pas trop juger son père, ce n'était pas son rôle : le jugement devait venir de plus haut. La dernière fois qu'ils se virent, le lundi de Pentecôte 1963, le père Nikolaï lui demanda des nouvelles de sa santé, de ses enfants, puis, après un silence et d'un ton brusque, il lui dit : « Et toi ? Toujours seule ? Tu n'as encore personne ? » Svetlana fit non de la tête. Et il ajouta : « Ne te dépêche pas… Tu fais tout trop vite… C'est ce qui t'attire tant d'ennuis… Attends, ne te dépêche pas, il arrivera un jour, ton prince qui vient de loin[8] »…

Ce n'est pas le dogme qui a poussé Svetlana à cet engagement mais un sentiment de fusion avec le cosmos et la croyance dans un bien éternel, commun aux diverses religions qui prêchent une vérité exempte de violence et ont pour commandement premier : « Tu ne tueras point. » À la recherche de la sagesse, et comme toujours dans une sorte d'exaltation, elle se plonge dans la lecture de textes sur le christianisme, l'hindouisme ou le bouddhisme. Cherche-t-elle ainsi à apaiser ce sentiment de culpabilité d'être une « Staline », quelles que soient ses tentatives pour échapper à ce qu'elle ressent comme une malédiction ? Et cela d'autant que Vassili, ce frère qui promettait tant avant l'abandon de sa mère, vient de mourir à 41 ans, brisé moralement et physiquement, le corps rongé par l'alcool. Dans *Vingt Lettres à un ami*, Svetlana regrette de l'avoir trop souvent mal jugé – n'a-t-il pas, enfant, eut à souffrir encore plus qu'elle de la solitude et de la brutalité stalinienne ? – et elle s'étend longuement sur ce qu'elle considère comme un destin tragique : « C'était un produit, une victime du milieu, du système qui engendra, cultiva, nourrit et enfonça dans la tête des gens le culte de la personnalité et lui permit de faire une carrière fulgurante. On le poussa vers les hauteurs sans tenir compte de ses forces, ni de ses capacités, ni de ses insuffisances, pour faire plaisir à mon père[9]. » Nommé général d'escadrille à 24 ans et commandant de l'armée de l'air de Moscou à 26 ans, Vassili n'a su qu'abuser de ses privilèges. Noceur, alcoolique invétéré, vindicatif, il est arrêté le 28 avril 1953 après une beuverie avec des étrangers. Les affaires louches, les dilapidations de fonds, les abus de pouvoir sortent au grand jour lors de l'instruction. Condamné à une peine d'emprisonnement de huit ans par le tribunal militaire, il adresse au gouvernement des lettres pleines de désespoir où il mêle repentir et menaces, comme s'il était toujours le prince héritier. Tombé malade pendant l'hiver 1954-1955, il est soigné à l'infirmerie de la prison, puis transporté à l'hôpital avant de se retrouver dans un sanatorium. Khrouchtchev, qui tente de l'aider à revenir à une vie normale, décide qu'il pourra aller vivre dans sa datcha. Mais Vassili est incorrigible, et de scandale en scandale, l'arrêt du tribunal demeurant toujours en vigueur, il est envoyé à la prison de Vladimir. Libéré en 1960, il est autorisé à vivre à Moscou et retrouve son grade de général, sa retraite, sa voiture, ses décorations et sa carte du Parti – avec les timbres des cotisations des sept années écoulées. Il n'en retourne pas moins à sa vie de débauche. Interdit désormais de résidence à Moscou ou en Géorgie, il s'installe à Kazan avec Macha, une infirmière rencontrée lors d'un séjour à l'hôpital et soupçonnée d'être un agent du KGB qui réussit avant sa mort à faire enregistrer illégalement leur union. Aux côtés de sa troisième épouse Kapitolina, « la seule amie qu'il eut jamais », de son fils et de sa fille nés d'un premier mariage, venus de Moscou, presque tout Kazan assista aux funérailles de Vassili Iossipovitch Djougachvili.

C'est à un autre destin tragique que Svetlana est confrontée cette même année 1962, lorsqu'elle renoue avec Ivan Svanidzé, ce cousin que ses parents avaient surnommé Johnreed dans son enfance[10]. Plus de vingt ans ont passé depuis qu'ils se sont perdus de vue, après qu'oncle Aliocha et tante Maroussia, tous deux intimes de Staline, furent arrêtés en 1937 puis exécutés, le premier en 1941, la seconde en 1942. Ivan n'avait alors que 11 ans, et bien que sa nounou ait tenté de le soustraire au sort réservé aux enfants des « ennemis du peuple », il fut envoyé dans un orphelinat entouré de barbelés puis, à 17 ans, exilé au Kazakhstan où il fut employé comme mineur. C'est un homme seul, désemparé, de santé fragile qui est autorisé à revenir à Moscou en 1956. Sans désir de reprendre contact avec d'autres membres de sa famille, il s'inscrit à près de 30 ans à l'université de Moscou où il choisit de se consacrer aux études africaines.

Ivan et Svetlana ressentent une grande émotion lorsqu'ils évoquent les temps heureux de leur enfance à Zoubalovo, mais le récit des malheurs d'Ivan, et le sentiment de culpabilité qu'elle éprouve dès que ressurgit la figure du père assassin, bouleversent la jeune femme. Attendrissement et compassion se mêlent. Les épreuves les rapprochent. Svetlana dira plus tard : « Nous nous sommes soudain trouvés… et je ne pouvais pas manquer cette relation[11]. » Pour la plupart de ses biographes, qu'il s'agisse de Rosemary Sullivan ou d'Enzo Biagi, qui s'appuient notamment sur le témoignage de sa nièce Goulia, la fille de son demi-frère Iakov, leur mariage, peu de temps après leurs retrouvailles, est un fait incontestable. Et une lettre de Svetlana datée du mois d'octobre adressée à l'écrivain et journaliste Emmanuel d'Astier de La Vigerie, arrivé quelque temps auparavant chez elle sans crier gare, et sans crainte non plus de braver les interdits du régime concernant les relations entre Russes et étrangers, est là pour le prouver : « Vous ai-je dit que j'ai épousé Ivan Alexandrovitch Svanidzé ? C'est une histoire étrange, mais j'espère que nous serons heureux. Merci à vous. Nous aurions dû nous retrouver depuis de longues années ; mais c'est vous qui avez permis ce rapprochement[12]. » Pourtant, Svetlana ne mentionne ce mariage dans aucun tome de ses Mémoires. Est-ce parce que ce fut, une fois encore, un acte précipité, l'illusion d'un bonheur qui ne devait durer que quelques mois ? Est-ce parce qu'il lui est difficile d'admettre trois divorces, donc trois échecs ?

Adolescente, Svetlana avait souhaité, on s'en souvient, devenir écrivain. Un désir dont Staline s'était d'abord moqué avant d'interdire à sa fille ce choix de « bon à rien ». Devenue historienne, elle a écrit des articles, réalisé un certain nombre de traductions à caractère historique, sans jamais s'essayer à écrire de la poésie ou un roman. Elle s'est contentée ces dernières années de lire de plus en plus, revenant à Tolstoï, et surtout à Dostoïevski, longtemps ostracisé par le régime, s'imprégnant du mysticisme qui se dégage des *Frères Karamazov* ou des *Possédés*. Grâce à un ami, le compositeur Dimitri Tolstoï[13] qui vit avec sa femme Tatiana à Leningrad, où elle se rend assez régulièrement, elle fait la connaissance du demi-frère de ce dernier, Fiodor Volkenstein. Bien que professeur de chimie, c'est lui qui, à la suite de longues conversations concernant son enfance et sa jeunesse, encourage Svetlana à se mettre à l'ouvrage : « Écrivez, écrivez, commencez, comme si vous m'écriviez des lettres, et vous verrez le reste viendra. » En dépit de ses hésitations, de ses doutes sur ses capacités, elle se lance à près de 40 ans dans cette aventure qui deviendra *Vingt Lettres à un ami* – près de deux cents pages rédigées en un peu plus d'un mois d'une écriture simple, mais où abondent les détails sur l'intimité de la vie familiale jusqu'à la mort du père. La première lettre qu'elle rédige en forme de prologue date du 16 juillet 1963, alors qu'elle se trouve à trente kilomètres de Moscou « la bouillonnante », dans cette campagne russe qui lui est si chère : « Quel calme ici dès que l'on descend du train, les mêmes pins dorés qui me sont familiers se dressent toujours, les mêmes chemins qui filent vers Pétrovski, vers Znamenski. C'est ici ma patrie. Ici, et non pas en ville, ni au Kremlin (que je ne puis souffrir) où j'ai passé vingt-cinq ans de ma vie. Quand je mourrai, je veux que l'on me mette en terre ici, à Romachkovo, au cimetière près du village, sur ce monticule en pleine nature, là d'où l'on domine les alentours, au milieu de l'infini des champs et du ciel ! »

Ces lettres, qui ne forment pas un récit suivi, Svetlana ne songe pas un instant à ce qu'elles puissent être publiées en Union soviétique, et encore moins à l'étranger. Elle sait que la fille de Staline n'a pas le droit de dire sa vérité. C'est simplement pour elle une manière de faire le point sur sa vie ; une tentative pour comprendre qui elle est à travers une histoire familiale pleine de bruit et de fureur d'où surgit toute une série de personnages qu'elle admire ou qui lui font horreur ; une manière aussi d'essayer d'échapper aux fantômes qui l'habitent. Sans vouloir faire œuvre politique, d'autant que ce texte est destiné à rester secret, Svetlana, repensant à ces millions de victimes, ces milliers de talents morts prématurément qui n'ont, dit-elle, pu trouver place dans ces vingt lettres et dont vingt volumes n'épuiseraient pas la liste, conclut : « Je doute que les générations futures jugent cette époque "progressiste" et qu'elles affirment qu'elle a été bénéfique à la Grande Russie… Elles tourneront une page de l'histoire de leur pays avec un sentiment poignant de douleur, de repentir, d'incompréhension, qui les conduira à vivre autrement, à imaginer autre chose[14]. »

Comment imaginerait-elle alors que l'attend une autre vie si éloignée de cette Russie qui lui tient tant à cœur et que, quatre ans plus tard, les éditeurs du monde entier s'arracheront ces pages à coup de millions de dollars ?

Chapitre XV

Brajesh, le prince venu de loin

« Je n'ai jamais calculé quand il s'est agi d'amour », a souvent assuré Svetlana. Non seulement elle ne calcule pas, mais elle voit, en chaque homme dont elle s'éprend, celui qui va enfin lui apporter l'amour absolu qui lui est dû. Intempestive, elle n'entend et n'écoute que son propre désir, sans jamais prendre en compte celui de l'autre. On se souvient de l'admonestation du père Nikolaï : « Svetlana, tu fais tout trop vite, sache attendre » et de sa prédiction : « Ton prince viendra de loin »...

Au mois d'octobre 1963, Svetlana est opérée des amygdales à l'hôpital de Kountsevo qui accueille un nombre limité de patients étrangers, à condition qu'ils soient membres de partis frères ou « combattants de la liberté ». Le libéralisme khrouchtchévien permet aux malades soviétiques de l'établissement – des apparatchiks pour la plupart – de côtoyer des hommes et femmes venus des quatre coins du monde. Parmi eux, un Indien du nom de Brajesh Singh. L'homme intrigue Svetlana. À la dérobée, elle le regarde agir : « Il parlait anglais avec une Canadienne, français avec un Italien, par gestes avec l'infirmière russe, tout cela avec un sourire poli et attentif. Il constata une ou deux fois ma présence avec une absence totale d'intérêt. Mon accoutrement, la tête que j'avais, le gros pansement autour du cou, n'étaient pas faits pour le séduire. » Le portrait qu'elle trace de lui n'est guère plus flatteur : cheveux gris, voûté, petit, avec de grosses lunettes, et du coton dans le nez – il vient d'être opéré des végétations. Elle dira plus tard : « Son apparence n'avait rien d'exotique. Quand il mettait son cache-nez et son vieux béret pour aller faire un tour, il pouvait aussi bien passer pour un Italien pas jeune, ou pour un Juif pas gai[1]. »

Il a toujours existé en Russie un penchant pour la philosophie et la culture indiennes et le récent voyage du Premier ministre, Jawaharlal Nehru, en Union soviétique a provoqué un regain d'intérêt pour ce pays, leader du Tiers Monde. Une curiosité que partage Svetlana. Plus qu'à la mystique hindoue qu'elle ignore, Svetlana, qui vient de lire *La Découverte de L'Inde* de Nehru, s'intéresse à l'histoire et à la politique de ce pays, aux figures du Bouddha et du Mahatma Gandhi, le père spirituel de l'indépendance de l'Inde. Désireuse d'en connaître plus, elle souhaiterait en parler avec cet Indien qu'elle croise quotidiennement. L'idée d'aborder un étranger lui semble folle, mais soudain, au détour d'un couloir, elle s'enhardit. Une première et longue conversation s'ensuit sur Gandhi, Nehru et les castes, avant qu'ils n'abordent des questions plus personnelles.

Brajesh Singh est le fils d'un riche radjah de l'Utar Pradesh. Après des études en Inde au collège de Lucknow avec des professeurs anglais, il rejoint Londres où il devient communiste par idéal en 1932, et vit un peu partout en Europe, à Paris, à Vienne, à Berlin, etc. Chez lui prévalent les principes d'humanisme, de justice et de démocratie. En effet, pour nombre de ces jeunes Indiens qui appartiennent aux classes privilégiées et se frottent aux mouvements sociaux d'Europe, le combat pour l'indépendance de l'Inde a priorité sur la lutte des classes : « Dès les premiers mots prononcés par Singh, je compris, écrit Svetlana, qu'au nom de la plus noble des causes, il ne tuerait pas un homme. Ni même une mouche[2]. » À 53 ans, il vit seul depuis de longues années. Après un premier mariage traditionnel et la naissance de deux filles, il a épousé en 1940 une jeune femme juive autrichienne qu'il a ramenée en Inde pour la sauver du nazisme, avant qu'elle ne s'installe à Londres avec leur fils.

Brajesh Singh ignore qu'il est en train de bavarder avec la fille de Staline et il l'interroge pour savoir si la vie a beaucoup changé depuis la disparition du dictateur. Quand elle lui révèle son identité, il n'a d'autre commentaire qu'un « oh ! » d'étonnement. Jamais, précise Svetlana, il ne la fit parler par la suite de Staline. De toute manière, la Pologne socialiste et surtout la Yougoslavie lui étaient beaucoup plus proches que la Russie où il se trouve pour la première fois un peu par hasard[3]. Malade du cœur et souffrant depuis vingt ans d'une bronchite chronique, Singh se trouve depuis six semaines dans cet hôpital. Svetlana n'est là que pour quelques jours. Ils deviennent très vite inséparables. Les patients soviétiques qui les entendent bavarder en anglais sont choqués de voir la fille de Staline s'afficher ainsi avec un étranger qui parle et rit fort. Svetlana n'en a cure. Elle est touchée par sa bienveillance, son équilibre, sa compréhension. De quinze ans plus âgé qu'elle, il la rassure.

Par chance, ils sont tous deux envoyés au mois de novembre à Sotchi dans la même maison de repos. Là aussi règne la même suspicion « des étrangers, tous espions réels ou virtuels ». Mais le règlement est plus lâche et Svetlana, de toute façon, consciente de ce que représente le fait d'être la fille de Staline, n'en fait qu'à sa tête. Elle partage la table des Indiens, choisit de flâner en ville avec Brajesh et un Bengali du nom de Sournath Lahri. Ensemble, ils déjeunent dans un petit restaurant qui donne sur la mer, visitent le marché et se rendent à une messe orthodoxe dont le cérémonial semble à Brajesh plus proche des temples hindous que des églises chrétiennes d'Occident. Un certain nombre de convalescents soviétiques tentent en vain de remettre Svetlana dans le droit chemin. Avec toujours la même rengaine : « Qu'est-ce que vous faites avec ces deux Indiens ? [...] Laissez-les tranquilles[4]. »

Peine perdue. Les jours passés ensemble au soleil de Sotchi, dans la beauté de cet automne où s'épanouissent les roses, ne font que rapprocher Singh et Svetlana. Elle découvre le bonheur. Il n'est plus question d'une séparation définitive, Singh retournera en Inde comme prévu au mois de décembre, mais il reviendra un mois plus tard avec un visa lui permettant de travailler en tant que traducteur à Moscou. Svetlana est certaine d'avoir enfin trouvé le compagnon qu'elle souhaitait et elle l'invite à venir vivre chez elle à son retour : « Pour moi, Singh était l'homme d'un monde mille fois plus vivant et passionnant que le mien. Et le plus inattendu, le plus beau, c'était notre entente : la différence de pays, de langue, d'expérience, d'âge enfin – ne nous gêna pas du tout[5]. » Avant son départ, celle que Brajesh n'appelle plus que « Sveta[6] » le présente à ses enfants qui acquiescent au projet de leur mère. Iossif dira plus tard à Enzo Biagi : « Il est venu vivre chez nous comme mari de ma mère, nous le traitions moi et Katia avec respect. Je pense qu'elle était heureuse[7]. »

Et Svetlana se mit à l'attendre… Dix-huit mois entre le départ de Singh le 23 décembre 1963 et son retour prévu au printemps de 1965. Bien que Brajesh soit communiste et en dépit des bons rapports existant entre l'Inde et l'URSS, l'invitation lui permettant de travailler à Moscou comme traducteur de l'anglais vers l'hindi aux éditions du Progrès a été beaucoup plus difficile à obtenir que prévu. Pendant son absence, le pouvoir politique a changé de main en URSS. Le 14 octobre 1964, Khrouchtchev, de moins en moins populaire[8] tant dans l'appareil du Parti que pour son réformisme brouillon et contradictoire, a été limogé à la suite d'une révolution de palais. Un dur, Leonid Brejnev, lui a succédé au poste de Premier secrétaire, Alexeï Kossyguine occupant celui de Premier ministre. Les nostalgiques du stalinisme sont de retour. Une fois de plus, Svetlana est confrontée à une réalité impitoyable : être la fille du Tsar rouge dont le fantôme n'a pas fini de hanter le pays.

Le 7 avril 1965, accompagnée de son fils, Svetlana se rend à l'aéroport de Cheremetievo pour accueillir Singh. Elle est impatiente et anxieuse. Il est l'un des derniers passagers à sortir. Chargé d'un gros sac qui le fait souffler, il a l'air plus souffrant ; il a vieilli, et son visage est gonflé. Peu importe à Svetlana, elle ne souhaite pas d'autre compagnon que cet Indien dont elle retrouve avec bonheur le bon regard et le sourire. Malgré les protestations de Singh qui, se sachant très malade, craint d'être un embarras, elle le convainc, avec Ossia, de s'installer dans l'appartement familial : « On arriva à la maison, on défit les valises, puis on dîna dans la cuisine ; tout paraissait normal, habituel. » L'harmonie règne, il s'entend bien avec Katia et Ossia et, très vite, il est question de mariage. Il ne s'agit pas seulement cette fois-ci du goût de Svetlana pour l'état d'épouse, mais de la sécurité de Singh. Cette cérémonie civile lui éviterait, en acquérant la nationalité soviétique, d'être expulsé à l'expiration de son visa. Ils pourraient aussi aller ensemble à Kalakankar, dans ce village où il est né et où vit son frère. Le 3 mai 1965, ils se rendent à la mairie pour les formalités à remplir. La réaction du gouvernement est immédiate. Dès le lendemain, Svetlana est convoquée au Kremlin par Kossyguine. Elle n'y est pas revenue depuis de longues années et son cœur se serre en franchissant la porte Spasski. Le Premier ministre l'attend dans le bureau qui a été celui de Staline, situé juste au-dessus de l'appartement familial. Le décor n'a pas changé, les mêmes tapis, le drap vert sur les tables, les plafonds voûtés et le froid qui tombe des murs. Ce lieu lui fait horreur. C'est la première fois qu'elle se trouve devant cet homme au sourire mince qui lui tend une main molle. Dans *En une seule année*, Svetlana retrace le dialogue qui suit : « – Pourquoi avoir quitté votre travail, le collectif ? – J'étais malade, je n'avais personne pour s'occuper de la maison, j'ai pensé que mon foyer, mes enfants, devait passer avant tout [...]. Si je ne travaille pas pour le moment, c'est parce qu'à la maison, j'ai beaucoup à faire. Mon mari est malade[9]. » À ce mot, *malade*, Kossyguine réagit violemment : « Qu'est-ce que vous inventez ? Vous êtes jeune, en pleine santé ! Sportive !... Qu'est-ce que ça veut dire, ce vieil Indien malade ?... Nous sommes tous opposés à cette histoire ! Tous !... Nous ne vous conseillons pas de faire enregistrer le mariage. Nous ne vous le permettrons pas ! »

Svetlana se rebelle. Elle obtient un rendez-vous avec Mikoïan dans l'espoir qu'il pourra l'aider. Mais loin de lui donner sa bénédiction, celui-ci choisit l'esquive : « Se marier légalement, ça n'a aucune importance. C'est l'amour, qui compte ! Moi j'ai bien vécu quarante avec ma femme sans l'épouser, et jamais personne n'est venu nous dire que mes cinq fils n'étaient pas des enfants légitimes. » Puis, il lui conseille de ne pas fréquenter de trop près les ambassadeurs étrangers, et notamment celui de l'Inde, Kaul, un proche ami de Brajesh : « Prends tes distances[10]. »

Cette opposition au mariage de Svetlana répond au climat répressif qui s'impose dorénavant. Au mois de septembre 1965, Andreï Siniavski et son ami Iouli Daniel sont arrêtés sous prétexte de propagande antisoviétique. On leur reproche d'avoir envoyé à l'étranger sous des pseudonymes (le premier a choisi le nom juif d'Abram Tertz, le second de Nikolaï Arjak) des articles et des récits décrivant de manière critique la société soviétique et qui circulent déjà à Moscou en *samizdat*. Pour la première fois depuis la fin des années 1920, une manifestation publique d'importance a lieu le 5 décembre, jour de la Constitution[11], place Pouchkine[12]. Il est près de 6 heures du soir et, en dépit du froid glacial, le lieu grouille de monde. Le KGB est présent lui aussi en nombre. Soudain, au milieu de la place, sous les boules blanches en verre opaque des réverbères, surgissent des banderoles. Des haut-parleurs ordonnent la dispersion. À peine le temps de lire : « Respectez la Constitution ! »,

« Libérez Siniavski et Daniel ! » que déjà elles disparaissent.

Deux mois plus tard, le 10 février 1966, s'ouvre le procès des deux écrivains. Contrairement à ceux qui suivront, il ne se déroule pas à huis clos. Le tribunal de Moscou n'est pas accessible au grand public, mais l'Union des écrivains a distribué des laissez-passer. Dans l'assistance, la rupture se fait aussitôt entre ceux qui accablent les deux accusés et ceux qui leur sont favorables. Daniel est condamné à cinq ans de travaux forcés dans un camp de travail, Siniavski, à sept. Les conséquences immédiates ne se font pas attendre, la répression redouble contre ceux qui se battent pour penser, écrire, et créer librement. À l'Institut de littérature mondiale où travaille Svetlana, la direction et le bureau du Parti entament une campagne contre ceux qui ont manifesté contre la décision des juges ou pris fait et cause en faveur des condamnés, refusant par exemple de signer une lettre adressée à la *Literaturnaïa Gazeta* pour approuver leur condamnation.

Svetlana n'est pas une dissidente, mais ses fidélités et ses convictions se sont renforcées depuis qu'elle vit avec Singh. Comme elle l'avait fait près de dix ans auparavant lors de la mise en cause d'Ehrenbourg pour *Le Dégel*, elle proteste avec force et presque seule contre la position prise par l'Institut qui avait pour devoir, dit-elle, de défendre ses collègues et non de les contraindre à signer une lettre d'accusation. Devant les réactions hostiles à sa prise de parole, elle choisit de ne plus y travailler. Elle décide, sous la pression de Brajesh qui craint une indiscrétion, d'envoyer son manuscrit de *Vingt Lettres à un ami* en Inde, en le confiant à l'ambassadeur Kaul.

D'autres arrestations, d'autres procès, d'autres condamnations vont suivre. Et ce retour à l'ordre ancien, Svetlana le refuse. En vivant avec Brajesh Singh, qui lui a fait découvrir un monde de tolérance et de sagesse, elle s'est émancipée de l'État oppresseur qui prétend avoir des droits sur sa vie parce qu'elle est la fille de Staline.

L'opposition du gouvernement à son mariage avec Svetlana fait de Brajesh une *persona non grata*. Déjà ses amis, pour la plupart des communistes indiens vivant à Moscou, s'éloignent de lui et son neveu, Dinesh Singh, vice-ministre des Affaires étrangères d'Indira Gandhi, cesse pour un temps de lui écrire. Son travail est aussi remis en question, son éditeur, Vladimir N. Pavlov, ancien interprète de Staline à Yalta, Téhéran et Potsdam, l'accuse d'incompétence. Toutefois, le plus alarmant est son état de santé qui se dégrade de jour en jour. Au mois d'octobre 1966, il est de retour à l'hôpital. Svetlana passe ses journées avec lui. Quand il se sent mieux, ils s'assoient dans le jardin. Main dans la main, ils parlent interminablement de l'Inde. Brajesh souhaite y retourner et s'il doit mourir, il désire que cela soit dans son village natal des bords du Gange. Désespérée, Svetlana écrit à Brejnev. Elle le supplie de lui permettre de l'accompagner.

Peu de jours après, elle est convoquée au siège du Comité central du Parti situé sur la Vieille Place (*Staraïa Plochtchad*). Ce n'est pas Brejnev qui la reçoit, mais Souslov. Face à l'idéologue du régime, dont les lunettes durcissent encore le regard peu amène, Svetlana sait immédiatement qu'elle doit s'attendre au pire : « Votre père était formellement opposé aux mariages avec les étrangers. Il y avait même, de son temps, une loi pour les interdire. » Svetlana répond du tac au tac que son père se trompait et que maintenant tout le monde jouit de ce droit, à l'exception d'elle-même. Ce qu'elle demande, c'est d'accompagner Brajesh Singh en Inde pour son dernier voyage. Imperturbable, Souslov tranche : il n'est pas question de lui permettre de sortir. Quant à Brajesh, il peut partir quand il veut, personne ne le retiendra. Svetlana a compris. Comme le Premier ministre, Souslov n'a qu'une préoccupation : « Me voir reprendre dans la société la place qui convenait à mon nom[13]. »

Brajesh est à bout. Il n'en peut plus de l'hôpital et, se sachant perdu, il supplie Svetlana de le ramener chez eux. Il n'y vivra que huit jours. Le 30 octobre, un dimanche, il est heureux de recevoir ses amis. L'un d'eux lui apporte une lettre de son frère Sunesh, mais il est épuisé et il respire de plus en plus mal. Plusieurs médecins de garde se succèdent à son chevet et le soulagent avec des piqûres. Resté seul avec Svetlana, il lui dit calmement en lui caressant la joue : « Sveta, je vais mourir aujourd'hui. » Il a rêvé d'un bœuf blanc tirant une charrette et un tel songe en Inde signifie que la mort est là[14]. Le lundi matin vers 7 heures, montrant son cœur, il lui dit : « J'ai ici quelque chose… quelque chose qui bouge », puis un moment après : « Maintenant c'est plus haut », en désignant son cou. Et il cesse de respirer.

Avant Singh, Svetlana n'avait vu mourir qu'un homme, son père. Elle ne pouvait oublier son expression de terreur face à la mort et ce geste menaçant qu'il avait eu envers le ciel et les hommes. La mort de Brajesh est paisible : « Deux morts aussi différentes qu'avaient été ces deux vies ! » Svetlana ne pleura pas, mais elle sentit qu'avec la disparition de cet homme qui lui avait apporté la paix, quelque chose en elle s'était brisé. À 40 ans, sa vie était derrière elle. Elle fut heureuse de voir son fils Ossia baiser le front de Singh pour lui dire adieu.

Elle ne voulait surtout pas que la bureaucratie se mêle de cette mort. Pour éviter les formalités et surtout l'autopsie, contraire aux mœurs des Indiens, Svetlana appela sans attendre les amis de Brajesh qui accoururent. Ils lurent quelques strophes de la *Bhagavad Gita* sur l'immortalité de l'âme en sanscrit, brûlèrent du bois de santal et portèrent le corps au crématorium.

En rangeant l'urne dans sa chambre, elle se souvint que Brajesh avait un jour exprimé le souhait, sans y croire vraiment, que ses cendres soient dispersées dans le Gange. Elle décida, contre toute logique, qu'elle se chargerait elle-même de cette tâche. Sans y croire, elle adressa une nouvelle lettre à Kossyguine et à Brejnev pour qu'ils la laissent voyager en Inde. Sa ténacité allait être récompensée. Le Premier ministre la convoqua au Kremlin le jour suivant pour lui annoncer qu'elle était autorisée à partir mais qu'elle ne devrait avoir aucun contact avec la presse. Dès lors, tous les obstacles furent levés. Le 11 novembre, on lui remit son passeport avec un visa indien valable un mois à compter de son arrivée à Delhi. Dinesh Singh, qui était intervenu avec le Premier ministre, Indira Gandhi, auprès des autorités soviétiques pour faciliter sa venue, l'invitait chez lui, mais il lui demandait de ne pas arriver avant le 20 décembre, fin de la session parlementaire. Il pourrait ainsi l'accompagner à Kalakankar pour les funérailles traditionnelles de son oncle.

Pendant les six semaines qui lui restaient à attendre, Svetlana ne quitta pratiquement pas son appartement, veillant sur l'urne comme si elle craignait qu'on la lui arrache ou que le gouvernement change d'avis. Elle fut très heureuse de la décision de son fils d'épouser à la fin du mois de novembre sa petite amie, Elena. La cérémonie, en présence du père de Iossif, Grigori Morozov, qu'elle n'avait pas vu depuis vingt ans, fut simple mais joyeuse. Svetlana en était certaine, Singh, qui aimait la vie et dont l'ombre l'entourait, n'aurait pas aimé qu'on pleure longtemps sa mort.

Le jour du départ arriva enfin. Ce 19 décembre 1966, le thermomètre marque moins quinze, Moscou est ensevelie sous la neige et le vent souffle à tout rompre. L'avion pour Delhi qui doit partir à une heure du matin risque d'être retardé, mais Svetlana préfère patienter pendant des heures à l'aéroport. Entourée de sa fille Katia, de son fils et de sa belle-fille, Svetlana s'étonne qu'on l'ait autorisée à voyager et craint un revirement de dernière minute. L'arrivée de madame Kassirova, désignée – contre le gré de Svetlana – par Gromyko[15] pour la suivre en qualité de guide et d'interprète, donne le signal du départ. Tous sont émus lorsque survient un incident qui assombrit le moment des adieux.

En plus de ses deux valises, la voyageuse emporte son bien le plus précieux, la petite urne de porcelaine contenant les cendres de Singh. Pour l'aider, Elena, sa belle-fille, ignorant ce qu'il contient, s'en empare. Prise de panique, Svetlana s'écrie, virulente : « Ne touche pas à ça ! » Elena se fige, pétrifiée. Ossia est furieux contre sa mère. Consciente de la peine qu'elle a causée à ses enfants, Svetlana ne sait comment se faire pardonner. À peine a-t-elle le temps d'embrasser sa fille. Katia est debout, contre la porte de sa chambre, bouleversée par la scène qui vient d'avoir lieu. Il est 10 heures du soir quand Svetlana quitte la Maison du quai. La neige tombe à gros flocons. Dans la voiture qui l'emmène vers Cheremetievo avec Ossia qui fait la tête, Lily Golden et madame Kassirova, le silence règne. À l'aéroport, en qualité de voyageuse en partance vers l'étranger, elle est séparée aussitôt de son fils et ne dispose que d'un instant pour le serrer dans ses bras[16]. Elle l'aperçoit une dernière fois par-delà la cloison de verre : « Il n'avait plus l'air fâché, mais triste[17]. »

Chapitre XVI

L'Inde, un havre impossible

« Le ciel trop blanc, le soleil, me font mal aux yeux. Des mécanos enturbannés, barbus, se tiennent debout près du hangar vers lequel se dirige l'avion[1] »... L'Inde enfin, le pays de Brajesh ! Au matin du 21 décembre 1966, Svetlana arrive à New Delhi, première étape de son voyage vers Kalakankar. Deux femmes vêtues de saris l'attendent : Naggy, la femme de Dinesh Singh, le neveu de Brajesh qui l'a invitée à loger chez lui, et Pretti, la fille de l'ambassadeur Kaul. Elle a à peine le temps de les saluer : trois diplomates soviétiques surgissent pour l'accueillir. Le deuxième secrétaire, Nikolaï Sourov, lui fait accomplir rapidement les formalités douanières. La voilà prise en main, « tout comme à Moscou[2] ». En dépit de ses protestations, elle est logée dans une dépendance voisine de l'ambassade. Sa chambre est rudimentaire, un lit, une table, pas de téléphone. Mais elle peut appeler, lui dit-on, de n'importe quel poste de l'ambassade où elle est attendue. En l'absence de l'ambassadeur Benediktov, c'est le chargé d'affaires, Nikolaï Smirnov, qui la reçoit. Madame Kassirova et Sourov sont présents ainsi qu'un homme au visage de marbre, inconnu de Svetlana. Assis autour d'une table basse chargée de vivres et de bouteilles, ils portent un toast à Brajesh Singh, « tant aimé et respecté de tous ». Visiblement nerveux, le chargé d'affaires indique à Svetlana les dernières recommandations de Moscou. Il lui est conseillé, étant donné la situation politique du pays[3], de ne pas se rendre à Kalakankar. L'ambassade se chargera du transport des cendres dans le village de Singh. Quant à son retour en URSS, son visa expirant au bout de quinze jours, il est prévu pour le 4 janvier sur un vol d'Aeroflot.

C'est mal connaître Svetlana. Si la tête lui tourne à cause de la fatigue du voyage, de la chaleur et de la colère qui monte en elle, elle n'en a pas moins l'esprit vif : d'où leur est venue cette idée d'un visa de quinze jours, alors qu'il lui a été délivré pour un mois ? Une discussion serrée s'engage, et elle gagne la première manche : personne ne l'empêchera de porter elle-même les cendres de son défunt compagnon dans le village où elle est l'invitée des Singh, amis des familles Nehru et Gandhi. En revanche, elle accepte de rester à l'ambassade tant qu'elle sera à New Delhi.

Pendant les trois jours qu'elle passe dans la capitale indienne, Svetlana s'emploie avec succès à échapper à son ombre, madame Kassirova. Elle rend visite à Dinesh Singh qui l'accueille avec chaleur en compagnie de sa femme et de ses six filles. Elle lui rend compte de ses démêlés avec les diplomates soviétiques. Il la rassure, elle sera son hôte à Kalakankar où il projette de se rendre en avion le 25 décembre. Elle dîne chez l'ambassadeur Kaul. Ce diplomate, qui a souvent enfreint à Moscou les règles édictées concernant les contacts entre diplomates étrangers et citoyens soviétiques, détient le manuscrit de *Vingt Lettres à un ami*. Certaine que sa chambre est fouillée, Svetlana lui demande de le conserver encore pour quelque temps. Avec Pretti, elle parcourt la ville dans une Mercedes rouge. Habituée à la morosité des villes soviétiques, Svetlana s'étonne de la diversité du spectacle : « Partout un mélange de siècles, de pays, d'influences », de belles Indiennes en sari qui conduisent des voitures d'un tout dernier modèle… un yogi qui se tient sur la tête, des fourmilières de mendiants, le luxueux hôtel Oberoy… les enseignes colorées des grands magasins jouxtant le cinéma qui affiche *Le Docteur Jivago*[4]… Le dernier soir, un immeuble brillamment éclairé attire son attention. C'est l'ambassade des États-Unis, non loin du lieu où elle réside.

Le 25 décembre, après un vol vers Lucknow, la capitale de l'État d'Uttar Pradesh, et trois heures de route, Svetlana parvient enfin à Kalakankar, un ancien village au bord du Gange, à mille kilomètres de Delhi, où elle est attendue avec impatience pour la cérémonie traditionnelle. Entourée d'une foule d'hommes, de femmes et d'enfants, la voiture s'arrête devant le Raj Bhavan, une longue et lourde bâtisse blanche, propriété de Dinesh Singh, qui a hérité de son père, Rampal Singh, le titre de rajah. Derrière brille le fleuve. Un homme pieds nus, vêtu de blanc, prend l'urne de porcelaine des mains de Svetlana. C'est Suresh, le frère de Brajesh. Il mène la procession des hommes qui se dirigent vers le Gange. Les femmes n'ont pas le droit de prendre part à la cérémonie et c'est du haut d'une grande terrasse que Svetlana voit les barques s'éloigner vers le large. Leurs occupants ne sont plus maintenant que des silhouettes. Les cendres une fois dispersées, des brassées de fleurs sont jetées dans le courant. « Adieu Brajesh[5] », murmure Svetlana qui tremble et, cette fois, ne peut contenir ses larmes.

La famille de Suresh est chaleureuse et Svetlana accepte l'hospitalité qu'elle lui offre : une petite chambre avec une terrasse qui donne sur le fleuve, celle où son compagnon logeait lorsqu'il venait en Inde. La maison, une vieille construction plus ou moins remise à neuf, couverte de fleurs rouges grimpantes, est certes moins princière que celle de Dinesh, membre du parlement et plusieurs fois ministre d'Indira Gandhi, mais elle s'y sent à l'aise, presque sereine. Plus forte aussi. Assise dans le silence de la nuit chaude où monte la senteur des eucalyptus, une idée s'impose à elle : elle ne rentrera pas à Delhi la semaine suivante. Son visa indien est valable jusqu'au 20 janvier et Svetlana est bien décidée à tenir tête aux camarades soviétiques. Certaine de son bon droit, elle écrit à l'ambassadeur Benediktov et lui annonce qu'elle n'a nul besoin de madame Kassirova. Et pour être plus sûre de s'en débarrasser, c'est elle qui lui portera la lettre.

« À Kalakankar, je me plongeai dans la vie indienne comme on se plonge dans un bain chaud. Je profitais de chaque instant. La vie dans ce village était toute nouvelle pour moi, elle ne ressemblait en rien à ce que j'avais vu jusqu'ici. J'en avais besoin. Dans mon for intérieur, je sentais clairement que je m'approchais d'une frontière. Derrière cette frontière, tout pouvait soudain changer[6]. » Svetlana se prend à rêver. Ne pourrait-elle pas prolonger son séjour en Inde, obtenir, comme elle l'a déjà demandé à Dinesh, l'appui d'Indira Gandhi, qui doit au cours de sa tournée électorale passer le 15 janvier par Kalakankar ? Consciente qu'il lui faudra trouver les moyens d'y vivre, elle aimerait écrire. Le plus urgent est de réclamer à Kaul son manuscrit de *Vingt Lettres à un ami*, de le faire parvenir à Liouba Krassine[7], l'épouse russe d'Emmanuel d'Astier, pour le faire publier à Paris. Prise d'une méfiance irraisonnée, elle craint soudain que le diplomate indien n'ait communiqué le texte à l'ambassade soviétique. Elle lui pose si brutalement la question qu'il s'en émeut : croit-elle vraiment qu'il ait pu ainsi la trahir ? Qu'elle se tranquillise, il est à sa disposition.

Svetlana se met au rythme de la vie indienne. Elle porte un sari, s'habitue à la cuisine végétarienne familiale ; elle se baigne, selon la coutume des femmes, tout habillée dans le Gange ; apprend un peu d'hindi avec l'instituteur du village et rencontre les amis de Brajesh. Une chose l'étonne plus que tout dans cette Inde où indépendance et réformes agraires ont ébranlé le régime féodal et la culture ancienne : c'est la permanence des castes. Y compris chez ses hôtes où chaque serviteur occupe une fonction assignée à celle de sa naissance, le cuisinier, par exemple, ne pouvant être qu'un Brahmane. L'entente n'en est pas moins grande avec Suresh et sa femme qui distribue des médicaments dans le village et fait de la propagande pour le planning familial. Tous deux sont touchés de la manière dont Svetlana a su s'adapter à leur manière de vivre, comme en témoigne Suresh : « Elle était, après tout, la fille d'un puissant dirigeant de la Russie, et nous pensions que peut-être nous vivions trop modestement pour elle. Mais Svetlana était la plus simple des femmes [...]. Nous avions des servantes, mais elle lavait et repassait elle-même son linge, aidait aussi à éplucher les légumes et à cuisiner

[…]. Nous avons appris à l'aimer et nous espérons qu'elle nous aimait aussi[8]. »

La sérénité de Svetlana est brutalement troublée par l'arrivée inopinée de Sourov. À New Delhi, on s'inquiète de ses intentions. Le fonctionnaire de l'ambassade a pour mission de la ramener et il pense avoir de quoi l'amadouer : on lui accorde un délai de plusieurs jours pour son retour à Moscou, le temps de mieux connaître l'Inde. Son départ, prévu pour le 4, est repoussé au 11 janvier ; madame Kassirova l'attendra jusqu'à cette date. Svetlana, plus déterminée que jamais, refuse. Elle n'a nulle intention de quitter ce lieu, ces gens qu'elle aime, avant l'expiration de son visa. Elle le dit à Sourov qui n'a plus qu'à repartir.

Cette visite l'a toutefois replongée dans un univers qui lui paraît déjà lointain : sa vie en Russie et surtout ses enfants, Ossia et Katia, qui l'attendent. Eux seuls la rattachent à Moscou : « Je m'ennuyais d'eux. Pendant des années, nous étions restés unis. Nous étions devenus amis[9]… » Tout le reste l'insupporte : les réunions du Parti, le collectif que Kossyguine et Souslov veulent voir réintégrer. Dans sa ville natale, elle a réussi depuis la mort de son père à rester à peu près à l'écart, et maintenant elle n'a qu'un désir, ne plus quitter l'Inde. Aussi attend-elle avec impatience le passage d'Indira Gandhi. Qui, mieux qu'elle, peut lui permettre de prolonger son séjour ?

Le grand jour arrive enfin et Svetlana peut s'entretenir, grâce à Prakash, l'épouse de Suresh, avec le Premier ministre. Elle lui dit combien elle se plaît à Kalakankar, et combien elle aimerait y rester aussi longtemps que possible. Indira la regarde avec surprise : « Et on ne vous le permet pas ? » Elles échangent encore quelques mots puis la fille de Nehru lui souhaite bonne chance avant de s'éloigner. Svetlana comprend que Dinesh n'a jamais parlé d'elle au Premier ministre. Tout comme l'ambassadeur Kaul, il souhaite qu'elle retourne à Moscou aussi rapidement que possible. Ils ne veulent surtout pas de complications avec leur allié du Kremlin. Il ne lui reste qu'un argument à faire valoir : les Soviétiques visitant des parents à l'étranger ont droit à une prolongation de séjour de deux ou trois mois et Svetlana décide d'écrire à Kossyguine par l'intermédiaire de l'ambassade.

Ayant dépassé le temps qui lui était imparti pour son séjour en Inde, Svetlana souhaite maintenant profiter de ce délai pour mieux connaître ce pays, dont le livre de l'ambassadeur américain, Chester Bowles, *Ambassador's Report*, trouvé dans la bibliothèque de Suresh, vient de lui faire sentir toute la complexité. Mais après ? Elle sait maintenant de façon certaine qu'elle ne veut pas retourner en Union soviétique, mais il ne peut être question de renoncer à ses enfants. Une lettre de son fils vient d'ailleurs juste de lui parvenir : « Ma très chère maman… Ici tout va bien… mais tu nous manques terriblement à moi et à Katia et nous souhaitons te revoir rapidement. » Elle a compris aussi, au cours de sa dernière conversation avec Dinesh, qu'elle n'obtiendrait pas l'autorisation de rester dans le pays de Brajesh. Pourquoi alors, comme le lui suggère par exemple Prakash, dont un fils vit à Seattle, ne pas demander l'asile à l'ambassade américaine pour revenir plus tard avec un passeport américain ? Svetlana ne veut même pas envisager cette éventualité. Elle est même terrifiée à l'idée que les Soviétiques puissent avoir vent d'un tel projet. En attendant la réponse de Moscou, elle décide de voyager.

Accompagné de Surish, l'un des fils de ses hôtes, elle part pour Lucknow, puis Allahabad et enfin Bénarès. Au cœur de l'hindouisme, tout la terrifie : la puanteur et la crasse, la maigreur des vaches qui perdent leurs poils, le spectacle des milliers d'infirmes et de pèlerins mourants qui se baignent dans le Gange, si différent ici du fleuve paisible qui coule à Kalakankar, où elle a maintenant hâte de rentrer. Dans la seconde partie du mois de février, quelques jours après les élections, Sourov se présente pour la troisième et dernière fois chez Suresh : le ministère indien des Affaires étrangères n'a prolongé le visa de Svetlana que jusqu'au 15 mars. Mise au pied du mur, Svetlana ne peut faire autrement que de rentrer à Delhi pour prendre l'avion d'Aeroflot le 8 mars.

Mais elle est obsédée par l'idée qu'il lui faut – c'est peut-être sa dernière chance – trouver une échappatoire. Elle en est persuadée, tout lui est possible hors de l'URSS. Le message qu'elle vient de recevoir de Liouba d'Astier lui annonçant que son manuscrit pourrait être publié à Paris l'y encourage d'autant plus.

Le dernier jour passé à Kalakankar est sinistre. Prakash pleure, Svetlana est au désespoir. Il est temps de monter dans la Jeep, de voir disparaître le Gange, de dire adieu… peut-être à jamais, au village du sage Brajesh ! Le 5 mars, Dinesh l'attend à l'aéroport. Il a laissé tomber son masque de maharajah et se montre chaleureux – trop content, pense Svetlana, de la voir enfin rentrer chez elle. Il l'invite à vivre chez lui jusqu'à son départ. Elle décline l'invitation, elle veut être libre de ses gestes pendant les deux jours qui lui restent.

La résidence, mise à la disposition des hôtes soviétiques, lui convient parfaitement. Elle ne peut s'empêcher de penser qu'elle se trouve à deux pas de l'ambassade des États-Unis. La possibilité d'y chercher refuge est devenue une obsession que seule la pensée de ses enfants lui fait repousser. L'incertitude lui met les nerfs à vif. Surtout que personne ne se doute de rien. Le soir au dîner, l'ambassadeur Kaul s'inquiète de ce qu'est devenu son manuscrit. Méfiante, Svetlana lui dit qu'elle l'a envoyé à Paris. Le 6 mars, elle est invitée à déjeuner chez l'ambassadeur Benediktov. À l'approche du 8, date de la célébration de la Journée internationale des femmes, toute l'ambassade est en émoi. Conférences, spectacles de danses, concerts et ripailles sont au programme. Pour Svetlana, c'est le choc : tout lui semble le comble du mauvais goût. Après la frugalité indienne, elle se cabre devant le débordement de victuailles et d'alcools. Deux mois dans le pays de Gandhi l'ont affranchie de ce monde désormais étranger. Ivan Alexandrovitch Benediktov ne cache pas son bonheur de la voir repartir pour Moscou : « Alors, vous êtes contente d'être venue ? Vous avez vu : on a fait toutes les concessions... Vous êtes restée bien plus que prévu... Vous ne pouvez vous plaindre de rien[10]. » Svetlana ne dit mot. Elle ne pense qu'à une chose : récupérer sans attendre son passeport et non, comme il est de règle, à l'aéroport au moment du départ. À sa grande surprise, l'ambassadeur obtempère, trop heureux d'en avoir terminé avec elle. Invitée le soir même à une soirée donnée en l'honneur du maréchal Matveï Zakharov, le chef d'état-major des forces armées soviétiques, Svetlana refuse ; elle a accepté de dîner une fois encore chez l'ambassadeur Kaul.

Il est 3 heures de l'après-midi quand elle rentre à l'hôtel. Il ne lui reste que trente-six heures avant de prendre l'avion pour Moscou, le temps de faire encore quelques courses, de dire adieu à la famille de Dinesh, à celle de Kaul, de faire ses valises. Elle est fatiguée et s'étend un moment sur son lit. Elle ferme les yeux, et soudain, tout doute disparaît : elle se rendra le lendemain matin à l'ambassade américaine. Dans une petite valise, elle glisse le manuscrit sur lequel elle entasse quelques affaires, abandonnant le reste. Ignorant comment appeler un taxi, elle descend se renseigner auprès du portier qui lui donne un numéro et lui indique où se trouve un téléphone public. Dans sa chambre, elle tourne en rond, prise à nouveau de doutes en regardant les cadeaux qu'elle rapporte à ses enfants. Il est presque 18 heures, il fait déjà nuit, à l'ambassade la fête bat son plein : n'est-ce pas le bon moment pour partir ? Personne ne fera attention à elle. Son manteau sur le bras gauche, la petite valise dans la main droite, elle dévale l'escalier. Elle appelle un taxi, c'est un Indien qui lui répond, il a du mal à comprendre son adresse : l'ambassade soviétique ? Non, surtout pas, *l'hôtel* soviétique. Elle attend devant l'entrée, des voitures passent. Elle s'impatiente, s'affole en pensant que Pretti, la fille de Kaul, va arriver d'une minute à l'autre pour l'emmener dîner. Toujours rien. Mais Svetlana est têtue, elle retourne téléphoner. Enfin, du carrefour, à gauche, débouche « une bagnole bringuebalante, un taxi de Delhi » ; au volant, un Sikh enturbanné. « L'ambassade américaine, vous savez où ça se trouve ? » En un rien de temps, la voiture s'arrête devant une porte très éclairée. Sa petite valise à la main, Svetlana monte le large escalier en tremblant. Elle sonne. Un jeune marine vient lui ouvrir : que veut-elle ? L'ambassade est fermée. Svetlana lui tend son passeport soviétique à couverture rouge. Sans un mot, il la fait entrer dans une petite pièce, la fait asseoir, lui demande d'attendre. Quelques heures plus tard, dans la nuit du 6 au 7 mars 1967, la fille de Staline s'envole pour Rome. À ses côtés, Robert Rayle, le deuxième secrétaire de l'ambassade américaine et membre de la CIA.

Chapitre XVII

La fuite vers l'Occident

Chester Bowles, l'ambassadeur américain à New Delhi, sans en référer à Washington, décide d'aider Svetlana à quitter l'Inde. Ce soir du 6 mars, il est souffrant et retenu chez lui ; ce sont ses adjoints – le consul George Huey, le deuxième secrétaire Robert Rayle et un autre diplomate, Roger Kirk, avec qui il est en contact suivi par téléphone – qui la reçoivent. Ayant décliné sa parenté avec le dictateur, Svetlana leur présente son passeport. Elle y est inscrite en tant que citoyenne Svetlana Iossipovna Alliloulëva. « Et vous nous dites, interroge l'un d'eux, que votre père était Staline ? Enfin, le Staline[1] ? » La conversation se déroule en anglais, Svetlana s'étonne de leur allure décontractée et de leur continuel sourire toutes dents dehors : « Ils étaient courtois, amicaux. Ils ne me firent pas sentir une seconde que je leur arrivais un peu comme un Martien et qu'ils mettaient en doute mon authenticité. » À leur demande, elle rédige une sorte de *curriculum vitae* où elle résume l'histoire de sa famille, évoque l'évolution qui s'est faite peu à peu en elle : « Je crois en la force de l'esprit partout sur la terre, dans n'importe quel pays. Je pense que chacun doit vivre où il l'entend. Le monde est tout petit et les hommes ne sont qu'une goutte d'eau dans l'univers. Au lieu de se combattre et de verser le sang, ils doivent collaborer au nom du progrès universel[2]. » Elle leur a aussi communiqué son manuscrit dont ils ont fait plusieurs copies.

Entre ciel et terre, alors que Svetlana vole aux côtés de Robert Rayle dans un avion de ligne australien vers cet Occident qui ignore tout d'elle et, n'ayant elle-même aucune idée de sa destination finale – les Américains ne lui ayant fait à Delhi nulle promesse –, elle est soudain saisie de la crainte d'être renvoyée en URSS. Tout s'est passé si vite depuis qu'elle a franchi le seuil de l'ambassade, poussée par ce qu'elle appelle son « destin », ignorant tout des procédures diplomatiques et du sens de l'expression « transfuge soviétique » qui va bientôt être accolée à son nom. À leur atterrissage le 7 mars à Rome, à 6 heures du matin, Robert Rayle s'attend à un départ immédiat pour les États-Unis, mais il n'en est rien. Informé au cours de la nuit par Chester Bowles de la défection de Svetlana, le département d'État a aussitôt réagi en refusant catégoriquement l'entrée aux États-Unis à la fille de Staline. Il faut dire que cette affaire tombe à un moment particulièrement mal choisi pour le gouvernement de Lindon Johnson : elle risque de mettre en pièces un début de détente dans les relations américano-soviétiques que doit concrétiser la visite, au mois de juin, du Premier ministre Kossyguine[3]. Le danger est réel, comme l'indique l'ambassadeur à Moscou, Llewelyn Thompson, en réponse à un télégramme secret de Dean Rusk, le secrétaire d'État américain : « Du point de vue de notre relation avec les Soviétiques, nous devons nous désengager le plus possible de cette opération. Ils ne manqueront pas de toute façon de nous blâmer d'avoir facilité le départ d'Inde de la personne concernée et nous accuseront de l'avoir kidnappée[4]. » Le Kremlin est en ébullition mais attend d'en savoir plus pour réagir. Ainsi la presse reste-t-elle silencieuse pendant plusieurs jours, avant que la *Pravda* et les *Izvestia* n'annoncent brièvement que Svetlana, ayant reçu un visa lui permettant de se rendre en Inde pour accompagner les cendres de son défunt mari indien, se trouve hors du pays.

En Italie aussi, l'arrivée de Svetlana pose un problème au gouvernement démocrate-chrétien. Inquiet des réactions de l'importante opposition communiste qui siège au Parlement, le ministre des Affaires étrangères, Amintore Fanfani, insiste pour que sa présence à Rome reste secrète et soit aussi brève que possible. En attendant qu'un pays accepte de lui donner asile, Svetlana reste confinée, sous la surveillance de deux officiers de la sécurité italienne, dans un lieu sûr : un petit appartement dépendant de l'ambassade américaine qu'elle partage avec Robert Rayle. Le diplomate s'étonne de son calme devant l'incertitude de l'avenir qui l'attend, même si elle ne peut maîtriser son chagrin en évoquant ses enfants. Elle leur écrit une longue lettre le 9 mars dans laquelle elle leur explique les raisons qui l'ont poussée au départ alors qu'elle n'y avait jamais pensé avant de se trouver en Inde et leur demande de ne pas croire les accusations qui feront d'elle une folle, ou les rumeurs d'un prétendu kidnapping[5].

L'urgence n'en est pas moins de trouver une terre prête à l'accueillir. Pressé par les Italiens, le département d'État contacte les gouvernements d'Australie et de Nouvelle-Zélande qui tous deux s'opposent à sa venue. En revanche, l'Afrique du Sud l'accepte, mais Svetlana refuse l'offre en raison de l'apartheid. Une réponse positive parvient enfin de Berne : la Suisse est prête à lui donner refuge en tant que personne privée pour une période limitée et à condition – au nom de la traditionnelle neutralité helvétique – qu'elle ne fasse aucune déclaration politique. Il ne reste qu'à espérer que le Conseil suisse confirme rapidement la proposition lors d'une prochaine réunion.

Déjà le bruit de son passage à l'Ouest s'est répandu à partir de Delhi : un journaliste collaborateur du *New York Times* a eu vent dès le 7 mars du départ de Svetlana pour Rome. Le 10 mars c'est le célèbre journaliste James Reston qui officialise la nouvelle dans le grand quotidien new-yorkais par ce titre : « Défection de la fille de Staline ». Il précise qu'elle n'a nulle intention de retourner en URSS. Quant aux autorités américaines, elles nient qu'elle ait demandé l'asile aux États-Unis. Très vite, une foule de reporters du monde entier se précipite vers la capitale romaine. Svetlana doit partir dans l'heure, exige le gouvernement italien. Mais où ? Londres ? New York ? C'est l'affolement du côté américain. La réponse attendue arrive enfin : la Suisse est prête à l'héberger.

Des places sont réservées pour Svetlana et Robert Rayle le soir du 11 mars sur le vol 615 de la Swissair à destination de Genève. Le consul suisse les attend à l'aéroport pour remettre à Svetlana son visa. L'affaire se déroule dans la plus grande discrétion. Personne ne doit pouvoir dire que la fille de Staline a posé le pied sur le sol italien, comme elle le raconte elle-même : « Ça prenait parfois des allures de film policier : l'aéroport de Rome, un grand parterre ovale de fleurs derrière l'aéroport et, tournant autour, deux voitures noires. Moi, je suis dans l'une, et dans l'autre, il y a un membre de l'ambassade de Suisse à Rome. On continue de tourner, on s'observe derrière les vitres, on veut être sûrs qu'on ne se trompe pas, puis je stoppe, je cours à l'autre voiture, j'y monte. Il est très beau ce monsieur. Sa secrétaire ouvre une petite bouteille d'encre, un tampon. On me donne le visa. On pouffe de rire tous les trois. Et je saute dans ma voiture[6]. » Mais l'aventure ne s'arrête pas là. L'avion a quatre heures de retard. Pas question de traîner sur place. Les voici obligés de rentrer à l'appartement pour quelques heures. À leur retour, journalistes, photographes, cameramen ont envahi le terminal. Une course folle s'ensuit pour leur échapper. Le diplomate et Svetlana se trouvent séparés. Rayle rejoint l'avion, mais il n'est pas question qu'il s'envole sans celle qu'il fait passer pour « sa femme ». Il tente de retarder le départ de l'appareil. En vain. Parti à sa recherche, il la retrouve dans une pièce qui sert d'entrepôt où un policier de l'aéroport lui a permis de se réfugier. Le 12 mars, ils quittent enfin Rome dans un Viscount loué par les Américains. Il est une heure du matin. Destination Genève, première étape officielle de Svetlana dans le monde libre.

Son arrivée sur le sol helvétique ne passe pas inaperçue. Des reporters venus du monde entier se précipitent à sa rencontre et la pressent en vain de questions : « Allez-vous demander l'asile à la Suisse ? Pensez-vous retourner en URSS ? » Elle leur échappe grâce à l'intervention d'Antonino Janner, venu l'accueillir. Responsable pour l'Europe de l'Est au ministère des Affaires étrangères et ancien représentant de la Suisse auprès du Vatican, c'est lui qui a désormais la charge de veiller sur elle, remplaçant Robert Rayle obligé de regagner l'Inde sans tarder. Son premier souci est d'empêcher la presse d'approcher Svetlana – ce qui donnera lieu pendant tout son séjour à un constant jeu de cache-cache. Janner la conduit d'abord sous une identité d'emprunt – Miss Carlen, une Irlandaise arrivée récemment d'Inde – à Beatenberg dans les Alpes bernoises. Elle est logée dans un petit hôtel de montagne d'où on aperçoit la Jungfrau. Il fait froid et triste. Dans la salle à manger où elle dîne seule, Svetlana entend à la radio le récit détaillé de son arrivée mouvementée dans la patrie de Guillaume Tell.

Déjà, la presse est sur ses traces. En faisant l'achat d'un fuseau, elle est reconnue et doit fuir. Elle trouve bientôt asile à Saint-Antoine, non loin de Fribourg, dans un petit couvent situé sur une colline qui sert de maison de repos à des retraités du clergé. Là, elle est confiée à la garde de six religieuses catholiques. La vue est merveilleuse et Svetlana jouit, pour quelques jours à peine, de la tranquillité du paysage. Il faut à nouveau fuir les journalistes. Et c'est un nouveau déménagement : un autre couvent, celui de Sainte-Marie-de-la-Visitation. Chargés de sa protection, deux policiers en civil du canton de Fribourg ne la quittent pas d'une semelle. Pour la distraire, « ses gorilles en complet-veston » l'emmènent en voiture visiter les environs et lui permettent de conduire leur petite Volkswagen. Un sentiment d'aventure, inconnu jusqu'alors, se souvient-elle.

Elle connaît toutefois des moments d'anxiété : prise totalement en charge, elle ne décide rien elle-même et ignore ce qui va lui advenir. Des moments de mélancolie, de manque, en pensant à ses enfants. Elle vient justement de voir dans un journal local une photo de Joseph et de Katia prise dans son appartement par Henry

Shapiro, longtemps correspondant américain à Moscou. Ils attendent son retour, « mais ils ont l'air si abattus » qu'elle s'inquiète. Elle leur a bien envoyé une lettre de quinze pages par l'intermédiaire de Ricki Jaïpal, un diplomate, ami de Dinesh Singh, venu s'assurer qu'elle n'avait bénéficié d'aucune aide pour s'enfuir de Delhi, mais aucun des deux ne lui a répondu. Que faire d'autre, sinon espérer ? Que la Suisse lui accorde le droit d'asile ? Que Washington lui donne l'autorisation d'entrer aux États-Unis ?

Du nouveau, enfin. Le 17 mars, Janner lui annonce la visite prochaine de l'Américain George Kennan[7]. Elle ignore tout de ce diplomate qui, lui-même, ne savait rien d'elle encore quelques jours auparavant. Kennan a pourtant été ambassadeur dans l'URSS de Staline, avant d'en être expulsé en 1952. Expert réputé des relations soviéto-américaines, il a quitté la diplomatie active pour enseigner l'histoire et la diplomatie à Princeton. Il a toutefois gardé des liens avec son gouvernement et parle couramment le russe. Pour toutes ces raisons, la CIA le charge, sur la suggestion de Chester Bowles, de lire le manuscrit de *Vingt Lettres à un ami* afin de juger de son intérêt. Dans l'affirmative, cela permettrait à Svetlana d'obtenir un contrat avec un éditeur et de disposer d'une avance sur droits. Elle pourrait ainsi subvenir à ses besoins lors d'une éventuelle visite aux États-Unis.

La rencontre entre la fille de Staline et le diplomate est fixée au 24 mars. Svetlana est à la fois curieuse et anxieuse : « Va-t-il savoir me séparer de “la grande ombre” à laquelle on a tendance à m'assimiler[8] ? » Une sorte de condamnation à vie ! Le rendez-vous a lieu non loin d Berne dans la maison de Janner. Svetlana découvre alors un homme grand, mince, aux yeux bleus et d'une parfaite élégance, qui se montre bien disposé à son égard. La conversation a lieu en russe puis en anglais. Svetlana est rassurée : George Kennan, qui a lu le manuscrit avec intérêt et émotion, estime qu'il doit être publié. Comment le public américain ne serait-il pas curieux de pénétrer dans la proche intimité de Staline ? Étonnée aussi de voir à quelle vitesse, après les flottements des dernières semaines, de nouvelles perspectives s'offrent à elle : Kennan a déjà pensé à un éditeur ; des avocats ont été pressentis pour défendre ses intérêts, lui obtenir un visa et l'aider à résoudre toutes les questions d'ordre pratique. Mais peut-être, s'enquiert le diplomate, insistant sur les difficultés que peut représenter la vie en Occident, si différente de celle de l'URSS, a-t-elle d'autres souhaits ? Svetlana s'en remet totalement à lui. Elle est persuadée de l'impossibilité d'un retour en arrière et consciente de son incapacité à se diriger seule dans sa nouvelle existence : qu'il décide donc à sa place. Le soir, au dîner pris chez les Janner, Kennan lui parle de sa famille, de ses filles qui seront heureuses de la recevoir dans leur maison d'enfance en Pennsylvanie, « un autre Zoubalovo ». Il est déjà tard, mais on s'attarde encore un peu dans le salon en écoutant du Bach, le musicien préféré de Svetlana. Un grand feu brûle dans la cheminée. Comme tout paraît simple, soudain !

Le 27 mars, en présence de Janner, Svetlana fait la connaissance de ses avocats. Arrivés la veille de New York, Edward Greenbaum et son assistant Alan Schwartz[9] ont appris seulement dans l'avion l'identité de la mystérieuse cliente qui leur a été recommandée. Svetlana est soudain confrontée à un monde mystérieux, à des pratiques totalement inconnues en URSS.

Tout ce vocabulaire juridique auquel elle ne comprend rien... Ces sommes d'argent évoquées qui n'ont pour elle aucun sens... Elle ne peut qu'écouter : « Voilà qu'ils me parlent de copyrights très épineux dans mon cas, de clauses de contrat, de royalties confortables que l'on attend des *Vingt Lettres* et de la constitution d'un fonds caritatif[10]. » Le 29 mars, Svetlana signe deux pouvoirs à la firme Greenbaum, Wolff and Ernst : l'un concerne les démarches à faire auprès des services de l'immigration, l'autre lui attribue toute liberté pour négocier ses droits en matière de publication, de pourcentages, de publicité, sur tout livre présent ou futur.

De retour aux États-Unis, Greenbaum se met à l'œuvre. Il rencontre l'ex-attorney général Katzenbach[11] et le diplomate Charles Bolhen[12] au département d'État. Il est à peu près certain désormais d'obtenir un visa de six mois pour Svetlana. Rendez-vous est pris avec Harper & Row, la maison d'édition qui vient de publier la biographie de Jacky Kennedy. Des négociations s'ensuivent qui débouchent sur un accord le 14 avril. L'éditeur paye 250 000 dollars pour les droits en anglais aux États-Unis. Le *New York Times* offre de son côté 225 000 dollars pour la publication de six épisodes ; le magazine *Life* s'engage à publier le livre dans sa totalité sur plusieurs semaines et paye 400 000 dollars. C'est sans compter sur les 325 000 dollars du *Book of the Month Club* (Le club du Livre du mois) et le produit de l'achat de *Vingt Lettres à un ami* par des éditeurs du monde entier[13]. Avant même son entrée aux États-Unis, Svetlana se retrouve millionnaire. George Kennan intervient à nouveau en choisissant la traductrice, Priscilla Johnson McMillan, une journaliste de 39 ans qui a travaillé en tant qu'interprète à l'ambassade de Moscou en 1956[14].

En attendant de connaître la date de son envol vers l'Amérique, Svetlana a pris un peu d'indépendance. Elle flâne dans Fribourg où personne, dit-elle, ne la surveille ni ne la traque. Mais elle souffre de ne rien savoir de Katia et d'Ossia. La lecture du *Docteur Jivago* que lui a offert Robert Rayle à Rome ne fait que renforcer sa nostalgie : comment ne pas comparer son destin à celui des héros du roman de Boris Pasternak ? « Cette grande tragédie m'accablait, telle une bourrasque de pluie et de neige, telle une avalanche », écrit-elle dans un long texte qu'elle adresse, par-delà la mort, au poète[15]. Prenant Dieu à témoin – « c'est le destin qui a décrété que je vous quitte et que je change de vie[16] » –, elle y crie sa souffrance d'être séparée de sa Russie bien-aimée comme de ses enfants qu'elle supplie, sinon de lui pardonner, du moins de la comprendre.

Une lettre lui parvient enfin d'Ossia et de Katia, étonnés de n'avoir reçu aucune nouvelle depuis qu'elle a quitté l'Inde : « On voudrait savoir, entre autres choses : quels sont vraiment tes projets ? [...] À quelle date penses-tu rentrer ? » Elle décide de les appeler. Vingt minutes d'attente... Une sonnerie... Ici Moscou... Puis la voix de son fils. « Ossia, c'est moi ! » et de l'autre côté : « Mon Dieu ! » Ils parlent une demi-heure, mais « qu'il est difficile de se comprendre » ! Svetlana tente de s'expliquer sans trop en dire : elle n'est pas en Suisse en touriste, elle ne reviendra pas. La voix brisée, Ossia répète qu'il a compris. Svetlana est à bout de forces. Le soir, elle est prise d'une sorte de délire. Elle tente quelques jours plus tard de rappeler Moscou. Silence. La ligne a été coupée.

Le visa est accordé, son départ, fixé au 21 avril. Greenbaum revient pour l'accompagner. Mais avant, elle retrouve Emmanuel d'Astier et sa femme Liouba, venus spécialement pour la voir. Le rendez-vous a lieu chez une nièce du directeur de *L'Événement*, Bertrande Blanchepain, dans sa propriété de campagne près de Zurich. Avec Emmanuel, ils ne se sont pas vus depuis son incursion dans l'appartement de la Maison du quai plus de trois ans auparavant ; avec Liouba, c'est leur première rencontre, mais elles ont échangé plusieurs lettres depuis le séjour en Inde de Svetlana au sujet de son manuscrit.

« Elle a toujours son visage de daine au pelage roux, contera bientôt d'Astier, ses yeux pervenche si pâles qui paraissent presque blancs quand on les voit. Je lui dis de se tenir plus droite. Elle s'est voûtée sous la pluie des événements. Elle a pris l'habitude de se toucher ou de se masquer le visage devant l'éclat malsain du nouveau monde qui l'envahit. *Sviet* en russe signifie lumière. Elle ne la retrouve que dans l'oubli et la familiarité. Elle est ferme et retenue. D'un coup, elle rit : rire doux et chaud, roucoulement dans la gorge[17]. » D'Astier, député du Parti progressiste proche des communistes, rallié au gaullisme, ne cache pas la raison de sa venue : la dissuader de se rendre aux États-Unis. « Je craignais la solution américaine, la publicité, l'exploitation politique. » Il estime que le nom de Staline sera aussi lourd à porter à New York qu'à Moscou. Qu'elle quitte une cage pour une autre. Mais elle n'a cure de son avis. Tout est déjà décidé, les engagements pris, les contrats signés. Svetlana lui présente son départ comme un destin. « Depuis qu'elle a quitté Delhi, tout lui semble mû par une force inconnue et puissante. Derrière le front et les yeux, il y a une maîtrise, une fermeté inébranlable. » Avant qu'ils ne se séparent, il lui demande : « Que rêvez-vous ? » Svetlana a les yeux embués : « Je rêve que je marche sur cette herbe verte avec Katia, ma fille. »

Chapitre XVIII

Svetlana, écrivain best-seller

Cinquante ans plus tard, on ne peut imaginer la stupeur que produisit l'arrivée de Svetlana aux États-Unis. Comment était-il possible que la fille de Staline, cet émule d'Ivan le Terrible, ait eu l'audace de braver le fantôme du père autant que les autorités de son pays ? Sa fuite d'Union soviétique, son choix des États-Unis, « ce grand Satan », sa personnalité même - Svetlana est une quasi-inconnue encore quelques semaines auparavant –, tout faisait mystère. De quoi intriguer les foules, passionner la presse, mettre sur la défensive le Kremlin qui s'apprêtait à fêter le cinquantenaire de la révolution d'Octobre, embarrasser la diplomatie américaine qui s'efforçait de banaliser l'affaire, niant toute responsabilité dans une décision prise en toute indépendance, comme l'exprimait l'intéressée en réponse aux réactions de Moscou : « Ils ne peuvent croire qu'un individu, une personne, un être humain puisse décider de lui-même. Ils ne peuvent croire que j'ai quitté la Russie par ma seule volonté[1]. »

Un point de vue que défend également George Kennan dans un article du *New York Times* en date du 22 avril 1967 dans lequel il explique les raisons pour lesquelles les États-Unis ont pris la décision de l'accueillir. Entravée par l'ombre de son père, traitée comme si elle était propriété de l'État, elle n'a jamais pu être totalement elle-même, ce qui l'a empêchée de mener une vie normale, écrit-il en substance. « Ce qu'elle nous demande aujourd'hui, c'est de lui permettre de vivre sa vie et de pouvoir se consacrer à l'écriture. Et nous, Américains, nous devons dépasser les réflexes et les concepts de la guerre froide, ne pas la considérer comme l'héritière de son père mais comme un être humain dont il faut respecter la dignité. »

Pour échapper à la curiosité insatiable de la presse à l'heure où la rumeur se répand d'un possible kidnapping par les Soviétiques, Svetlana trouve refuge à Locust Valley, la propriété, située à Long Island, de Stuart H. Johnson, le père de sa traductrice. Alan Schwartz l'y conduit dès son arrivée. Pendant le trajet, elle s'étonne des interminables autoroutes et du nombre de femmes de tous âges et de toutes catégories sociales qui conduisent avec dextérité et fument de longues cigarettes. Mais ce qui la touche davantage, c'est l'immensité de l'espace et du ciel qui lui rappelle la Russie autant que l'aspect vieillot de cette maison de bois blanc à deux étages où elle est reçue avec chaleur. Les rideaux bien amidonnés, les napperons brodés et les porcelaines peintes lui donnent l'impression d'assister à une pièce d'Ostrovski[2] au Théâtre Mali de Moscou. Et cette bibliothèque où, quand elle ne travaille pas avec Priscilla Johnson sur la traduction de *Vingt Lettres à un ami*, elle retrouve les œuvres de Tchekhov et de Tolstoï en anglais…

Quelles que soient les précautions prises pour assurer sa tranquillité – la police est présente vingt-quatre heures sur vingt-quatre –, la presse tente de l'atteindre par tous les moyens, y compris en survolant le domaine en hélicoptère pour la prendre en photo à la moindre de ses sorties. Des lettres lui arrivent de toutes parts. Les plus nombreuses lui souhaitent la bienvenue : « Vous trouverez chez nous paix et bonheur » ; « Nous sommes venus ici il y a quarante ans, maintenant c'est notre patrie, vous allez avoir de nombreux amis, vos enfants sauront vous comprendre, que Dieu vous bénisse ! » D'autres traduisent toute la haine qu'inspirent le communisme et celle qui ne peut être que l'héritière de son père : « Retourne chez toi sale chienne rouge » ; « L'Amérique n'est pas là pour accueillir la peste rouge et la marmaille de Staline ». Il y a aussi ces dizaines de collèges, ces universités, où on l'invite à venir faire des conférences, à répondre aux multiples questions que se posent les Américains sur l'URSS. Des organisations religieuses veulent savoir comment elle a rencontré Dieu ; des clubs de ménagères s'interrogent sur la vie des femmes soviétiques. Svetlana comprend bien leur curiosité et l'intérêt qu'elle suscite, mais elle refuse toute invitation. Par tempérament, elle a toujours répugné à prendre la parole en public. À Moscou, elle avait choisi de ne pas enseigner, préférant la recherche et rêvant surtout d'écrire. La publication prévue pour l'automne de *Vingt Lettres à un ami* lui ouvre, pense-t-elle, de nouvelles espérances. Elle n'en connaît pas moins, pendant ces semaines d'attente, des moments de désarroi.

Une lettre de son fils lui arrive enfin. Datée du 14 avril, elle a d'abord été envoyée en Inde puis en Suisse, avant de lui parvenir à Locust Valley. Ossia s'y montre virulent. Selon Svetlana : « Un coup de couteau au cœur. » Il ne voit que trahison dans sa décision. Il lui reproche de ne pas les avoir prévenus, lui et sa sœur, de ses intentions, ne serait-ce que d'un signe : « J'estime qu'en agissant comme tu l'as fait, tu t'es coupée de nous. Aie donc au moins la bonté de nous laisser vivre comme nous l'entendons. Nous avons dû, en sauvant les apparences, supporter tous seuls le poids de tes actes. J'espère que tu nous permettras d'arranger seuls nos vies. » Il ajoute encore : « Depuis ton coup de téléphone, Katia n'est plus elle-même[3]. »

Svetlana ne cesse de pleurer. Excessive comme toujours, elle veut tout laisser tomber : « Aller supplier Dieu de me pardonner d'avoir péché contre mes enfants, repartir dans ce couvent suisse… n'importe où[4] ! » Elle écrit alors à Kennan qui se trouve en Afrique du Sud et lui communique ses angoisses et ses doutes. Kennan la rassure : le choix qu'elle a fait correspond à l'exigence de sa nature profonde, elle doit se convaincre elle-même qu'elle a eu raison. Peu à peu la gentillesse de son entourage, et en particulier les attentions de Stuart Johnson, joueur passionné de tennis à 74 ans, avec qui elle prend chaque jour un martini, l'apaisent. Mais il y a surtout le surgissement, au milieu du mois, de « ce printemps américain si soudain, si violent qui vous tombe dessus comme les lames de fond lorsque la mer est haute et vous emporte au loin ». Svetlana s'exalte du spectacle du réveil de la nature : « Les mille flammèches des azalées, les sanguinelles tout en blanc, tant d'arbres de toutes les couleurs que je n'avais jamais vus, et les magnolias rouges et blancs, et les rhododendrons qui tiraient sur le jaune, tous venaient au monde comme pour la première fois… Tout le printemps russe était là. »

Pendant un temps, Svetlana et Priscilla s'étaient essayées à travailler ensemble sur la traduction du livre, mais très vite leur collaboration s'est avérée difficile. Svetlana se montre alors peu explicite sur leurs différends et se contente d'écrire dans *En une seule année* que Priscilla a dû rejoindre son mari à Atlanta, sans avoir terminé la traduction. Vingt ans plus tard, elle portera dans *Daliokaïa Musika* un jugement beaucoup plus sévère : Priscilla connaissait peut-être bien la Russie, mais elle n'était en aucune façon une traductrice expérimentée et encore moins littéraire[5]. Se retournant sur son passé, Svetlana, qui n'est pas exempte de toute vanité d'auteur, exprime peut-être ainsi sa déception de n'avoir pas accompli son rêve de jeunesse : devenir un écrivain.

Au début du mois de juin, elle quitte définitivement Locust Valley. Elle passe l'été en Pennsylvanie dans la vaste ferme qui appartient à George Kennan et à sa femme Anne. En leur absence, elle est reçue par leur fille Joan et son mari Larry Griggs, accompagnés de leurs jeunes enfants et d'une baby-sitter. Une fois encore, Svetlana ne peut échapper à la Russie. La maison, dénommée *La Cerisaie*, d'après la pièce de Tchekhov, est pleine d'objets et de souvenirs rapportés de Moscou par l'ancien ambassadeur. Ainsi, cette photo qui représente les quais de la Moskova, au pied du Kremlin. Un peu avant l'heure du dîner, assise auprès de Joan, sous le porche de la maison à colonnades qui domine des champs à perte de vue, Svetlana évoque la steppe russe. Le calme avant la tempête.

Du 23 au 25 juin, le président Johnson et le Premier ministre soviétique Alexeï Kossyguine se rencontrent à Glassboro dans le New Jersey. Un sommet presque pour rien. Aucun accord n'est trouvé en ce qui concerne la guerre du Vietnam et celle dite des « Six Jours[6] » qui a pris fin deux semaines auparavant. Profitant de sa visite aux Nations unies, le dirigeant russe, après avoir annoncé le soutien total de l'URSS à la cause arabe et à ses revendications, s'en prend à celle qui a choisi l'exil : « Svetlana est une personne moralement instable, une malade et nous ne pouvons qu'avoir de la pitié pour ceux qui l'utilisent pour discréditer l'Union soviétique[7]. » La jeune femme comprend que la bataille est engagée et que Moscou élabore une stratégie pour la déconsidérer[8]. L'opération vise notamment à prévenir les effets que pourrait avoir son livre sur le prestige de l'URSS, au moment où le pays s'apprête à fêter le cinquantenaire de la révolution bolchevique. La *Pravda* et les *Izvestia* condamnent sans appel celle qui doit être considérée comme traître de son pays. Et Sergueï Izvekov, futur patriarche de Moscou sous le nom de Pimen Ier, formule la plus violente diatribe dans les *Izvestia* du 1er juillet : « Cette femme a eu plusieurs maris, abandonné ses enfants, trahi son pays, exposé son père dans toute sa nudité et elle ose parler de Dieu et de sa foi. L'image morale de cette femme, qui a tout vendu pour des dollars, ne peut que soulever la répulsion et la colère[9]. »

Avant même de connaître le contenu de son livre, les rumeurs les plus fantaisistes circulent : Svetlana a passé sa vie aux mains des psychiatres, c'est une nymphomane, elle mangeait dans de la vaisselle d'or au Kremlin et c'est pour retirer l'or que son père a placé dans les banques de Bâle qu'elle est passée par la Suisse[10]... « Dorénavant et à jamais, écrit-elle alors, j'allais avoir à compter avec la calomnie et le dénigrement. La liberté de la presse est à double tranchant, presque tout le monde peut raconter ce qu'il veut. » Indignée, elle réagit avec l'impétuosité qu'on lui connaît : elle réunit sur la véranda de la maison tous ceux qui sont présents à l'heure du dîner : les enfants, la gouvernante et le jardinier, et leur annonce d'un ton solennel qu'ils vont assister à un spectacle mémorable. Elle fait allumer le barbecue et, arrosant d'alcool le charbon de bois pour qu'il s'enflamme, y jette son passeport soviétique.

En ce mois de juin 1967, le journaliste Victor Louis, un personnage des plus troubles, fait son apparition dans la vie de Svetlana. Né à Moscou en 1928 d'une mère russe et d'un père allemand, il est arrêté en 1944, accusé d'espionnage et envoyé dans un camp de travail pour y purger une peine de vingt-cinq ans. Libéré en 1956, il est aussitôt récupéré par le KGB et collabore désormais à de nombreux médias étrangers – le bureau de *CBS* à Moscou, *The Evening News* ou *The Sunday Express* – auxquels il fournit des informations servant le régime soviétique. C'est à ce spécialiste de la désinformation, qui voyage librement, possède plusieurs voitures de luxe dont une Bentley, qu'est confié le soin de monter une odieuse campagne de calomnie pour faire pièce au livre de Svetlana. Il propose à plusieurs Européens une version falsifiée de *Vingt Lettres à un ami*[11], illustrée de photos qu'il a prises ou trouvées dans les albums de famille lors d'une interview des enfants de Svetlana. Le texte trafiqué est finalement acheté par un éditeur britannique, Flagon Press, de réputation douteuse. Pour sa part, le magazine *Stern* publie à la mi-août le premier des quatre extraits d'un prétendu *Album secret de la fille de Staline*.

Il n'est que temps pour Harper & Row et ses avocats de réagir contre ces agissements. Plusieurs poursuites sont engagées, deux cents exemplaires de la version originale sont aussitôt mis en vente, et la parution de la traduction du livre, en dépit de toutes les tentatives officielles ou officieuses soviétiques pour en stopper la marche, est fixée au 6 octobre. Au milieu du mois d'août, Svetlana quitte la ferme des Kennan. Dès le 15, elle rencontre une quinzaine de responsables des magazines qui ont acheté le droit de publier des bonnes feuilles de son œuvre. Il s'agit maintenant d'en faire la promotion. Venus d'Europe, d'Asie, d'Amérique latine, ils la regardent d'abord, raconte-t-elle, comme s'ils s'étaient attendus à se trouver face à une « baba russe en bottes de feutre » ou « une Géorgienne noire comme un corbeau, avec une pipe et des moustaches comme mon père ». Mais ils découvrent une femme au beau sourire, qui n'a rien à voir avec les images véhiculées par la rumeur ou les manœuvres de Victor Louis. Elle les impressionne, au contraire, par son calme, sa vivacité intellectuelle et la grande douceur de sa voix. Ils s'étonnent aussi de la qualité de son anglais. Après deux heures et demie d'entretien, elle doute toutefois d'avoir réussi à leur faire comprendre la complexité et les paradoxes de la Russie comme ceux de sa propre histoire : « Aux yeux d'un Occidental, tout ce qui est russe heurte le bon sens, et tout ce qui m'est arrivé dans la vie heurte le bon sens. »

Les deux dernières semaines d'août, elle les passe dans l'île de Nantucket avec les Schwartz, la famille d'un de ses avocats. Ici l'océan domine tout, et pour Svetlana c'est encore l'occasion d'évoquer la Russie, et cet amour de la mer qu'expriment ces écrivains autant prosateurs que poètes, à l'exemple de Pouchkine : « Il faut se quitter, libre océan... / Je ne t'oublie pas. Je t'emporte / Dans la forêt, / Dans le désert / Toi, tes rocs, tes courbes creuses, et / L'émerveillement, l'ombre, le murmure, de ton éternel / Bercement[12]. »

Le 10 septembre, Svetlana peut lire dans le *New York Times* le premier des douze épisodes extraits de *Vingt Lettres à un ami*. Son titre accrocheur – « La mort de mon père » – la trouble tout autant que d'y découvrir des photos personnelles qu'elle n'a jamais communiquées à personne – celles justement dérobées par Victor Louis. Notamment ce cliché pris à Sotchi, où on la voit, âgée de 7 ans, blottie dans les bras de Staline en train de l'embrasser. Les titres accolés aux extraits suivants – « Comment ma mère s'est suicidée », « Mon histoire d'amour avec Kapler » ou « La faillite de mes deux mariages », ne lui plaisent pas plus que certaines légendes inexactes ou mensongères. Pourquoi le quotidien new-yorkais, réputé pour son sérieux, ne l'a-t-il pas consultée, se plaint-elle à ses avocats et pourquoi ne se sont-ils pas eux-mêmes mieux préoccupés de protéger ses intérêts ?

Sa réaction est tout autre à la sortie du livre, dont elle reçoit fin septembre le premier exemplaire. Il est sobre, bien édité, non illustré. Elle est émue, heureuse de voir le texte imprimé. Jamais, en Union soviétique, cette histoire qu'elle a souhaitée avant tout familiale et privée, d'où surgissent des visages de proches à jamais disparus dans la fureur de l'histoire, n'aurait pu voir le jour. Merci à l'Amérique !

Les premiers comptes rendus du livre, dont la publication est mondiale, sont sortis avant même sa parution en librairie. La plupart des critiques soulignent tout l'intérêt que suscite ce témoignage de première main et la mine de renseignements inédits ou peu connus sur l'entourage de Staline qu'il contient. Dans le *Chicago Daily News*, l'auteur de biographies, Bertram Wolfe, insiste sur ce point : « Les mémoires de Svetlana Allilouïeva, nous emmènent où tout nous est étranger, un monde de splendeurs sinistres, d'intrigues et de soupçons, d'espionnage, d'accusations et de purges sanglantes. » Dans *Le Monde*[13], Bernard Féron, tout en notant que les comparaisons faites avec Tourgueniev sont excessives, apprécie *Vingt Lettres à un ami*, qui sont « tout simplement la confession d'un être humain, sensible et sincère, enfermé dans un univers où ses qualités ne pouvaient guère s'exprimer ». Un sentiment partagé dans le *New Times Book Review* par Olga Carlisle : « Être la fille de Staline et rester humaine est de ce seul fait admirable[14]. » Dans la presse anglaise, le ton est parfois plus sévère. Le *Times Literary Supplement* qualifie le livre de « médiocre travail de peu de valeur historique » et se rit des comparaisons faites avec Tourgueniev ou Tolstoï : « Pourquoi pas Homère, Dante ou Shakespeare ? » Arthur Koestler considère dans le *Times* le livre avec mépris et le titre de l'article publié par Alexander Werth[15] dans *The Nation* : « Svetlana : qui a besoin d'elle ? », n'est pas moins éloquent.

En revanche, Svetlana se console à la lecture du très long article que lui consacre, dans le *New Yorker*, le critique Edmund Wilson, fin connaisseur de la littérature russe, dans lequel il s'insurge contre ses détracteurs. Mieux encore, l'analyse approfondie qu'en fait l'historien Arthur Schlesinger[16] dans *Atlantic Monthly*. Reconnaissant au livre une valeur historique et à son auteur des qualités littéraires propres à la littérature russe classique, il conclut : « Ce livre n'est pas le travail de quelqu'un qui recherche la sensation, ni de quelqu'un qui trahit son pays comme le prétendent les Russes. C'est un témoignage arraché à une conscience déchirée et à un cœur souffrant. C'est profondément et de manière indéracinable "un livre russe". Les Russes, le jour où ils seront libres de lire ce testament, ne pourront qu'être reconnaissants à Svetlana de l'avoir si courageusement porté. »

En quelques mois, la fille presque inconnue de Staline est devenue non seulement célèbre mais fortunée, sans avoir jamais aspiré à la richesse. Son premier geste est de distribuer l'argent gagné. Elle affecte 340 000 dollars à la construction d'un hôpital à Kalakankar qui devra porter le nom de Brajesh Singh et 90 000 dollars à diverses organisations d'aide aux Russes émigrés implantées aussi bien aux États-Unis qu'en Suisse ou à Paris.

Chapitre XIX

En une seule année…

Delhi, Kalakankar, Rome, Genève, Fribourg, New York… Depuis cette nuit de décembre 1966 où elle a quitté l'Union soviétique, Svetlana est prise dans un tourbillon d'événements, passant d'un refuge à un autre, accueillie pour une semaine ou un mois par des inconnus aussi généreux que curieux. Après ces jours frénétiques, elle ne sait plus qui elle est. Il n'est que temps de mettre fin à cette vie de nomade, de trouver un lieu, « une chambre à soi », qui lui permettrait de se consacrer à l'écriture.

En décembre 1967, Svetlana s'installe à Princeton qui lui paraît à la fois familial, démodé et même un peu conservateur. Là vivent George et Annelise Kennan. C'est grâce à eux qu'elle loue pour un an la maison d'une musicienne, Dorothy Cummins, partie voyager à la suite du décès de son mari, un éditeur new-yorkais. À l'exception de fleurs en plastique qu'elle s'empresse de mettre dans un tiroir, tout lui plaît : le grand piano, la collection de disques, les aquarelles et la bibliothèque bien fournie. Mais quelle surprise de trouver dans la cave deux hommes en train de poser des fils électriques pour, prétendent-ils, installer une alarme anti-incendie !

Svetlana en est certaine : il s'agit d'agents du FBI ou de la CIA. Kennan, à qui elle se plaint de cette intrusion, l'assure qu'il ne peut s'agir que de sa sécurité, car quel que soit son désir de n'être qu'une personne privée, les Soviétiques n'ont pas renoncé à récupérer d'une manière ou d'une autre la fille du *Vojd.*

À Princeton, cette petite ville célèbre pour son université et ses prix Nobel toutes catégories, Svetlana entre bientôt en relation avec plusieurs amis de Dorothy. Parmi eux : Armand Borell, un mathématicien ; un médecin, Edward Kendall, prix Nobel pour sa découverte de la cortisone ; Margot Einstein, une sculptrice ; l'historien Robert Tucker dont la femme est russe et, surtout, Louis Fischer. Né en 1896 à Philadelphie de parents juifs russes émigrés, il a longtemps mené une vie d'aventures. D'abord instituteur, il rejoint en 1917 la Légion juive en Palestine, puis, devenu journaliste, il est envoyé en Europe[1] et fait l'essentiel de sa carrière au sein de l'hebdomadaire *The Nation*[2]. Communiste convaincu (il va jusqu'à nier la terrible famine des années trente en Russie), Fischer passe plus de dix ans en Union soviétique. Il ne la quitte qu'en 1937 – époque de la grande terreur – pour couvrir la guerre d'Espagne du côté républicain. Depuis son retour aux États-Unis, il se consacre à l'enseignement et à l'écriture. Sa biographie de Staline, qu'il a interviewé pendant six heures en 1927[3], l'a rendu célèbre. Séduisant et séducteur, marié plusieurs fois, c'est un Casanova qui, en dépit de ses 71 ans, continue de plaire. Et Svetlana ne résiste pas à son charme prédateur. Lui-même n'est pas insensible à cette femme au sourire éclatant, de trente ans sa cadette, que l'écrivain Edmund Wilson décrit comme « très jolie, avec de beaux cheveux châtains, d'assez grands yeux de forme ronde d'un vert étrangement clair[4] ». Mais son intérêt pour le Tsar rouge ne s'étant jamais démenti, on peut supposer que la parenté de Svetlana avec le Petit Père des peuples l'attire tout autant. Celle-ci lui sera d'ailleurs d'une utilité certaine en l'aidant à traduire en russe sa biographie de Gandhi.

Mais Fischer est trop jaloux de son indépendance, de son temps, trop peu concerné aussi émotionnellement pour songer à un lien durable. Il veut bien d'une liaison à condition qu'elle reste anecdotique. Svetlana, au contraire, s'enflamme. Incapable de contenir ses sentiments, elle les lui manifeste avec son exubérance coutumière. En témoigne cet extrait d'une lettre qu'elle lui adresse au lendemain de la cérémonie en mémoire de Martin Luther King qui vient d'être assassiné où il lui avait proposé de l'accompagner : « C'étaient nos noces, l'union de deux âmes qui souhaitent être toujours ensemble, et ne jamais se blesser. C'est quelque chose que Martin Luther King nous a légué, abandonnant son cœur à tous ceux qui assistaient au service célébré dans la chapelle de l'Université. » On comprend que Fischer s'effraye des excès romantiques d'une correspondance dans laquelle Svetlana réclame sa présence et sa tendresse : « Je ne trouve la paix que quand je suis avec vous, quand je vous embrasse et que vous me serrez dans vos bras. » Ou encore : « Vous avez pris ma vie entre vos mains, ne jouez pas avec mon cœur. » Et plus tard : « Je ne peux penser, je ne peux travailler, tout m'échappe[5]. » Il espace les rencontres, lui fait faux bond quand elle lui propose un rendez-vous dans un lieu public tout en continuant à aller régulièrement chez elle. S'efforçant alors de modérer ses transports, Svetlana lui lit les premiers chapitres de son prochain livre. Fischer est intéressé. Il l'encourage, lui prodigue ses conseils[6]. Mais elle est incapable de se contenter d'une relation apaisée, et c'est le drame. En septembre 1968, elle arrive chez lui à l'improviste. Fischer refuse de lui ouvrir. Suspectant qu'il se trouve avec Deirdre Randall, une jeune femme qui lui sert d'assistante, Svetlana s'obstine. Elle tourne en sanglotant autour de la maison, frappe aux fenêtres et cogne de toutes ses forces contre la porte d'entrée. La police finit par intervenir à la demande de Fischer. Elle a les mains en sang.

Leur relation prendra définitivement fin quelques mois plus tard, après qu'il aura refusé par une lettre datée du 24 novembre 1968 de lui rendre celles qu'elle lui a adressées : « Chère Svetlana. Les lettres appartiennent à celui qui les reçoit. Vos lettres sont donc miennes et vous n'avez aucun droit de me les réclamer, et encore moins de manière aussi catégorique. Toutefois, puisque vous semblez y tenir particulièrement, je vous les renverrai lorsque j'aurais le temps de les chercher dans mes dossiers. » Une promesse qu'il ne tiendra pas[7].

Dans ses Mémoires, Svetlana est plus que discrète sur cette affaire qui lui a valu une fois de plus une rebuffade. Mais elle en est profondément affectée, d'autant que ses débordements passionnels rencontrent un fort écho à Princeton, cette petite ville si peu habituée à de semblables extravagances, mais qui ne s'en étonne guère : quoi de surprenant, n'est-elle pas la fille de Staline ? Par ailleurs, ses relations avec la communauté russe émigrée ne sont pas des plus simples. D'aucuns se méfient d'elle parce qu'elle est la fille du tyran, d'autres la traitent comme une princesse, d'autres encore lui proposent de l'épouser ou lui demandent de l'argent, raconte Natacha Belinkov, l'épouse de l'écrivain soviétique Arkady Belinkov[8]. Nouveaux venus aux États-Unis, c'est eux qui contactent Svetlana pour la féliciter de *Vingt Lettres à un ami* : « Un livre étonnant », écrit Arkady. Lors de leur première rencontre, préfiguration d'une amitié sincère, ils la trouvent douce et chaleureuse, même si parfois, « sa ressemblance avec son père vous met un peu mal à l'aise »[9].

Au mois de juin 1968, Svetlana reçoit enfin sa carte de résidente, grâce à l'appui de Donald Jameson, un membre de la CIA que lui a présenté Robert Rayle, resté son ami depuis leur fuite de New Delhi[10]. Elle peut désormais, comme elle l'écrit à Fischer, se sentir *« totaly at home »*. Avec la Dodge verte qu'elle vient d'acheter, elle va pouvoir voyager, découvrir, dès qu'elle aura passé son permis, l'immensité de cette terre à laquelle elle trouve – c'est un leitmotiv – tant de ressemblances avec sa terre natale. Cette Russie qui ne cesse aussi, qu'elle le veuille ou non, de se rappeler à elle pour le pire. Dans la nuit du 20 au 21 août, les chars russes envahissent la Tchécoslovaquie. C'en est fini du « Printemps de Prague ». Et toujours la répression, cette constante du régime, qui fait des centaines de morts. Une fois encore la liberté est confisquée, alors qu'à Moscou tout espoir de libéralisation s'évanouit avec l'arrestation de ces quatre hommes et de ces quatre femmes qui, seuls, ont osé crier sur la place Rouge : « Tchécoslovaquie, nous sommes avec toi[11]. » Svetlana sait que le Parti, l'organisation des komsomols vont accentuer leurs pressions sur les jeunes, et elle s'inquiète pour ses enfants dont elle reste sans nouvelles : Iossif termine ses études de médecine mais Katia, qui veut devenir géologue, sera-t-elle acceptée à l'université ?

Au mois de juillet, elle a soumis un premier chapitre à Harper & Row qui lui a signé un contrat de 50 000 dollars. Une somme infiniment moindre que la fortune reçue pour *Vingt Lettres à un ami* qui n'a pas remporté le succès espéré par l'éditeur. Les multiples prépublications dans les journaux tout autant que la publicité faite autour de son odyssée ont porté préjudice à la vente du livre. Peu lui importe d'ailleurs. L'argent ne fait pas partie de ses préoccupations, et celui qu'elle vient de recevoir, Svetlana en fait un usage rapide[12] en devenant propriétaire d'une petite maison de bois à un étage peinte en blanc. Confortable et lumineuse, typique de celles que l'on trouve en Nouvelle-Angleterre, elle lui rappelle la datcha de Joukovka, où elle passait week-ends et vacances en compagnie de ses enfants. Assise pieds nus dans le jardin, vêtue d'un short et d'un T-shirt, elle travaille dur, tapant à la machine, au long du printemps 1969, les derniers chapitres de son nouvel ouvrage. Parfois elle se rend en bus à New York pour discuter avec son éditeur, Dick Passmore, des modifications à apporter au texte définitif. Après quoi, il leur arrive de dîner dans un petit restaurant de Lexington Avenue où joue un pianiste aveugle. La musique a toujours tenu une place importante dans la vie de Svetlana et ses rares sorties sont pour aller entendre, à Carnegie Hall, ses compatriotes de passage, Leonid Kogan ou Mstislav Rostropovitch[13]. Mais ce qu'elle découvre, lors de ces courtes visites, c'est la liberté que procure l'anonymat.

Son livre est écrit en russe, et il lui faut maintenant un traducteur, et un bon. Edmund Wilson lui recommande son ami l'écrivain Paul Chavchavadzé, un prince russo-géorgien. Allié par sa mère, une Romanov, à la famille impériale, il est né à Londres et a passé vingt ans à la CIA en tant que spécialiste de l'Union soviétique. On pourra s'étonner de cette affinité entre deux Russes si différents par leur histoire et leur origine, mais contrairement à ce qui s'était passé avec Priscilla, leur collaboration s'avère fructueuse. Et Svetlana, dans un sursaut de modestie, admettra même qu'il lui a fait « un certain nombre de suggestions utiles ».

Only One Year (*En une seule année*) sort en septembre 1969. Il est par la forme et par le fond différent de *Vingt Lettres à un ami*, qui se voulait avant tout un récit intimiste et familial, certes révélateur du personnage de Staline et de son entourage, mais sans souci d'analyse. Svetlana l'avait écrit comme une confession, une sorte d'exutoire pour se débarrasser du fardeau qui l'accablait, sans jamais imaginer qu'elle quitterait pour toujours l'Union soviétique. Ce second livre est d'une autre facture, plus élaboré, plus politique, plus radical. Sa fuite, la découverte du monde libre, la fréquentation et les conseils d'historiens, l'ont poussée à se livrer, au-delà de l'expérience personnelle, à une critique acerbe du régime et même de la totalité du système dès ses origines. Au-delà du nouveau regard sans concession qu'elle porte sur son père, c'est la légitimité même de la révolution d'Octobre qui, dit-elle, n'a fait qu'accroître les malheurs du peuple, qu'elle remet en question. Comme elle le fait pour Vladimir Ilitch Lénine : « Toutes les tentatives de le blanchir, cinquante ans d'histoire sont là pour en prouver l'impossibilité[14] » ; ou encore pour le Parti : « il s'est appliqué à détruire toute conscience libre, il a fait des hommes des aveugles réduits à un morceau de pain[15] » ; ou pour le gouvernement : « il exploite les cerveaux quand il en a besoin, notamment les Juifs ». Pour ces derniers, Svetlana n'a que des louanges. Qualifiant elle-même son livre d'anticommuniste lors d'une interview à *Look* avec un reporter du magazine, elle ne se fait aucune illusion sur la réaction soviétique. Effectivement, le livre déclenche la fureur du KGB comme l'indique un document top secret signé Andropov[16] et daté du 5 novembre 1969[17]. Aux yeux du Kremlin, le plus impardonnable est la condamnation du fondateur du régime alors que l'URSS s'apprête à fêter le centième anniversaire de sa naissance. En conséquence, un certain nombre d'actions sont prévues en Europe et aux États-Unis pour décrédibiliser le livre qui ne serait pas l'œuvre de Svetlana, mais celle d'un collectif regroupant des personnalités connues pour leur hostilité à l'URSS, par exemple George Kennan ou Milovan Djilas. Au mois de décembre, elle est déchue de sa nationalité soviétique, une décision dont elle s'affirme très satisfaite.

Aux États-Unis, la critique est partagée. « Un document historique unique », écrit Edmund Wilson qui l'analyse en détail dans le *New Yorker*. Un jugement contraire à celui de la romancière et critique Marya Mannes dans le *New York Times* du 5 octobre 1969. Si elle reconnaît à « la fille du monstre » le mérite d'être restée un être humain et indépendant dans un monde coercitif, elle est sans pitié pour l'écrivain : « Elle parle avec son cœur, mais ne réussit pas à enflammer. La raison en revient peut-être au fait qu'elle n'est pas douée pour l'écriture. Sa prose est simple, directe, alternativement sentimentale et indignée, et d'une certaine manière dénuée de nuances, de profondeur et de complexité. » Au contraire, dans la rubrique « Books of the Time » du même journal, le titre parle de lui-même : « Le livre que nous attendions ». Suit ce commentaire : « Il y a plusieurs livres dans *Only One Year* : les souvenirs d'une Russie qu'elle a laissée derrière elle ; les impressions sur son père et ses acolytes politiques ; le tendre hommage à l'homme qui lui a donné la force d'aller vers un nouveau destin ; enfin le récit dramatique de l'aventure qui l'a conduite en Amérique. » En revanche, l'article que publie Philip Rahv dans le numéro de *Commentary* de mars 1970 sous le titre « The Princess » vise à la fois la sincérité de Svetlana en tant que femme et ses qualités d'auteur : « Elle est incapable d'appréhender l'histoire. » En France, un long article d'Hélène Zamoyska paraît dans *Le Monde* du 24 janvier 1970. Celle qui a joué un rôle essentiel dans le passage à l'Ouest des textes des écrivains dissidents Andreï Siniavski et Iouri Daniel fait, sous le titre « Un réquisitoire passionné », la part belle à *En une seule année*. Quelque temps plus tard, ce même quotidien se fera l'écho des reproches de Svetlana à la traduction française du texte original russe, qu'elle qualifie d'interprétation[18]. Selon elle, nombre de passages, notamment ceux critiquant le régime soviétique, ont été atténués ou altérés. Son éditeur et ses avocats demanderont, en vain, son interdiction.

Écrire ce livre a été le fruit d'un long effort, presque une ascèse, et les réactions mitigées, parfois cruelles, des critiques, l'ont atteinte. En revanche, Svetlana trouve un réconfort dans le très chaleureux courrier qui lui arrive de toutes parts, et elle songe un temps à s'en s'inspirer pour un prochain livre qui porterait le titre de *Lettres du monde entier*, mais elle en abandonne rapidement l'idée. Plus de quinze ans passeront avant qu'elle ne publie à nouveau[19].

Fragilisée, désenchantée, doutant d'elle-même et des autres, elle s'interroge : à 44 ans, ne serait-il pas temps de changer d'air, de quitter Princeton pour un moment, de partir découvrir la côte Ouest puis de se rendre à Hawaï où elle est attendue ? Elle se demande aussi si elle ne pourrait pas s'arrêter en Arizona, d'où lui parviennent depuis plusieurs mois des lettres signées

Olgivanna Wright. Celle qui n'est autre que la veuve de Franck Llyod Wright[20] l'invite chez elle à Taliesin, une communauté d'architectes qui perpétue l'œuvre et la mémoire de son célèbre époux. Hésitante devant l'insistance de celle qui n'est pour elle qu'une inconnue, Svetlana finit par accepter l'invitation. Une confidence d'Olgivanna – née d'un premier mariage, sa fille aînée, morte vingt-cinq ans auparavant dans un accident de voiture, portait le même prénom qu'elle – a pesé sur la décision de Svetlana. N'est-ce pas, comme l'affirme Mrs Wright, un signe du destin ?

En mars 1970, Svetlana Allilouïeva s'envolera pour Phoenix (Arizona). L'aventure continue.

Chapitre XX

Taliesin : une ténébreuse affaire

En atterrissant à Phoenix, ce jour de printemps 1970, Svetlana est prise de doutes. Que vient-elle faire ici dans cet État du Far West, à près de vingt mille kilomètres de sa ville natale ? Quel sens a ce voyage et que lui réserve Taliesin ? Que sait-elle de Mrs Wright ? À peine quelques détails biographiques avant son arrivée en Amérique : petite-fille d'un écrivain célèbre et d'un héros ayant combattu victorieusement les Turcs, Olga Lazovitch[1] est née dans le royaume du Monténégro en 1897 dans une famille d'aristocrates et de militaires ; elle a été éduquée en Russie et en Géorgie et s'est mariée en premières noces, à Tiflis, avec un architecte lituanien, Valdemar Hinzenberg, père de sa fille défunte. Est-ce suffisant pour s'abandonner au fantasme qu'Olgivanna, par ses origines, pourrait ressembler à sa mère ? Quelles que soient ses incertitudes, elle ne peut imaginer le piège qui l'attend[2].

« Svetlana, Svetlana ! » Criant son nom, une jeune femme s'élance vers elle et, à sa grande surprise, la serre dans ses bras avec effusion, comme si elle retrouvait une proche. C'est Iovanna Wright, la fille cadette d'Olgivanna, venue l'accueillir. Sur le chemin qui les mène à Scottdale, la petite ville distante d'une quarantaine de kilomètres où est située la communauté d'architectes, Iovanna revient sur l'accident tragique de sa demi-sœur. Svetlana, l'épouse de Wesley Peters[3], est morte à 22 ans après que sa Jeep eut dérapé en franchissant un pont sur une route du Wisconsin. L'un de ses deux jeunes fils qui l'accompagnaient s'est noyé dans la rivière. Après un instant d'hésitation, elle se tourne vers la voyageuse et murmure : « J'espère que vous serez ma sœur[4]. » Comment répondre à ce souhait insolite ? Embarrassée, Svetlana reste longtemps silencieuse, contemplant le paysage ocre rouge de Paradise Valley où, sous l'immense ciel bleu, fleurissent les cactus et les bougainvilliers qui lui rappellent l'Inde. Tant d'exotisme après la grisaille de Princeton.

Taliesin enfin. Au loin, des collines désertiques. Mais ici, plantée de palmiers, une véritable oasis. Sur un vaste espace entretenu avec soin, s'alignent des cottages d'une même stricte architecture. Construits dans la pierre arrachée aux rochers environnants, ils sont reliés les uns aux autres et protégés par des auvents. C'est là que vivent une soixantaine d'hommes et de femmes, membres permanents de la communauté Wright.

Svetlana est aussitôt conduite vers Olgivanna. À ses pieds, un dogue danois. De petite taille, maigre, des cheveux noirs qui contrastent avec sa peau très claire, des yeux vifs et intelligents dans un visage parsemé de rides, la maîtresse des lieux est vêtue d'une simple et élégante robe et coiffée d'une capeline turquoise. Tout, dans sa manière de se tenir très droite, dans la vigueur du regard, révèle le désir d'impressionner et de dominer son monde : « Il n'y avait rien de la beauté rêveuse de ma mère, de son regard de velours. J'avais devant moi la veuve impériale du célèbre architecte, celle qui poursuivait son œuvre. Son regard de chat d'un brun clair me fit penser à celui de mon père[5] », se souviendra plus tard Svetlana. En souriant, Olgivanna répéta son prénom à plusieurs reprises, lui tendit les bras et la serra sur son cœur.

Avant le dîner donné en son honneur, elle est conduite dans la résidence réservée aux invités. En comparaison avec le puritanisme de la côte Est, elle s'étonne du luxe environnant et du rituel imposé. La robe du soir est de rigueur, lui explique Iovanna. Si elle n'en possède pas, elle lui prêtera l'une des siennes, elle a le choix de la couleur et de la forme. Svetlana refuse l'offre qui lui est faite. Elle est trop fière. Au fond d'elle-même, le passé n'a pas totalement disparu : la « petite princesse du Kremlin » n'a pas l'habitude de porter des vêtements qui ne lui appartiennent pas.

Lorsqu'elle pénètre dans la grande salle à manger, vêtue d'une robe courte vert clair, elle tranche sur le reste de l'assemblée. Tous sont en tenue de soirée et les femmes brillent comme des « arbres de Noël ». Et quel faste ! Les murs sont ornés de tapisseries chinoises, sur les tables étincellent l'argenterie et le cristal des verres. Olgivanna, accompagnée d'un homme brun de haute stature, approchant la soixantaine, vient vers elle et fait les présentations : « Svetlana – voici Wes. Wes – voici Svetlana. » Pour celle-ci, c'est une complète surprise, elle ignorait la présence dans les lieux de l'époux de sa défunte homonyme. L'architecte est vêtu d'un smoking couleur sable, d'une chemise pervenche ornée de volants, à son cou une chaîne d'or à laquelle est attaché un lourd pendentif – une chouette avec des yeux de saphir –, à ses doigts plusieurs bagues. À côté de l'extravagance de la tenue, Svetlana est frappée par la force et la dignité qu'exprime son visage. Profondément marqué et teinté d'une certaine tristesse, il lui rappelle celui d'Abraham Lincoln. Ils sont placés à la même table, Wes est assis à sa droite. Au cours du dîner, il se révèle peu loquace. Svetlana se demande ce qu'elle fait là et se promet de repartir le plus rapidement possible.

Tôt le lendemain matin, Wes frappe à sa porte. Olgivanna l'a prié de lui faire faire le tour du propriétaire, de lui montrer les environs, de lui expliquer l'originalité de l'architecture du lieu, la brique d'argile crue et l'horizontalité des bâtiments s'intégrant parfaitement au paysage du désert. Svetlana reste sceptique : tout ceci ressemble, pense-t-elle, à d'« anciennes tombes ». Elle n'en est pas moins charmée par son compagnon, tout à la fois courtois et pédagogue. Peu à peu, elle se laisse gagner par le bien-être : « Sur la route, assise dans la somptueuse Cadillac, je me sentis soudain rassurée et paisible auprès de cet homme calme et silencieux [...], tout me plaisait chez lui, ses bonnes manières, son bon goût[6]. » Quand ils arrivent à Scottdale, petite ville célèbre pour la fabrication par les Indiens de bijoux d'argent, Svetlana veut acheter un anneau en souvenir de cette randonnée. Wes insiste pour lui choisir une bague ornée d'une turquoise. En la passant à son doigt, une idée étrange lui vient à l'esprit, dont elle s'effraye aussitôt : va-t-elle épouser cet homme ? Non, c'est impossible, rien ne lui est devenu plus cher que son indépendance et sa liberté. Mais le danger est là, d'autant qu'il existe quelque ressemblance entre la sérénité de Wes et celle de Brajesh. Il lui faut quitter Taliesin le plus tôt possible.

Svetlana attendit le moment propice pour annoncer à Olgivanna son prochain départ. Celle-ci se montra contrariée et insista pour qu'elle reste au moins jusqu'à Pâques : chacun ici se réjouissait de sa présence et elle-même avait encore tant de choses à lui dire ! Svetlana ne voulut pas se montrer impolie et accepta. Une fois encore, elle se laissait convaincre par cette femme dont l'ascendant, ainsi qu'elle avait pu le constater pendant ces quelques jours, s'imposait à chacun. Même Wesley Peters[7], qui disposait en principe de tous les pouvoirs en tant qu'architecte en chef, ne prenait aucune décision sans son accord. Svetlana se demandait d'ailleurs quand il travaillait, car il ne la quittait plus. Elle s'étonnait : « Que signifie tout cela[8] ? » Mais, comme à son habitude, elle s'abandonnait à ses sentiments et se laissait prendre en charge. Et puis, Wes lui plaisait et cela semblait réciproque.

La seconde semaine de son séjour, Wes l'invita à dîner dans un restaurant de Scottdale. Et pour une fois, il se montra bavard. Il lui parla longuement de sa femme – ils s'étaient connus quand elle avait 18 ans –, de ses enfants, de son bonheur enfui. Il se sentait aussi responsable de l'accident pour l'avoir laissée conduire une vieille voiture, alors qu'elle attendait un troisième enfant. Svetlana, à son tour, lui parla de sa vie et évoqua longuement Iossif et Katia. Ils furent les derniers à quitter le restaurant, aucun des deux n'ayant envie de quitter l'autre. « Une soirée miraculeuse » pour Svetlana, entraînée aussitôt dans ses rêves de mariage. C'était un désir fou, mais n'avait-elle pas encore le droit de croire au bonheur avec cet homme dont la tristesse la touchait, qui ne voulait pas d'une liaison mais souhaitait quelque chose de vrai et de durable ?

Le 4 avril, trois semaines après son arrivée à Taliesin, ils se mariaient en présence de nombreux invités : « Ma fille Svetlana » annonçait fièrement Mrs Wright, en présentant la mariée qui, confuse, avait le sentiment de servir de substitut. L'avocat Alan Schwartz, seul de ses amis à avoir été convié, était son témoin. Svetlana l'avait appelé en urgence au téléphone : « Venez, j'ai besoin de vous, avez-vous une cravate rose[9] ? » Il n'avait appris la raison de sa présence en ce lieu qu'à son arrivée : « Alan, je me marie dans une heure. » Tout lui semblait étrange et même suspect – il nota qu'Olgivanna Wright ne le quittait pas des yeux – mais il ne dit rien à Svetlana ; elle paraissait si heureuse lors de la fête organisée le même soir : « un bonheur enfantin, impulsif, auquel on ne pouvait pas résister[10] ». Il était trop tard pour la mettre en garde. Svetlana voulait « absolument être heureuse, avoir une maison, une famille, et cela lui était donné[11] ». Du moins le croyait-elle. Le mariage fit événement dans la presse internationale, comme le rappellent ces photos où Svetlana, toute menue, se presse radieuse contre Wes dont la silhouette évoque celle de Gary Cooper.

Il ne fallut pas longtemps à Svetlana pour s'apercevoir qu'Olgivanna entendait aussi régir sa vie conjugale. Au lendemain de ses noces, elle avait déménagé dans le petit appartement où Wes vivait en célibataire depuis son veuvage – un studio, une salle de douche, une terrasse jouxtant son bureau. Mais la vie privée du couple était limitée par les obligations de la communauté dont Svetlana faisait désormais partie intégrante. Il lui fallut se conformer aux règles du vivre ensemble, prendre ses repas dans la salle à manger commune, participer à certaines tâches, comme aux réjouissances organisées, qu'il s'agisse de pique-niques, de soirées dansantes ou de séances de méditation visant à l'harmonie de l'être et du cosmos, selon l'enseignement de Gurdjieff[12] dont Olgivanna avait été l'élève et la disciple dans sa jeunesse. Au contraire de Wes qui participait volontiers à nombre d'activités, et qui ne s'étonnait pas que Mrs Wright lui téléphone en pleine nuit pour régler un problème, Svetlana avait soif d'intimité et de solitude. Elle se rebiffa. Wes lui demanda d'être raisonnable : en tant que Mrs Peters, elle appartenait maintenant à Taliesin.

Une autre surprise l'attendait. Quelques jours après son mariage, Olgivanna, la prenant à part, lui confia que Wes était un terrible dépensier. Il jetait l'argent par les fenêtres et l'importance de ses dettes finirait par l'obliger à vendre les terres qu'il possédait dans le Wisconsin où il avait vécu avec sa famille. Le fonds Wright, grâce auquel vivait Taliesin, était incapable financièrement de régler cette affaire. Svetlana avait compris, elle fit ce qu'on espérait d'elle et paya : « C'était mon cadeau de mariage[13]. » Elle ne s'arrêta pas là et prévint ses avocats new-yorkais qu'elle entendait dorénavant assumer personnellement le contrôle de ses biens. Elle leur demandait de bien vouloir transférer son argent à la firme chargée des intérêts de Wes, dont le siège était à Phoenix. Elle prit le soin d'expliquer sa décision dans une lettre à George Kennan : « Mon indépendance financière est devenue pour moi très importante […]. Ne vous inquiétez pas, je compte sur Wes, sur son amour et sa protection. » Elle resta ferme dans sa décision, en dépit des réserves de ses conseils et elle ne recula pas non plus lorsqu'elle se rendit à la banque avec Wes et découvrit que ses dettes s'élevaient à près d'un demi-million de dollars. Depuis son arrivée en Amérique, elle avait mené une vie si frugale qu'elle avait à peine touché à l'avance du million et demi de dollars que lui avait versée son éditeur[14]. Svetlana apprendra des années plus tard que Wes, le jour même de leur mariage, avait fait enregistrer les titres de propriété des terres qu'il possédait au Wisconsin au nom de la fondation Franck Llyod Wright, ce qui interdisait à sa femme d'émettre toute future revendication sur ses biens.

Contrairement aux habitudes de la fondation, où les vacances n'étaient pas de mise, Wes et Svetlana eurent droit à une escapade de quatre jours à San Francisco, où vivaient la sœur et le beau-frère de l'architecte, Marge et Sam Hayakawa. Marge confirma aussi à sa nouvelle belle-sœur le goût de Wes depuis sa jeunesse pour les dépenses immodérées et lui conseilla de prendre garde. Elle eut la preuve de ses goûts de luxe pendant leur séjour. Mais comment résister à ce qui était pour elle une preuve d'amour lorsqu'il insista pour lui offrir plusieurs robes faites dans des tissus précieux et ornées de broderies d'or et d'argent ? Personne n'avait jamais fait cela pour elle : « C'était pour moi un conte de fées, il me voulait étincelante, même si je pensais que tout cela était de la folie[15]. » Loin de Taliesin, Wes était un autre homme et elle pouvait croire à son bonheur. Mais était-ce si simple ? De retour à Scottdale, lors d'un dîner dont elle était l'hôtesse, elle se mit dans une terrible colère contre Wes, et, sans qu'aucun des convives ne connût la cause de son geste, elle le gifla. Ils étaient mariés depuis un mois[16].

Chaque été, pour fuir la chaleur étouffante du désert, la communauté – du moins ceux des membres que Mrs Wright choisissait pour l'accompagner – se déplaçait dans le Wisconsin, à Taliesin Est, lieu d'origine de la fondation. Passant par le Colorado, l'Utah et le Kansas, les nouveaux mariés firent le voyage en Cadillac. Svetlana avait à nouveau Wes pour elle seule. Il était d'humeur joyeuse, lui chantait de vieilles chansons et, souhaitant lui faire mieux comprendre l'Amérique profonde, il lui en retraçait l'histoire mouvementée. En arrivant à Spring Green, Svetlana comprit aussitôt que rien ne différait de la vie quotidienne à Taliesin West. Seul le groupe existait et seul comptait le bon plaisir de Mrs Wright. Elle découvrit aussi son absence totale de scrupule la concernant : ses avocats l'informaient que les administrateurs de l'Alliluyeva Charitable Trust[17] avaient reçu une lettre de la Frank Llyod Wright Fondation leur demandant une donation annuelle de 30 000 dollars et qu'ils avaient répondu par la négative. Furieuse de ces manigances, Svetlana se répandit en reproches contre Wes : elle était d'accord pour payer ses factures mais certainement pas pour entretenir la fondation. Il lui demanda de ne pas envenimer les choses avec Olgivanna afin d'éviter « une tragédie ». Espérant que ces quelques semaines passées sur ces terres du Wisconsin, où Wes était né, permettraient à leur couple de trouver son équilibre, elle choisit de faire profil bas.

Wes possédait une ferme voisine du domaine Wright où résidait Brandoch, le seul fils qui lui restait et qu'il présenta à Svetlana. Violoncelliste de profession, mais conscient de ne pas avoir suffisamment de talent pour devenir soliste, Brandoch avait pris la décision de revenir sur les lieux de son enfance pour s'occuper d'Aldebaran, la propriété familiale. Il accueillit Svetlana avec chaleur et lui confia qu'il rêvait de faire de l'élevage de bovins. Elle manifesta son intérêt et proposa aussitôt de monter une entreprise dans laquelle ils seraient tous trois (Brandoch, Wes et elle-même) associés. Elle paierait les dettes en cours, financerait les projets, mais conserverait le contrôle financier. Svetlana espérait que Wes retrouverait ainsi une certaine autonomie par rapport à Taliesin et se consacrerait à Aldebaran, du moins pendant les mois d'été. Et l'affaire fut conclue.

Au mois de septembre 1970, quelques jours avant le retour en Arizona, Svetlana s'aperçut qu'elle était enceinte. Elle avait près de 45 ans, mais elle ressentit une grande joie à l'idée de donner naissance à un enfant. Cela l'aiderait à surmonter la séparation d'avec Iossif et de Katia dont elle était sans nouvelles depuis des mois. Mais elle espérait surtout que cela renforcerait ses liens avec Wes. D'abord surpris, il parut se réjouir à l'idée d'être à nouveau père et Svetlana put penser que la partie était gagnée. C'était sans compter avec Olgivanna. Lorsque Wes la mit au courant, elle entra dans une grande fureur : les enfants n'étaient pas les bienvenus à Taliesin, et Svetlana ne devait donc pas garder le bébé ; d'ailleurs, elle était bien trop vieille pour s'occuper d'un nouveau-né. Mrs Wright allait en référer à George et à Annelise Kennan pour qu'ils la dissuadent de faire une telle bêtise. En attendant, Wes demanda à Svetlana si elle envisageait de « faire quelque chose ». Elle répondit par la négative, et ayant compris que l'idée lui avait été suggérée par Mrs Wright, elle s'emporta : en interférant dans la vie des autres, cette femme se conduisait une fois encore « comme un dictateur ».

Sur la route qui les ramenait vers Taliesin West et dès qu'ils se retrouvèrent seuls, Wes fut à nouveau le compagnon charmant et attentif qu'il savait être. Svetlana retrouvait l'homme qu'elle aimait, mais elle était incapable de comprendre pourquoi il se soumettait à la tyrannie de cette petite femme. Elle supportait de moins en moins aisément cette situation de dépendance, mais elle attendait maintenant l'enfant de Wes et il était urgent de réorganiser leur appartement. Là aussi ils se trouvèrent en désaccord, Wes repoussant la plupart de ses suggestions. Elle n'en paya pas moins les travaux. Depuis qu'elle avait refusé de financer le fonds Wright, elle se sentait de moins en moins la bienvenue à Taliesin. Elle décida qu'elle accoucherait en Californie, comme le lui avait suggéré sa belle-sœur.

Olga Margedant Peters naît le 21 mai 1971. Wes est absent, il est parti travailler en Iran[18], mais Svetlana reçoit chaque jour un bouquet de fleurs de sa part. Il lui écrit qu'elle lui manque et à son retour, il semble heureux en découvrant la jolie petite fille : « Vous m'avez redonné goût à la vie. » Lors de conversations qu'elle avait eues avec Madge, Svetlana avait compris qu'il lui serait impossible de détacher Wes de Taliesin. Il lui fallait donc accepter cette existence. D'ailleurs, tout l'y poussait davantage depuis la naissance de sa fille. L'été venu, ils rejoignirent le Wisconsin. Allait-elle enfin connaître cette vie de famille qu'elle n'avait jamais eue ? Plus tard, dans un dernier livre[19], elle évoquera ces quelques moments passés dans la ferme d'Aldebaran, la petite fille dormant à ses côtés dans une nature foisonnante. Un des moments les plus heureux de sa vie : « J'avais un bon mari, un enfant en bonne santé, des amis, la beauté et tant d'autres choses. » Mais elle devait rapidement déchanter : la ferme coûtait beaucoup d'argent, mais surtout Brandoch, son beau-fils, lui fit comprendre qu'il n'était pas question qu'elle s'y installe, il tenait trop à son intimité. Svetlana réalisa qu'il n'avait nul besoin de son affection, seul son argent lui importait. Elle devait se résoudre à vivre selon les lois de Taliesin. Tout ainsi n'avait été qu'illusions. Ce mariage était une folie partagée, un leurre, une manipulation d'Olgivanna à laquelle Wes ne savait rien refuser.

Quelle que soit l'attraction qui avait pu les rapprocher, ils n'étaient finalement que des étrangers l'un pour l'autre. L'insatisfaction profonde de Svetlana, tout comme ses exigences, n'arrangeaient rien.

Il n'était pas moins vrai que Wes avait usé d'une manière immorale de son argent, influencé par Mrs Wright[20]. Sachant que Svetlana avait gagné une somme considérable avec son livre et soupçonnant qu'elle avait, en passant par la Suisse, récupéré les millions, que selon une légende, Staline y aurait placés, celle-ci s'était mis en tête de lui faire épouser Wes : entretenir Taliesin coûtait très cher et les donateurs étaient les bienvenus. Svetlana réalisait enfin à quel point elle avait été manipulée. C'était l'impasse. Elle se refusait encore à déclarer forfait mais les relations avec Olgivanna n'ayant fait qu'empirer, il lui semblait de plus en plus impossible de vivre sous sa férule. Mrs Wright de son côté ne pouvait supporter que Svetlana lui échappe et mit tout son talent à la convaincre qu'elle était responsable de la situation : « Pourquoi n'aimait-elle pas Taliesin ? » Embarrassée, Svetlana ne sut que répondre. Et soudain Olgivanna l'attira à elle et la fixa de toute l'ardeur de son regard, en respirant très fort. Svetlana fut prise de panique : « J'avais perdu toute volonté, j'étais comme hypnotisée, et chose que je n'aurais jamais faite en toute conscience, je me mis à lui embrasser les mains[21]. » Quand, sanglotant et tremblant, elle se plaignit à Wes, il la traita d'hystérique : elle ne comprenait vraiment pas à quel point vivre à Taliesin était un privilège.

Svetlana écrivit à Kennan que Taliesin était dirigée par une femme qui n'avait qu'un seul désir, régner : « J'ai vécu quarante ans en URSS, esclave du gouvernement et du parti. Ici en Amérique j'avais commencé "à vivre ma vie". Et maintenant je suis tombée sous le joug de cette femme qui exerce sa dictature sur son petit royaume monténégrin, tout comme mon père à Kountsevo. »

La petite Olga fut baptisée dans l'église grecque de Milwaukee construite par son père. Une cérémonie qui fit encore illusion. Mais rien ne pouvait désormais s'arranger, les querelles et les désaccords étaient de plus en plus fréquents et Svetlana se sentait de plus en plus isolée. Elle se souciait avant tout de la petite Olga, mais elle eut aussi à s'inquiéter de son argent. Il serait trop long d'énumérer les détails d'une ténébreuse affaire, mais la ferme du Wisconsin avait coûté 500 000 dollars et les impôts n'avaient pas été payés. Elle s'adressa une fois encore à Kennan qui fit intervenir un avocat, Walter Pozen, le nouveau mari de sa fille Joan. Celui-ci découvrit que la ferme était un fiasco et une suite de malversations, mais Svetlana se refusa à engager toute action contre son mari et le fils de ce dernier.

En janvier 1972, deux ans après son arrivée en Arizona, elle déménagea dans une petite maison de deux pièces avec terrasse, non loin de Taliesin West. Elle signa l'engagement de location au nom de Monsieur et Madame Peters, avec l'espoir que Wes la suivrait. Il accompagna sa femme et sa fille pour les aider à s'installer mais il refusa de rester. Il rendait Svetlana responsable de cette séparation. Si elle ne réintégrait pas la fondation, il demanderait le divorce. Ils consultèrent quand même ensemble un psychiatre qui déclara qu'ils étaient incompatibles. Il conseilla aussi à Svetlana de ne jamais retourner à Taliesin, même si elle en avait la tentation.

À la fin du mois de février, la fondation Wright annonça que Wes demandait le divorce. Interrogée par la presse qui se fit largement l'écho de l'événement, Svetlana déclara qu'elle ne voulait pas divorcer, mais qu'elle ne voulait pas non plus vivre à Taliesin. De son côté, Wes reconnut auprès du *New York Times* qu'étant donné son caractère, il avait commis une faute en se mariant et que ce divorce était une tragédie.

L'avocat de Svetlana fit de son mieux pour défendre ses intérêts financiers. Elle ne possédait presque plus rien et il aurait fallu entamer une procédure parce que Wes continuait à utiliser le compte commun. Svetlana refusa, elle ne voulait rien entreprendre contre celui qui était maintenant le père de sa fille, ni même contre le fils de celui-ci. Elle abandonna toute prétention sur la ferme et ne réclama pas de pension pour Olga. Son avocat réussit finalement à sauver deux à trois cent mille dollars. Décidément, cette femme ne comprenait rien à l'argent. Plus tard, elle regretterait sa légèreté, « mais en URSS, on ne nous avait pas appris à penser à l'aspect matériel de la vie de famille[22] ». Elle ne devait songer qu'à sa petite fille dont elle avait reçu la garde[23]. Mais elle devait aussi, pour Olga, maintenir de bonnes relations avec son père. « Rompue physiquement et écrasée moralement », elle ne trouva finalement qu'une solution : retourner à Princeton.

Chapitre XXI

Svetlana dans tous ses états…

À son retour à Princeton, au mois d'août 1972, Svetlana, qui porte désormais le nom de Lana Peters, a 46 ans ; sa fille, Olga, à peine plus d'1 an. Si elle est confrontée une fois de plus à ses regrets – l'échec d'un mariage avec un homme qu'elle dit toujours aimer et qu'elle a peut-être eu tort de quitter[1] –, elle est, avant tout, consciente de ses responsabilités : « Il était temps pour Olga et pour moi de commencer une nouvelle vie et d'apprendre à vivre seules[2]. » Installée au 50 Wilson Road dans la maison qu'elle est heureuse d'avoir pu racheter, elle choisit de se consacrer avant tout à celle qui est « une bénédiction de chaque jour et lui procure bonheur et plénitude[3] ». Se souvenant de ce qu'ont été dans sa petite enfance les exigences de sa mère en matière d'éducation et d'apprentissage des langues, elle veut, écrit-elle à Kennan, qu'Olga soit élevée le mieux possible. Étant donné ses moyens financiers réduits depuis son passage à Taliesin, il n'est pas question d'avoir une gouvernante française comme celles que s'offrent les riches Américains. En revanche, méfiante, en raison de son passé, de toute institution dépendante de l'État, elle a suffisamment d'argent pour envoyer sa fille dans des écoles privées, le plus souvent religieuses. À commencer par la Presbyterian Cooperative Nursery School, que fréquente Olga dès l'âge de 2 ans. C'est sous le nom de Mrs Peters que Svetlana, qui souhaite que personne ici ne connaisse sa véritable identité – une illusion dans une petite ville comme Princeton – contribue aux tâches collectives. Mais son âge, qu'elles jugent trop tardif pour élever un enfant, fait jaser les jeunes femmes qui la côtoient.

Elle mène une vie simple et s'efforce de s'adapter le mieux possible au rythme quotidien de n'importe quelle mère de famille américaine. Elle passe de longues heures chez elle, se rend pour ses courses à la grande surface voisine, jardine, regarde la télévision ou, toujours aussi sensible au spectacle de la nature, part en compagnie d'Olga au volant de sa voiture dans la campagne des environs ou vers les longues plages qui bordent l'océan. Pour l'anniversaire de sa fille, Wes a envoyé des fleurs et un cadeau mais n'a pas pris la peine de venir et Svetlana s'est rendue à l'évidence : il est et sera un père absent. Elle n'en est que plus attachée à Olga et se montre, comme dans ses rapports amoureux, aussi excessive : « Ma fille occupe 90 % de mon temps, elle est toute ma vie[4] », déclare-t-elle à la journaliste du *New York Times* venue l'interviewer à l'occasion du sixième anniversaire de son passage à l'Ouest : « Nous mangeons ensemble, dormons ensemble, nous promenons ensemble et rencontrons nos voisins ensemble avec leurs chiens et leurs chats. » Ce qui explique, selon elle, qu'elle ait renoncé pour longtemps à écrire un autre livre. Enfin, elle ne saurait envisager de rentrer un jour en URSS, où elle est considérée comme une criminelle : « Imaginez-vous quelqu'un sorti de prison qui souhaiterait y retourner ? »

Elle n'en est pas moins assez solitaire. À l'exception des Kennan, beaucoup de ses anciens amis sont morts : sans parler de Fischer, c'est le cas de Paul Chavchavadzé et d'Edmund Wilson. Et puis, lui manquent aussi les longues conversations qu'elle avait avec ses amis de Moscou dans sa langue maternelle, confie-t-elle à l'écrivain Jerzy Kosinski, rencontré en 1970 et pour qui elle s'est senti un faible[5]. Quant aux exilés russes de Princeton, ils choisissent de l'ignorer. C'est en fréquentant l'Église épiscopale de Tous-les-Saints qu'elle se lie d'une longue amitié avec le pasteur et surtout sa femme, Rosa Shand. Cette dernière, en découvrant un jour Svetlana abîmée dans la prière, s'étonne de l'expression de repentance qu'elle lit sur son visage : de quelle faute cherche-t-elle le pardon ? Mais les Shand partent bientôt pour l'Afrique et Svetlana se retrouve un peu plus seule. Un peu plus inquiète aussi lorsqu'elle reçoit des lettres pleines de haine, comme celle arrivée de Rome, qui les maudit, elle et Olga. Qu'on s'en prenne à elle, passe encore, mais à une enfant ! Elle a d'autres inquiétudes à son sujet : la petite fille de 3 ans qui est entrée à The Stuart Country Day School of Sacred Heart, aussi joyeuse soit-elle, ne parle pas. Toutefois, l'alerte est de courte durée ; l'année suivante Olga est intarissable et, à 4 ans, c'est une jolie petite fille aux joues rondes, le regard vif sous une frange de cheveux châtain clair tirant sur le roux, coupés au carré. Une photo prise au printemps de 1975 la montre, souriante et confiante, pressée tout contre sa mère dont le visage est empreint de mélancolie. Jamais Svetlana ne retrouvera ce radieux sourire qu'elle arborait à son arrivée en Amérique ou lors de son mariage avec Wes.

Pour ne pas nuire à ses enfants restés à Moscou, Svetlana s'est efforcée, face à leur silence, de ne prendre aucune initiative susceptible de les mettre dans une situation embarrassante. Aussi a-t-elle cessé de leur écrire ou de leur téléphoner, lorsque lui parvient au mois de juin 1974 une lettre de Joseph, la première depuis cinq ans. Instinctivement, elle doute de son authenticité et la porte à un graphologue qui conclut que son fils ne peut en être l'auteur. Par crainte d'une provocation du KGB, elle se défend d'écrire ou de téléphoner et attendra qu'un de ses voisins, astrophysicien, fasse le voyage à Moscou pour avoir de leurs nouvelles. Diplômée maintenant de géophysique, Katia enseigne et, encore célibataire, vit chez sa grand-mère maternelle, la veuve de Jdanov ; Ossia fait une belle carrière de médecin, il est père d'un petit garçon de 4 ans et demi, mais vient de divorcer.

Un peu plus d'un an se passe, lorsqu'au mois d'août 1975, George Kennan lui fait part d'une lettre, envoyée de Moscou et adressée au Département d'État[6], dont il a eu une copie. L'auteur du courrier, un journaliste américain en poste dans la capitale soviétique, resté anonyme, indique qu'il a été contacté par un ami du fils de Svetlana dont il ne cite pas le nom. Joseph, explique-t-il, souhaiterait rejoindre sa mère aux États-Unis et demande un visa de trois mois. Kennan estime que l'affaire est une provocation soviétique destinée à embarrasser l'administration Carter, un piège visant à prouver que Svetlana, « instrument des impérialistes[7] », cherche à pousser son fils à quitter le pays. C'est pour celle-ci un véritable dilemme. Si son fils souhaite la retrouver, cela signifie qu'il lui a pardonné, mais, par crainte que cette manière de la contacter clandestinement ne représente pour lui un danger, elle prend le risque de le décevoir et décide de ne pas lui répondre. C'est Mark Garrisson, le directeur du bureau chargé des affaires soviétiques au Département d'État qui, à la demande de Kennan et en accord avec Svetlana, envoie un message au journaliste pour le transmettre à Joseph : sa mère l'aime profondément, mais si celui-ci veut vraiment venir en Amérique, qu'il fasse sa demande par courrier ordinaire. Pour Svetlana, qui a hérité de son père une tendance à la paranoïa, c'est une certitude : le KGB n'en a toujours pas terminé avec elle[8].

À l'approche de la cinquantaine, toutes ces épreuves pèsent lourdement sur son humeur, aussi a-t-elle le sentiment que son avenir est derrière elle et qu'elle restera à jamais prisonnière du passé. Blessée, déprimée, elle se sent plus seule que jamais, comme elle l'écrit à Rosa Shand : « Mon abandon est total, et je n'ai même plus les mots de la prière[9]. » Alors elle fuit, comme elle va le faire dorénavant tout le reste de sa vie, changeant sans cesse de lieu ou de domicile, souvent au mois de novembre, époque qui correspond à celle de la mort de sa mère. En mars 1976, elle décide donc de vendre sa maison de Princeton et s'envole avec Olga pour la Californie, où elles ont passé Noël chez les Hayakawa, la sœur et le beau-frère de Wes. Svetlana voit plusieurs avantages à ce déménagement : la vie y est moins chère, le temps clair et chaud tout au long de l'année, le parfum des eucalyptus et des orangers tout comme le bleu du Pacifique lui rappellent la mer Noire de son enfance. Mais peut-être existe-t-il une autre raison à ce départ de Princeton : l'espoir déçu, une fois de plus, d'une relation durable avec un riche homme d'affaires, Douglas Bushnell, auquel Olga s'était aussi attachée[10].

Tout l'enchante d'abord en Californie et Svetlana choisit de s'installer à Carlsbad dans le comté de San Diego. Elle y achète une petite maison en bois dans le style japonais, inscrit Olga, âgée de 5 ans, dans une école Montessori et l'accompagne dans toutes ses activités. Elle souhaite aussi se remettre au travail, mais elle s'aperçoit vite qu'elle est incapable d'écrire. Alors, que faire de son temps, de sa solitude ? Les Hayakawa sont partis pour Washington, elle ne connaît pratiquement personne et « la nostalgie l'envahit[11] ». Dans son isolement, elle s'est mise à boire, comme elle l'écrit à Joan Kennan, et craint de perdre le contrôle d'elle-même – cela l'effraie d'autant plus que son frère Vassili est mort alcoolique à 41 ans. À Donald Jameson, elle confie ses peurs : « Depuis que je suis allée à Taliesin et que j'en suis partie, j'ai pour mon grand malheur l'impression étrange d'être hypnotisée et manipulée. Je ne suis plus moi-même. » Elle n'exclut pas non plus que les services secrets soviétiques, dans le but de la déstabiliser, l'aient prise pour cible de certaines expérimentations parapsychiques et un cauchemar hante ses nuits : Olga est kidnappée sans qu'elle possède l'argent pour payer sa rançon[12]. Enfin, à George Kennan, elle ne cache rien de sa fragilité : « Je ne suis définitivement pas un mur de pierres, ni de ciment. Je ne possède pas non plus ces nerfs d'acier – ce métal qui forge le nom de mon père. J'ai plutôt hérité de l'hypersensibilité de ma mère et j'ai la faiblesse de réagir aux plus petites choses [...]. Je réponds trop facilement aux idées, aux souhaits des autres, au lieu de me faire confiance... Mon père avait remarqué cela quand j'étais une adolescente et me disait en colère : Ne me répète pas ce que les autres veulent que tu dises. Dis ce que tu veux vraiment : Oui ou Non[13] ! »

Elle va si mal – ce qui complique sa relation avec la petite Olga à qui elle reproche de trop ressembler à son père – qu'elle se décide à consulter un psychiatre une fois par semaine. Contrairement à ce qu'elle croit, ce ne sont ni la mort de sa mère ni le rapport avec Staline qui seraient les raisons primordiales de son état dépressif, mais bien l'échec de son mariage américain et l'obsession de Wes qui auraient miné sa confiance en elle : « Je me suis toujours plus enfoncée dans le désespoir depuis mon divorce[14] », finit-elle par reconnaître.

Elle sort peu à peu de sa dépression et, après plus d'un an passé en Californie, déménage à nouveau vers l'Est. Elle vient d'apprendre par Donald Jameson que, vivant depuis dix ans aux États-Unis, elle peut maintenant demander la nationalité américaine. De retour à Princeton au mois de janvier 1978, elle loue, 154 Mercer Street, une modeste maison un peu éloignée du centre et située près d'un grand parc. Le 18 juin, elle remplit les formulaires nécessaires à sa naturalisation et l'irremplaçable George Kennan témoigne par lettre en sa faveur : « Je n'ai aucune hésitation à affirmer que Mrs Peters est pleinement apte à devenir citoyenne américaine [...] et je certifie que pendant tout le temps passé en Amérique elle n'a jamais été une cause d'embarras pour le gouvernement des États-Unis[15]. » Le 20 novembre, enfin, elle se rend à Newark, capitale du New Jersey, et prête serment à la Constitution. Elle est désormais citoyenne américaine sous le nom qu'elle portera jusqu'à la fin de sa vie : Lana Peters. La presse américaine ne mentionne pas l'événement et, côté soviétique, personne ne réagit.

Pense-t-elle, en changeant d'identité, devenir une autre ? « Je ne veux plus jamais être Svetlana[16] », déclare-t-elle lors d'un entretien publié par le *Washington Post* le 29 juillet 1979. Elle ne l'est peut-être plus nominalement, mais en cette période où les troupes soviétiques envahissent l'Afghanistan, beaucoup se méfient de celle qu'ils savent être la fille de Staline. Elle n'est pas non plus la bienvenue parmi les émigrés russes. Alexandra, la fille de Tolstoï, lui reproche ainsi d'avoir toujours refusé de participer au combat qu'elle mène contre le communisme. Svetlana note aussi qu'Olga, à peine âgée de 10 ans, n'est presque jamais invitée chez ses camarades d'école. Pourtant, la petite fille ignore tout de sa parenté fatidique, refuse de parler russe et se fâche quand sa mère utilise cette langue qu'elle n'aime pas.

En fait, treize ans après son arrivée aux États-Unis, Svetlana ne cesse de ressasser ses désillusions, ses regrets et son amertume. Si elle s'en veut à elle-même, elle en veut surtout aux autres qui ont profité de sa naïveté : au Département d'État qui, soucieux de ne pas envenimer les relations avec les Soviétiques, l'a manipulée depuis son passage en Suisse en la présentant comme une femme désireuse avant tout de voir publier son livre et non comme une opposante. À ses conseils de la firme Greenbaum, qui se sont chargés de choisir sans son aval un éditeur, et l'ont finalement trompée. Souhaitant faire réimprimer *Only One Year*, elle apprend que l'ouvrage toujours en vente est introuvable et découvre du même coup qu'elle n'est pas propriétaire du copyright de *Vingt Lettres à un ami*, celui-ci étant assigné depuis 1972 à un fonds, l'Alliluyeva Charitable Fund dont elle ne peut disposer à sa guise, ce qui la prive de ses royalties. Ses avocats, estime-t-elle, ne l'ont pas seulement trompée mais volée.[17] Avec une véhémence typiquement russe quand la colère la saisit, elle s'en prend même à George Kennan quand il refuse de la suivre dans ses récriminations, avant de s'en repentir et de lui adresser une lettre d'excuses. Sans rancune, l'ex-diplomate tentera, en vain, de l'aider à récupérer son copyright[18].

Jusqu'alors, ni en Russie, ni en Amérique, Svetlana n'a eu à se préoccuper de problèmes d'argent. Elle s'est crue riche, suite aux sommes que lui ont rapportées ses livres ; elle a dépensé sans compter, s'est laissée dépouiller par Wes sans réagir, mais maintenant qu'elle est seule avec une fille, elle réalise que rien n'est donné dans l'univers capitaliste. Or, elle est plus déterminée que jamais à ce qu'Olga s'instruise et fréquente les meilleures écoles, quel qu'en soit le coût. Il lui faut donc choisir entre le loyer et la Stuart School dont les frais se montent chaque année à plusieurs milliers de dollars. Son contrat de location de Mercer Street prenant fin en janvier 1979, elle achète une petite maison, 40 Morgan Place, la revend un an et demi plus tard pour louer un appartement qu'elle quittera en 1981, lorsque la location passe de 550 à 600 dollars. Et cette errance va se poursuivre sans fin. Svetlana semble fort bien s'en accommoder, ce n'est pas forcément chose facile pour Olga. Certes, sa mère est tout à son service – rien n'est trop beau pour elle : cours de piano et de guitare, leçons de français et d'équitation – mais ses exigences pèsent lourd sur la petite fille qui se montre aussi têtue qu'elle. Olga prend du même coup en grippe son école où vient d'arriver un nouveau directeur et souffre des préjugés ambiants : il n'est bon ni d'être la fille d'un père absent ni celle d'une mère divorcée, de plus russe et orthodoxe. La préadolescente se rebelle, elle ne veut rien d'autre que d'être américaine : « Je ne voulais rien avoir à faire avec la Russie, je ne voulais plus qu'on m'appelle Olga et j'ai obligé ma mère à m'appeler Chris, avant de choisir Chrese[19]. » Un matin, alors qu'elle va la réveiller, Svetlana découvre que sa fille n'est pas dans son lit mais lui a laissé un mot : « Maman, j'ai quitté la maison. Retrouve-moi mercredi à l'arrêt du bus. Je suis désolée, mais j'ai besoin de partir. » Que faire, sinon prévenir la police de sa disparition ? Svetlana est à peine de retour chez elle, qu'on frappe à la porte : Olga apparaît accompagnée d'un voisin et, lui tendant un bouquet de jonquilles, se jette dans ses bras, promettant de ne plus jamais s'enfuir.

CHAPITRE XXII

Une passante à Cambridge

Désemparée par les fugues d'Olga et soucieuse aussi de lui trouver une nouvelle école où enseignement et discipline vont de pair, y compris à l'étranger, Svetlana, en cet hiver 1981, envisage une fois de plus de quitter Princeton. Mais pour aller où ? Longtemps dans l'incertitude, elle déménage à deux reprises en moins d'un an, devenant d'abord propriétaire d'une petite maison à Lawrenceville, puis d'une autre à Pennington[1], deux localités des alentours. Seul réconfort à son mal-être, le retour à New York, après plusieurs années passées en Afrique, de son amie Rosa Shand[2], chez qui elle se rend régulièrement avec Olga. Ensemble, elles fréquentent les musées, les librairies et les salles de concert, mais pour Svetlana, le plus important est l'indéfectible amitié de Rosa à qui elle peut confier son désarroi et sa nostalgie de la Russie, ravivée après avoir vu *Quelques jours de la vie d'Oblomov*, le film de Nikita Mikhalkov, inspiré du roman de Gontcharov, qu'elles relisent ensemble. Pour Svetlana, c'est tout un monde ancien qui refait surface au spectacle du jeune garçon courant dans la campagne russe à la recherche de sa mère : à commencer par sa propre enfance à Zoubalovo, jusqu'à son baptême par le père Nikolaï en 1962 : « L'herbe, les fleurs, les nuages, toute cette nature qui, liée à la contemplation, est la véritable essence de l'Orthodoxie russe[3]. »

Au mois de juillet 1981, après avoir confié sa fille à des amis dans le Wisconsin, Svetlana quitte, pour la première fois depuis quatorze ans, le sol américain en direction de Londres. Après s'y être opposée pendant plusieurs mois, elle a fini par accepter d'être interviewée pour la *BBC* par l'écrivain et journaliste britannique Malcolm Muggeridge[4] sur la résurgence du christianisme en Union soviétique. Les entretiens se déroulent pendant près d'une semaine dans la maison de week-end que possèdent les Muggeridge dans le Sussex. Svetlana a posé comme condition que les liens avec son père ne soient pas évoqués, mais elle est incapable d'échapper aux questions de son interlocuteur. Il a vécu en Union soviétique au moment de la Grande Famine, et, pour lui, l'occasion est trop belle d'avoir à portée de main la fille de Staline. Au-delà des propos tenus, ce qui frappe en regardant *A Week with Svetlana* diffusé sur *BBC2* à partir du 2 mars 1982, c'est la tristesse insondable qui se lit sur son visage et l'agitation incessante de ses mains lorsqu'elle évoque, dans un murmure, ce passé dont elle reste à jamais prisonnière.

Ces quelques jours vécus entre les rues londoniennes et les promenades faites en compagnie des Muggeridge dans la campagne anglaise n'en représentent pas moins pour elle un répit. Loin de son quotidien de femme au foyer, elle s'est mise à imaginer une vie nouvelle en Grande-Bretagne et, sitôt rentrée en Amérique, elle écrit à Kitty Muggeridge pour savoir si elle ne connaîtrait pas un bon internat pour Olga. L'argent, dit-elle, n'est pas un problème et, si cela s'avérait nécessaire, elle serait prête à prendre un emploi de dame de compagnie : « Je sais faire la cuisine, coudre, nettoyer, conduire, je peux faire les courses, prendre des photos et taper à la machine[5]. » Son dernier déménagement à Pennington n'a rien arrangé : elle n'aime ni le lieu ni ses voisins et panique quand elle apprend que la plupart des élèves de la nouvelle école d'Olga sont d'origine ukrainienne[6]. Que se passerait-il s'ils apprenaient l'ascendance de sa fille ? Seule, elle se sent incapable de remettre un peu d'ordre dans sa vie alors qu'elle n'agit que par impulsion ou en se fiant à l'avis des uns ou des autres, comme elle l'avoue à Rosa : « J'ai perdu complètement mon libre arbitre. À moins que quelque chose ou quelqu'un ne me prenne par la main ou ne me tire dans la bonne direction, je suis incapable d'agir. »

C'est encore une fois ce qui arrive. Au mois de février 1982, elle rencontre à New York l'intellectuel britannique Isaiah Berlin, dont elle avait fait la connaissance dans les années 1970. Elle n'a, lui explique-t-elle, jamais réussi à retrouver dans la liberté qui règne aux États-Unis l'intensité de la vie intellectuelle qu'elle avait à Moscou et elle lui fait part de son désir de s'installer en Grande-Bretagne. Sceptique sur ses velléités de devenir dame de compagnie, Berlin lui conseille de se remettre à écrire sérieusement, non pas des reportages comme elle l'envisage, mais sa propre histoire et celle de ses relations avec son père ; il est prêt à la recommander à son éditeur anglais, Hugo Brunner[7]. Svetlana part pour Londres le 6 avril et, deux jours plus tard, rencontre Brunner, à qui elle propose d'une part une série de récits sur les

États-Unis, d'autre part son autobiographie. Intéressé par sa deuxième offre, il adresse le 8 avril une lettre à l'administration compétente pour lui permettre d'obtenir un visa : « Madame Lana Peters, qui souhaite vivre et travailler en Grande-Bretagne, est un écrivain apprécié et reconnu. Elle espère poursuivre sa carrière dans ce pays. Elle travaille actuellement sur deux livres que nous avons l'intention de publier[8]. » La réponse des autorités se faisant attendre, Isaiah Berlin intervient à son tour pour dire tout le bien qu'il pense d'elle en tant qu'écrivain tout en insistant sur les difficultés de sa situation et ses qualités humaines.

À la fin du mois d'août 1982, Svetlana, accompagnée d'Olga, débarque en Grande-Bretagne. Elle a réussi à vendre ses maisons de Lawrenceville et de Pennington et, disposant maintenant d'un peu d'argent, s'installe à l'orée de Cambridge. Olga est pensionnaire dans une école quaker située à Saffron Walden, une petite ville médiévale proche de la ville universitaire, où elle se plaît d'autant plus que ses camarades de classe viennent de tous les pays du monde. L'appartement qu'occupe Svetlana au 12 Chaucer Street dans une vieille maison victorienne donne sur un jardin mais manque de confort ; « froide et nostalgique », elle lui rappelle, écrit-elle à Rosa, « sa vieille Russie ». Pour des raisons économiques, il lui faudrait travailler, mais son visa le lui interdit, même comme traductrice ou interprète et sa seule issue est de publier un nouveau livre. Svetlana, qui vient de lire les Mémoires de Vladimir Nabokov, s'interroge sur sa capacité à suivre son exemple en écrivant en anglais – une témérité qu'elle n'aura pas –, mais sa langue maternelle, celle des écrivains et des poètes qui l'accompagnent depuis son enfance, lui évoque trop de souffrances et elle se révèle incapable d'aligner la moindre phrase pendant plusieurs semaines. Les retrouvailles avec une amie d'enfance, Sulamith Messerer, ancienne danseuse du Bolchoï et tante de Maïa Plissetskaïa, lui redonne du courage. Après avoir fui l'Union soviétique en 1980, elle est devenue, à 72 ans, professeur à Covent Garden. Svetlana se lance enfin dans la rédaction de ce qui deviendra *Daliokaïa Musika*. Dans ce livre qu'elle mettra plus d'un an à écrire, elle reprend certains épisodes de son passé russe et s'attarde essentiellement sur les péripéties de sa vie aux États-Unis, sur les malentendus et les déceptions qui ont jalonné son parcours, depuis le succès que lui a valu la publication de son premier livre jusqu'au fiasco de son mariage avec Wesley Peters. Le plus significatif est peut-être le portrait en creux qu'elle trace d'elle-même : celui d'une femme blessée, incapable de s'assumer, d'une intellectuelle dénuée de tout sens pratique, d'une idéaliste incomprise et victime du destin. Une manière aussi de fuir toute responsabilité et de refuser de faire face à ses incompétences.

Svetlana présente au bout de quelques mois un manuscrit de deux cents pages à Hugo Brenner. Il est déçu, il voulait une histoire de la famille Staline dans son intimité et non pas un récit de ses aventures américaines, assorti de remarques sur la ressemblance entre les deux superpuissances ; il refuse le texte. Svetlana n'a pas plus de chance auprès de deux autres éditeurs : l'un, Peter Jovanovitch, représentant à Londres d'une firme américaine, trouve le manuscrit émouvant mais mal construit et lui demande de le retravailler, mais elle rejette l'offre ; l'autre, un Allemand, ne donne pas suite. Svetlana a compris : elle n'intéresse que parce qu'elle est la fille de Staline, alors qu'elle se refuse à être la biographe de son père. Elle tente toutefois de faire lire son manuscrit à Isaiah Berlin qui, absent de Londres, ne donne pas signe de vie. Alors elle s'emballe, l'invective par lettre et le rend responsable de son échec : « Je hais ce jour de janvier 1982 où j'ai parlé avec vous à New York ; vous avez fichu ma vie en l'air[9]. » Un peu plus tard, Svetlana lui demandera pardon pour son mauvais caractère et son comportement injustifié, mais l'essayiste a décidé de prendre ses distances. *Daliokaïa Musika* sera finalement publié en traduction anglaise en Inde avant de l'être plus tard en russe aux États-Unis[10].

Où trouver un peu de réconfort, sinon dans la foi ? En cette matière, Svetlana fait preuve d'œcuménisme : elle s'est convertie à l'orthodoxie à Moscou, s'est intéressée à l'hindouisme en Inde, a fréquenté l'Église de la science du Christ (Christian Science) aux États-Unis ; cette fois-ci, elle s'affirme certaine de son choix : seul peut la satisfaire le catholicisme qui l'a déjà attirée en Suisse, « une foi capable d'englober toute l'humanité [...] une foi sans orgueil national [...], sans patriotisme [...], sans victoire d'un pays sur l'autre[11] ». Elle fréquente alors assidûment l'église Our Lady and the English Martyrs de Cambridge, fait une retraite de plusieurs jours au monastère Sainte-Marie dans le Suffolk et reçoit le baptême au mois de décembre 1983. Elle n'en est pas pour autant plus sereine ; la vie en Angleterre la déçoit, quitte à regretter l'Amérique où elle était « chez les siens[12] » et non pas considérée comme une étrangère, une passante. Au mois de mars 1984, elle confie à une journaliste free-lance de l'*Observer* : « J'ai eu et j'aurai partout de mauvaises expériences, c'est mon lot et je le sais… » Mais un peu plus loin elle ajoute, sans craindre les contradictions : « Vous ne savez pas comme je suis heureuse de n'être attachée à aucun gouvernement, à aucune nationalité. Ma maison, je l'ai en moi, je la prends avec moi où que j'aille. » Seule lui importe la qualité de l'éducation que reçoit sa fille de 11 ans. Elle regrette toutefois qu'elle ait refusé d'aller dans une école catholique.

Au mois de juin, elle change d'appartement et part en Sicile pour deux semaines de vacances avec Olga. À son retour, elle reçoit une lettre de son fils – les relations épistolaires ou téléphoniques ayant repris depuis un appel de ce dernier un an auparavant. Ossia lui annonce que le gouvernement soviétique l'autorise à se rendre en Finlande et lui propose de l'y rejoindre. Mais peu après, nouveau coup de téléphone : il est sérieusement malade, se trouve à l'hôpital mais il aimerait tant la revoir. Ne peut-elle pas venir à Moscou ? Svetlana est prête à partir, anxieuse de revoir ses enfants. L'idée l'habite déjà depuis quelque temps, comme elle l'a écrit à son ami l'écrivain Jerzy Kosinski : « Si jamais je m'enfuis à Moscou, personne ne devrait être surpris […]. Ce que j'ai dû vivre dans ce soi-disant monde libre suffit pour tuer même l'enthousiasme de l'homme le plus costaud. Je ne suis pas de cette race et je ne possède pas des nerfs d'acier […]. Mon fils est mon seul ami, être avec lui, mon seul souhait, mais comment… ? Ossia, tout comme moi, ne supportera pas la réalité de l'Occident. C'est pourquoi mon retour est la seule issue[13]. »

Au désir de revoir ceux qu'elle n'a cessé d'aimer s'ajoute le fait qu'elle dispose de moins en moins d'argent pour inscrire Olga dans les meilleures écoles britanniques, alors que l'éducation est gratuite en URSS. Une bonne raison pour se persuader un peu plus qu'un retour au pays natal est la solution à tous ses problèmes. Il lui faut convaincre Olga, cette pure Américaine, qui ne se sent aucun lien avec le passé russe de sa mère et n'éprouve aucune envie de connaître ses demi-frère et sœur. Svetlana ne doute pas non plus du scandale que susciterait un tel geste, mais lorsque ses sentiments sont en jeu, rien ne peut l'arrêter. Le 11 septembre 1984, elle se rend à Londres. Dans son sac, une lettre demandant l'autorisation de retourner en URSS, qu'elle souhaite remettre en mains propres à l'ambassadeur soviétique. Il est absent et c'est un fonctionnaire qui la reçoit après qu'elle a décliné son identité. Tout, lui dit-il, se décide à Moscou, qu'elle revienne la semaine suivante.

Le jour dit, le chargé d'affaires lui apprend que sa requête a été satisfaite : elle peut partir sur-le-champ. Mais Olga doit terminer son trimestre et le voyage n'aura lieu qu'à la fin du mois d'octobre. Dans le train qui la ramène vers Cambridge, Svetlana n'a qu'une angoisse : la réaction de la jeune fille. Prudente, elle n'évoque d'abord qu'un voyage en Grèce et attendra la veille du départ pour lui annoncer qu'elles s'envolent le lendemain pour Moscou *via* Athènes. Olga est en rage. Comment sa mère a-t-elle osé prendre une telle décision sans lui en parler, sans lui permettre de dire au revoir à ses amies ? Un voisin témoigne de la violence de leur querelle, au cours de laquelle elles en viennent presque aux mains[14]. À 3 heures du matin, Svetlana réveille sa fille : un taxi les attend pour les conduire vers l'aéroport. À l'heure du déjeuner, une amie, Rosamond Richardson[15], qu'elle avait invitée à partager son repas, frappe en vain à leur porte. Svetlana est partie, sans laisser d'adresse.

CHAPITRE XXIII

Moscou… Tbilissi : le retour impossible

Tout a été réglé d'avance. Pour ne pas éveiller l'attention de la presse, Svetlana et sa fille s'arrêtent à Athènes. L'ambassadeur soviétique, qui n'est autre que le fils du défunt secrétaire général du PCUS, Iouri Andropov, auquel a succédé, au mois de février, un autre vieillard, Konstantin Tchernenko[1], les reçoit avec toute l'attention que mérite la fille de Staline. À quelques mois du quarantième anniversaire de la victoire sur le nazisme, le *Vojd* connaît un regain de gloire et nul doute que le retour de l'enfant prodigue n'apparaisse comme une bonne prise pour la propagande soviétique alors que le régime est embourbé dans la guerre d'Afghanistan. Le temps d'une visite de l'Acropole, d'un tour en ville et de quelques achats – notamment des tennis Adidas introuvables en Union soviétique et une robe brodée pour la fille de Katia –, deux jours plus tard, Lana et Olga Peters prennent place à bord d'un avion d'Aeroflot.

Après dix-sept ans d'absence, Svetlana débarque dans ce même aéroport de Cheremetievo, d'où elle est partie pour l'Inde par une nuit glaciale de 1967. Pour éviter toute émotion en public, elle a préféré que son fils ne vienne pas la chercher, elle est donc accueillie par un petit groupe d'officiels qui l'attendent à la sortie des VIP. Une jeune femme s'avance vers elle, radieuse, un énorme bouquet de fleurs à la main et lui souhaite la bienvenue. Ce 27 octobre, il neige, comme il est normal en cette saison, mais dans la voiture qui les conduit vers Moscou, elle a peine à reconnaître les abords de sa ville natale : en lieu et place des bois et des champs s'étirent de longues et monotones barres d'immeubles d'habitation. Voici enfin Leningradskii prospekt (l'avenue de Leningrad) où est situé leur hôtel, le Sovietskii, luxueux palais construit dans le style impérial du XIXe siècle et réservé aux seuls notables du régime ainsi qu'aux hôtes des pays frères. Quelques marches à monter, de lourdes portes tournantes qui débouchent dans le grand hall de marbre : son fils l'y attend, s'approche d'elle et la prend dans ses bras. Ils restent longtemps embrassés, sans prononcer une parole. Ossia est accompagné de sa nouvelle épouse – un choc pour Svetlana qui découvre une forte femme aux cheveux grisonnants, qui semble approcher la cinquantaine –, de son fils Ilya, âgé de 14 ans et de son père, Grigori (Gricha) Morozov. Svetlana est heureuse de la présence de son premier mari, il parle anglais avec Olga alors que Ossia regarde à peine sa demi-sœur d'Amérique[2]. Au restaurant de l'hôtel, le Nouveau Yar[3], un vrai banquet les attend. Svetlana et Ossia sont assis côte à côte et se tiennent par la main, silencieux. Elle regarde son fils : comme il a changé, il est presque chauve et paraît plus que ses 39 ans : « Rien ne restait du jeune homme bien bâti au regard joyeux. » Olga a pour voisin Gricha ; Svetlana lui trouve belle allure pour ses 63 ans et lui est reconnaissante de prendre soin de la petite exilée. Celle-ci gardera néanmoins un souvenir pénible de cette réunion familiale : « Tout le monde mangeait et buvait. Le seul à me prêter attention était Grigori, mon voisin de table. Il me parlait en anglais comme si j'avais six ans et j'en avais treize. Mais quel mauvais anglais ! Cette première nuit fut terrible et je pensais, Oh mon Dieu ! Maman ne va plus quitter Ossia et me voilà refaite[4]. »

Pour Svetlana, ces retrouvailles familiales ne correspondent en rien à l'idée qu'elle se faisait des joies du retour ; elle se rend vite compte de la distance qui, avec le temps, s'est installée entre elle et son fils, comme du peu d'affinités apparentes entre Olga et Ossia. De plus, elle vient d'apprendre que sa fille Katia, géologue au Kamtchatka, qui ne lui a jamais pardonné sa fuite qu'elle considère comme une trahison, refuse de la voir. Devant son désarroi, Grigori Morozov lui conseille la patience : elle doit prendre le temps de comprendre ce que son abandon a signifié de souffrances pour leur fils et pour sa fille[5].

Le jour suivant, deux officiels du MID (le ministère des Affaires étrangères) arrivent à l'hôtel et l'informent de la décision des autorités de lui rendre sa nationalité soviétique et de l'accorder à sa fille Olga Peters. Elles ont en échange obligation de rendre leur passeport américain[6]. Le 1er novembre, un bref communiqué de l'agence *Tass* et quelques lignes publiées dans le quotidien du gouvernement, les *Izvestia*, officialisent le retour de celle qui est, à sa demande, de nouveau pleinement citoyenne soviétique. Mais c'est à l'étranger que la nouvelle fait sensation, sinon scandale. Dès le 3 novembre, le *New York Times* consacre jour après jour de très nombreux articles à cette fuite en retour qui s'explique, selon l'intéressée, par sa déception du monde libre et son besoin vital de retrouver ses enfants après dix-sept ans d'absence.

À Moscou, Svetlana est prise en main par toute une noria de fonctionnaires chargés de l'assister dans sa nouvelle vie. Ceux du ministère de l'Éducation l'accompagnent dans sa recherche d'une école pour Olga ; ceux du ministère du Logement ont pour mission de l'aider à s'installer – tout cela, comme il se doit, aux frais de l'État. Svetlana comprendra vite ce que cela implique pour elle. Le 16 novembre, elle donne à sa demande une conférence de presse dans les bureaux du Comité des femmes soviétiques. Soucieuse d'abord de préciser que son retour est dû essentiellement à des raisons familiales, au désir de retrouver ses enfants et de connaître ses petits-enfants, et qu'il n'y a pas lieu d'en tirer des conclusions politiques, elle ne s'en livre pas moins à une vive critique de ce monde qui prétend être celui de la liberté, témoignant de la manière dont elle a été abusée aux États-Unis. Elle lit en russe un texte soumis par avance aux autorités, dans lequel elle insiste sur le fait qu'elle s'est trouvée, dès les premiers jours, soumise aux avocats, aux hommes d'affaires, aux politiques, enfin aux éditeurs, qui lui ont dicté ce qu'elle devait écrire ; ainsi serait né *En une seule année*. Svetlana affirme aussi, ce que mit en avant la presse soviétique et qu'elle démentit plus tard, avoir été dressée comme un chien par la CIA[7]. Andreï Gratchev, futur conseiller diplomatique de Mikhaïl Gorbatchev, qui se trouvait présent dans la salle, se souvient de l'impression qu'il ressentit en la voyant : « Un mélange de légende et de banalité[8]. »

Entre-temps, la vie à Moscou de la famille Peters s'est plus ou moins organisée. Tous les matins, Olga a droit à des cours particuliers dispensés par un professeur qui se rend à l'hôtel pour lui enseigner le russe, pendant que Svetlana court d'école en école. Dans l'une, la présence de la petite-fille de Staline inquiète le directeur ; dans l'autre, personne ne parle anglais ; dans la troisième, la discipline est excessive. On attendra la décision qui dépend finalement des autorités. Il est temps aussi de quitter l'hôtel. Svetlana refuse un somptueux appartement rue Spiridonievka, avec une vue panoramique sur tout Moscou qui permet même d'apercevoir les tours du Kremlin, préférant un lieu plus modeste qu'elle arrangera à sa guise. Elle reprend contact avec ses cousins Allilouïev, avec qui elle se rend au cimetière de Novodevitchi où est enterrée sa mère et elle se réjouit de voir qu'Olga est reçue avec chaleur par la jeune génération. Elle retrouve aussi Goulia, la fille de son frère aîné Iakov, mais très vite leurs relations s'enveniment : sa nièce, qui n'a pas abandonné toute admiration pour son grand-père, juge sévèrement ses choix. Il en va tout autrement avec le fils de Vassili, son neveu Sacha, *alias* Alexandre Bourdonski, qui a abandonné le nom de Staline pour celui de sa mère quand il est devenu directeur de théâtre. Avec Svetlana, ils passent de longues heures à évoquer le passé et cet homme cultivé et généreux est l'un des rares à la comprendre et à la respecter : « C'était un mélange de traits de caractère contradictoires. Elle était d'une féminité extrême et possédait en même temps une inflexible volonté, et même une certaine sécheresse. Son enfance était à l'origine du sentiment aigu de solitude qu'elle éprouvait et de sa tendance au repli sur soi ; sa dureté était en fait un voile de protection[9]. » Et de poursuivre : « Le plus difficile est de se mettre à sa place, personne ne peut savoir ce qu'il en est. Quand on a eu un tel père, toutes les tentatives pour se conduire humainement, être simplement une femme, une mère, une citoyenne, sont condamnées à l'avance [...]. Elle est l'une des figures les plus tragiques que j'ai eu à connaître et le destin l'a traitée cruellement[10]. »

Svetlana est loin de trouver semblable compréhension chez son fils qui n'est jamais venu la voir à l'hôtel. Avec Olga, elles se sont rendues à deux ou trois reprises chez lui ou dans la datcha qu'il possède à Joukovka, non loin de celle où elle passait ses week-ends avec lui et Katia, alors que leur entente était si grande ; désormais il se montre froid et distant. Comme il a changé, se dit-elle, en songeant aux coups de téléphone reçus à Cambridge et à l'envie qu'il avait manifestée de la revoir[11]. Elle constate qu'il mène une vie très confortable, qu'il dispose d'un chauffeur et pourtant il lui réclame de l'argent. Elle lui donne ce qu'il demande, mais quand elle s'étonne, il s'emporte. Peu à peu, elle comprend qu'il souffre d'alcoolisme : « J'avais vu cela chez mon frère, je connaissais ce processus qui détruit l'esprit et l'âme[12]. » Et elle s'interroge : pourquoi tant d'insistance à la faire venir et pourquoi désormais tant d'indifférence, tant de sécheresse ? A-t-il été l'instrument du KGB[13] ? Une question la tourmente : que suis-je venue faire à Moscou ?

C'est justement ce que lui demande Fiodor Volkenstein, l'homme qui l'a jadis encouragée à écrire *Vingt Lettres à un ami* : « Pourquoi es-tu revenue ? Nous étions habitués à ce que tu vives à l'étranger, tes enfants allaient bien, et maintenant que vas-tu faire ? Et il s'emporte contre les propos qu'elle a tenus lors de sa conférence de presse : Ne vois-tu pas que tu sers leur propagande[14] ? » Svetlana sait qu'il a raison. Comment a-t-elle pu commettre l'erreur de croire que ce retour lui permettrait de trouver la paix – un geste qu'elle considère maintenant comme une folie ? Et ce d'autant plus qu'Olga assure que Moscou est l'endroit le plus noir, le plus froid, le plus sinistre qu'on puisse imaginer et ne formule qu'un souhait : quitter cette ville le plus vite possible.

Alors fuir encore, mais où ? « Leningrad ? Ce sera pareil »... Soudain, surgit l'image de la Géorgie chrétienne et byzantine, avec ses églises millénaires[15] et ses chœurs, cette Géorgie ancestrale, indépendante et farouche, mais aussi terre d'asile. Alors, prétextant qu'elle est trop en vue à Moscou, objet incessant de la curiosité des correspondants occidentaux, Svetlana demande la permission de s'y rendre. Quelques jours suffisent pour qu'on l'y autorise. N'est-ce pas, après tout, le lieu de naissance du grand Staline ? Elle n'est restée que cinq semaines à Moscou.

Svetlana avait assuré à Olga que le climat de la Géorgie était semblable à celui de la Californie, mais ce 1er décembre, quand elles arrivent à Tbilissi, il fait presque aussi froid qu'à Moscou. En survolant le Caucase et ses sommets enneigés, en traversant cette barrière qui sépare le Nord du Sud, elle s'est à nouveau bercée d'illusions. Là-bas, tout serait mieux : « Nous avions quitté ce cauchemar qui risquait de nous engloutir [...]. Dans les républiques nationales, c'est une autre vie, aussi indépendante que possible de Moscou[16]. » La réception à l'arrivée est chaleureuse, une jeune interprète prend Olga par la main et Svetlana note l'élégance des femmes. Ici tout est plus simple, plus joyeux, plus naturel et les officiels du Parti venus l'accueillir sont moins compassés que dans la capitale de l'URSS. Elles sont logées dans une résidence d'État où elles occupent un petit appartement, à quelque distance du centre, mais elles disposent d'une voiture et d'un chauffeur du nom de Jora. Très vite, Svetlana se rendra compte que la présence de celui-ci, « un merveilleux guide », permet au chef du Parti de Géorgie, Édouard

Chevardnadzé[17], d'être au courant de tous ses faits et gestes. Il lui conseillera même de ne pas entreprendre un travail sur le passé de la Géorgie. N'est-il pas, avant tout, un *homo sovieticus* ?

Il n'en reste pas moins vrai que tout est fait pour leur rendre la vie agréable, en particulier celle d'Olga, traitée comme une petite princesse, se souvient une diplomate géorgienne, Nathéla Lagidzé, présente pendant leur séjour[18]. La jeune fille, bientôt surnommée Oliko, a droit à des professeurs de russe et de géorgien et s'exprime très vite dans les deux langues ; elle prend chaque jour des leçons d'équitation et fréquente le meilleur institut d'art ; une lointaine parente, Leïla Sikmachvili, lui donne des cours de musique et de chant. Très à l'aise, la jeune Américaine s'étonne cependant de la pauvreté ambiante, de la vétusté des habitations, des coupures d'eau, du téléphone qui fonctionne mal, ce qui ne l'empêche pas d'être séduite par l'exotisme de Tbilissi et par l'entrain de ses habitants, grands amateurs de vin et de bonne chère. Avec Svetlana, elles parcourent la capitale dont l'histoire remonte au ve siècle, où l'avenue Roustaveli[19], inspirée du style haussmannien, côtoie la partie médiévale de la ville avec ses maisons colorées ornées de balcons, ses thermes et ses innombrables églises, et ne peuvent manquer de passer devant l'ancien séminaire où Staline a étudié pendant plusieurs années. Contrairement au reste de l'Union soviétique, où, à la suite du rapport Khrouchtchev, la déstalinisation s'est imposée, la Géorgie est restée, par pur sentiment nationaliste, fidèle à l'enfant du pays. Pèlerinage obligé, Svetlana et Olga se rendent à Gori, le lieu de sa naissance, et constatent qu'à l'emplacement de sa pauvre maison d'enfance on a construit un horrible musée de marbre, orné de colonnes corinthiennes, qui retrace sa gloire. Un seul objet bouleverse Svetlana, les lunettes de sa grand-mère Kéké, cette vieille dame toute de noir vêtue, dont le seul regret a été que son fils renonce à la prêtrise, et qu'elle n'a visitée qu'une fois dans les années 1930. Svetlana refuse l'invitation que lui fait la conservatrice du musée de participer aux cérémonies qui doivent marquer le cent cinquième anniversaire de la naissance du Tsar rouge. En Géorgie, décidément, l'héritage est encore plus lourd qu'à Moscou. Tout le monde ici est obsédé par son nom, par son image et plus qu'ailleurs encore, Svetlana a l'impression de n'exister qu'en raison de leur parenté.

Beaucoup ressentent de l'hostilité à son égard : les staliniens lui reprochent d'avoir trahi son père, les autres, d'être la fille de l'Ogre. Aussi se retrouve-t-elle une fois encore désemparée et souvent solitaire. C'est auprès du catholicos Élie II qui, prêchant l'amour, l'incite à pardonner aussi bien à son père qu'à ses enfants, qu'elle trouve un certain réconfort. La cathédrale, où résonnent les prières prononcées à voix haute en géorgien, des sons qui rencontrent un profond écho en elle – « jusque dans mes os, jusque dans mon sang[20] » – est le seul lieu qui lui redonne courage.

Olga lui cause d'autres soucis : poursuivie par de nombreux prétendants, celle-ci est tombée amoureuse à 15 ans d'un homme beaucoup plus âgé qu'elle. Connaissant les mœurs du pays où enlèvements et vendetta font partie de la tradition, Svetlana prend conscience du fiasco qu'elle a créé par sa volonté de retrouver un pays qui n'est plus le sien. Une fois de plus, elle se demande comment s'en sortir.

L'histoire joue à son avantage. Tchernenko meurt le 10 mars 1985, remplacé dès le lendemain au poste de secrétaire général par le représentant d'une nouvelle génération consciente de la nécessité de faire évoluer le régime : Mikhaïl Gorbatchev. Au mois de décembre 1985, Svetlana décide de s'adresser directement à lui par lettre et lui demande l'autorisation de quitter l'URSS. Ne recevant aucune réponse, prête à tout, elle se rend à l'ambassade américaine de Moscou au mois de février 1986, d'où elle est refoulée par deux miliciens en tant que citoyenne soviétique. Toutefois, en cette étape de la *Glasnost*, le Kremlin est attentif à ce qu'elle ne devienne pas un problème : il ne faudrait pas qu'elle devienne un problème. C'est Gorbatchev qui tranche son cas. Olga pourra suivre ses études dans son école anglaise en qualité de citoyenne soviétique et viendra rejoindre sa mère pour les vacances. Quant à Svetlana, il lui est conseillé de revenir s'installer à Moscou. De retour à Tbilissi où ses amis fêtent en musique son soixantième anniversaire, elle s'empresse de téléphoner au directeur de Friends School pour lui annoncer le retour d'Olga au début du prochain trimestre. Par prudence, et craignant un revirement possible des autorités, elle demande à son beau-frère, le sénateur Sam Hayakawa, de rester vigilant et de prévenir l'ambassade américaine de Moscou qu'elle souhaite rentrer aux États-Unis mais qu'elle ne dispose plus de son passeport américain. Et, tentant le tout pour le tout, elle écrit à nouveau à Gorbatchev en même temps qu'elle demande au Soviet suprême de l'autoriser à renoncer à la nationalité soviétique. Le 20 mars, son cas est discuté en haut lieu – pour le pouvoir, elle ne représente plus qu'un embarras et le nouveau secrétaire général confie à Egor Ligatchev[21] le soin de la recevoir. La rencontre a lieu le 5 avril au siège du Comité central, un lieu qu'elle connaît bien pour y avoir été reçue jadis par Souslov, mais cette fois-ci elle est autorisée à quitter le pays : « La patrie survivra sans vous, lui affirme son interlocuteur, la question est de savoir si vous survivrez sans elle. »

Le 15 avril, Svetlana accompagne sa fille à l'aéroport où elles doivent se séparer. Olga rejoint l'Angleterre. Svetlana a reçu un nouveau passeport américain et son départ pour les États-Unis est prévu pour le jour suivant. Elle a choisi de s'installer à Spring Green dans le Wisconsin où des amis, Robert et Derry Graves, lui ont trouvé une petite ferme.

Elle déclare à son arrivée à Chicago : « Je ne retournerai jamais en Union soviétique. Je ne crois plus que j'appartiens à deux nations et je sais que les gens qui m'aiment sont ici en Amérique[22]. »

ÉPILOGUE

L'errance jusqu'à la mort

Svetlana a passé dix-huit mois en URSS, au prix de renoncements éprouvants, mais pour quel profit ? Une fois encore, ses espérances chimériques ont fait long feu. Non seulement sa fille a refusé de la revoir mais elle n'est pas parvenue à recréer avec son fils les relations privilégiées d'antan. Ainsi, de malentendu en malentendu et de déception en déception, ce séjour s'est-il révélé un fiasco. De plus, en fuyant une nouvelle fois vers l'Ouest, elle n'ignore pas qu'elle dit un adieu définitif à sa terre natale, dont la nostalgie ne l'abandonnera plus.

En 1967, en pleine guerre froide, l'arrivée aux États-Unis de la fille de Staline avait stupéfié le monde – les médias occidentaux s'empressant d'en faire une transfuge politique, elle-même ne songeant qu'à fuir ses fantômes et les interdits que voulaient lui imposer les successeurs de son père. Quelque vingt ans plus tard, le contexte est tout autre : la guerre froide est en passe de s'achever et l'URSS, affaiblie, est entrée dans une période de réformes sous l'autorité de Mikhaïl Gorbatchev[1]. Dès lors, pour les tenants de la *Perestroïka* comme pour les dirigeants nord-américains – ces derniers persuadés d'être sortis vainqueurs de la compétition Est-Ouest –, Svetlana ne représente plus un enjeu idéologique. Ainsi, son retour outre-atlantique passe-t-il d'autant plus inaperçu que, tentant toujours d'échapper au poids de son histoire, elle ne veut plus être que Lana Peters, une anonyme sexagénaire américaine.

N'ayant aucune idée précise de l'endroit où elle désire vivre, elle s'est laissée convaincre de revenir habiter Spring Green, à proximité de Taliesin Est[2]. Elle y fait l'acquisition d'un petit pavillon de chasse situé dans les bois avec l'espoir que le calme environnant l'aidera à se remettre à l'écriture de son dernier livre de Mémoires. Une urgence, car comment gagner sa vie autrement ? Elle manque à tel point d'argent qu'elle en appelle à l'aide financière des rares amis qui lui restent. Même s'ils sont choqués par cette manière d'agir, les Kennan viennent à son secours ; pour sa part, Bob Rayle la met en contact avec l'éditeur Ilya Revkov qui accepte de publier *Daliokaïa Musika* ; il lui fait obtenir, par ailleurs, une somme mensuelle – prétendument une avance sur des traductions à venir – dont elle ignore longtemps la provenance. Elle y renoncera quand elle apprendra, indignée, qu'elle émane de la CIA.

À force de passer d'un lieu à l'autre par nécessité ou pulsion, Svetlana est devenue une éternelle errante, toujours mue par l'illusion de trouver mieux ailleurs. Aussi quitte-t-elle en 1989 sa retraite de Spring Green – elle a finalement réussi à terminer *Kniga dlia vnouchek* – et l'Amérique pour l'Europe. Elle séjourne d'abord en France où elle espère en vain trouver un éditeur et passe quelques semaines dans un monastère près de Toulouse. Puis elle rejoint l'Angleterre où vit Olga qui travaille désormais dans une banque. Elle y restera près de sept ans, bénéficiant de l'aide de diverses organisations philanthropiques, déménageant au gré des circonstances et sans craindre l'inconfort. C'est d'abord Londres, où grâce à The Marpeth Society, elle dispose d'une chambre dans une pension de famille pour personnes en difficulté dans le quartier de North Kensington, faisant alors l'expérience des appartements communautaires longtemps infligée à ses compatriotes soviétiques. Elle y partage la même salle de bains qu'une Américaine, un cuisinier chinois, un alcoolique repenti et un gay de vingt-quatre ans, mais peu lui importe et elle rassure ses amis qui s'inquiètent : c'est mieux que de vivre des subsides de la CIA. Incertaine toutefois de son avenir et ne vivant que de la charité, elle connaît des moments d'intense dépression. Au mois de mai 1991, elle est très touchée par le suicide de son ami l'écrivain Jerzy Kosinski et tente elle-même de se jeter dans la Tamise. Mais sa jupe trop étroite la ralentit dans son effort pour enjamber le parapet du pont : deux jeunes policiers ont le temps de la retenir et de la ramener chez elle.

Ce même été lui réserve cependant une joie inattendue. Svetlana reçoit une lettre de Katia qui lui apprend qu'elle a lu et aimé *Kniga dlia vnoutchek*[3]. Bientôt elles se parlent au téléphone. Après vingt-cinq ans de séparation, Svetlana s'émeut de constater que la voix de celle qu'elle nomme sa « douce vulcanologue » est toujours celle d'une adolescente[4]. Comme dans son livre, qui se termine sur le souhait de voir un jour sa fille et sa petite-fille franchir la distance relativement courte qui sépare le Kamtchatka soviétique de l'Alaska américain, Svetlana espère que leur rencontre sera un jour possible, mais son vœu restera du domaine du rêve[5].

À Londres, Svetlana habite quelque temps avec Olga. Mais bientôt, la jeune femme, avide d'indépendance, repart définitivement pour l'Amérique. Svetlana quitte la capitale britannique au mois de septembre 1995 pour Million, un village des Cornouailles, où elle dispose d'une chambre dans une résidence réservée aux dames âgées. Elle-même approche des 70 ans et c'est là qu'un journaliste du *Daily Mail* la découvre et réussit à l'interviewer brièvement. Plus que ses propos, c'est son apparence qui le frappe : la fille de Staline est quasi indigente, dépourvue de tout, y compris de son identité[6]. Cette intrusion suffit à la faire fuir vers Redruth, une petite ville au charme victorien à proximité de la mer – sa dernière étape avant de quitter pour toujours la Grande-Bretagne et de retraverser l'Atlantique pour retrouver Olga qui lui propose de la rejoindre.

En attendant leurs retrouvailles – elle la rejoindra en 1997 –, Svetlana compte les jours : « Encore huit mois… oh, être avec mon Olga dans sa cuisine et cuire ma propre nourriture […]. Qu'est devenue ma vie ? Qu'en ai-je fait ? […] J'ai le sentiment que tout changera quand je traverserai l'Atlantique. Peu m'importe d'ailleurs ce que sera le changement, il faut juste que cela change[7]. » Comment mieux définir la quête sans fin de Lana Peters, *alias* Svetlana Allilouïeva, *alias* Svetlana Staline, qu'elle ne le fait elle-même par ces quelques lignes ?

Il lui reste encore près de quinze ans à vivre, qu'elle passera principalement dans le Wisconsin. Des années faites de quelques joies, celles de l'amour partagé avec sa fille, de beaucoup de solitude et, sur la fin, d'un certain apaisement trouvé en partie dans le recueillement et l'acceptation de son destin.

Avec le temps, atteinte de scoliose, Svetlana s'est voûtée, elle marche difficilement avec une canne, ses cheveux sont devenus plus rares. À 85 ans, on lui diagnostique un cancer du côlon, bientôt en phase terminale. Elle est soignée dans une maison de santé réservée aux pauvres et refuse qu'Olga, qui vit dans l'Oregon sous le nom de Chrese Evans[8], soit prévenue de son état. N'ayant jamais oublié sa propre souffrance devant le visage de Nadia dans son cercueil, elle ne veut pas qu'Olga assiste à ses derniers instants et la voie morte. Elle craint aussi que Poutine – illusion sur ce que la fille de Staline peut encore symboliser pour le pouvoir ou paranoïa ? – ne veuille récupérer son corps. Quelques mois auparavant, elle a confié à un journaliste du *Wisconsin State Journal* : « J'aurais été toute ma vie prisonnière politique de mon père. Où que j'aille, ici, en Suisse, en Inde, en Australie, ou sur n'importe quelle île. »

Svetlana s'éteint le 22 novembre 2011 à l'âge de quatre-vingt-cinq ans[9]. Une mort dans la solitude et l'anonymat, « au terme d'une longue vie de souffrances et d'exils[10] ». Comme elle l'a souhaité, Olga jette ses cendres dans le Pacifique. Le plus loin possible du Kremlin, où règne depuis onze ans, pour le malheur de la Russie selon Svetlana, « un colonel du KGB sorti de l'ombre[11] ».

Notes

Notes du chapitre premier, p. 11

1. Svetlana a abandonné le nom de Staline et pris le nom de famille de sa mère en 1957, quatre ans après la mort de son père.

2. À peine quelques lignes dans la *Pravda* et les *Izvestia*.

3. C'est de son plein gré, en effet, et pour le plus grand embarras des autorités américaines, que Svetlana Alliloueïeva, qui se trouvait alors en Inde pour des raisons personnelles, s'est présentée à l'ambassade américaine de New Delhi au mois de mars pour demander l'asile. Des événements sur lesquels nous reviendrons en détail dans des chapitres ultérieurs.

4. Ils porteront le titre de *Vingt Lettres à un ami* et seront souvent cités dans ce volume. Svetlana a écrit ce texte, resté jusque-là à l'état de manuscrit et conservé secrètement, beaucoup plus proche de souvenirs familiaux que de considérations politiques, en 1963. Un contrat d'édition avec l'éditeur américain a été signé quelques semaines auparavant lors de son passage en Suisse. Nous reviendrons sur les circonstances de cet accord.

5. George Kennan, ancien ambassadeur à Moscou dans les dernières années de Staline. Il joue en quelque sorte, pendant toute cette période, le rôle de mentor pour Svetlana, totalement ignorante des pratiques, notamment financières, du monde libre.

6. Publiée intégralement dans le *New York Times* du 27 avril 1967.

7. Brajesh Singh, un Indien, radjah et communiste, que les autorités soviétiques lui ont interdit d'épouser. Elle a toutefois reçu

l'autorisation de se rendre en Inde pour disperser ses cendres dans le Gange.

8. *Le Monde*, 28 avril 1967.

9. Andreï Siniavski et Iouri Daniel, deux écrivains soviétiques condamnés en 1966 à plusieurs années de camp à régime sévère pour avoir fait publier à l'étranger des livres jugés « non conformes » sous les pseudonymes d'Abraham Tertz et de Nikolaï Arjak. Leur procès eut un important retentissement dans l'intelligentsia soviétique et soixante-deux intellectuels protestèrent dans une lettre collective contre leur condamnation. Voir ci-après, chap. XV.

Notes du chapitre II, p. 15

1. Svetlana Alliloulïeva, *En une seule année*, Paris, Robert Laffont, 1970 [désormais *ESA*].

2. Membre, avec Lénine, Trotski et Sverdlov du Conseil central exécutif (Tsik) qui comprend seize commissaires du peuple, tous bolcheviques, Staline est promu par ailleurs, en 1922, secrétaire général du Parti. Une fonction dont il sait user lorsque Lénine tombe gravement malade quelque temps plus tard. Toutefois, avant d'être totalement écarté des affaires lorsque son état empire, Vladimir Ilitch, inquiet du chauvinisme russe et de l'autoritarisme de son lieutenant, a tenté de le stopper dans son ascension en proposant de le remplacer au Secrétariat général « par un homme plus patient, plus poli et plus attentionné envers les camarades ». Trop tard : la mort en 1924 du fondateur de l'URSS libère celui qui n'est alors qu'un dirigeant parmi d'autres. Moins de quatre ans lui suffiront pour apparaître comme le seul maître d'un Parti – composé d'une nouvelle génération de militants moins formés intellectuellement et plus opportunistes que celle des « vieux bolcheviks » plus idéalistes, participants à la Révolution de 1917 – qui serre dorénavant les rangs derrière lui.

3. Le fondateur de l'Armée rouge est, en effet, exclu du Politburo le 26 octobre 1926, du Comité central en octobre 1927, puis du Parti lui-même en novembre. Contraint à l'exil au Kazakhstan en janvier 1929, il est finalement expulsé d'URSS au mois de février de la même année. Il sera assassiné au Mexique sur ordre de Staline en 1940.

4. Adam B. Ulam, *Staline. L'homme et son temps*, Paris, Calmann-Lévy/Gallimard, 1977, p. 30.

5. Lettre écrite par Nadia Allilouïeva à sa belle-mère (Kéké) le 14 avril 1926.

6. Projets architecturaux pour débarrasser la ville de son aspect villageois et loger des centaines de milliers de ruraux qui y sont appelés par la modernisation à marche forcée.

7. Svetlana Allilouïeva, *Vingt Lettres à un ami*, Paris, Seuil/Paris-Match, 1968 [dorénavant *VLA*].

8. Staline a été marié une première fois à Ekaterina Semionovna Svanidzé, une forte et belle jeune femme géorgienne aux grands yeux noirs, qu'il a épousée secrètement à l'église Saint-David de Tiflis en juin 1906. Ekaterina est morte du typhus à 27 ans, dix-huit mois plus tard, après lui avoir donné un fils, Iakov, né en septembre 1907.

9. *VLA*, p. 109.

10. Vissarion était-il le vrai père de Staline ? De nombreuses rumeurs ont couru sur les infidélités possibles de Kéké, « belle fille désirable » dans sa jeunesse, et sur l'identité véritable de son père. Voir Simon Sebag Montefiore, *Le Jeune Staline*, Paris, Calmann-Lévy, 2008, p. 57.

11. *ESA*, p. 321.

12. Le POSDR, dont la majorité, après la scission avec les mencheviks, formera en 1903 le parti bolchevique dirigé par Lénine.

13. Port de la mer Noire et nouveau centre de l'industrie pétrolière du Caucase.

14. Rencontré pour la première fois en 1905 à la conférence du parti bolchevique à Tammerfors en Finlande où il est délégué.

15. Les principaux dirigeants révolutionnaires, notamment Lénine et Trotski, vivent à cette date à l'étranger.

16. « Vérité » et « Justice ».

17. Saint-Pétersbourg, la ville au nom à consonnance germanique construite par Pierre le Grand, devient Petrograd à l'entrée en guerre contre l'Allemagne en 1914. Puis, en l'honneur du chef de la Révolution, elle prend le nom, après sa mort, de Leningrad. En juin 1991, ses habitants se prononcent par référendum pour le retour à son nom d'origine.

18. Née en Géorgie dans une famille bourgeoise aux origines diverses (russe, géorgienne, allemande et tsigane), Olga s'est sauvée de chez ses parents pour épouser un ouvrier électricien.

19. Lettre de Nadia datée du 11 décembre 1917 citée par Svetlana dans *VLA*.

20. Svetlana conteste elle-même le fait : « Staline ne savait pas nager » (*VLA*).

21. Staline ne participe pas de manière déterminante à l'insurrection bolchevique qui conduit à la prise de pouvoir par Lénine et il est absent du livre de John Reed, *Dix jours qui ébranlèrent le monde*. Il n'en devient pas moins un proche collaborateur du chef de la révolution d'Octobre et bientôt commissaire du peuple aux Nationalités, un poste qui peut paraître secondaire, mais dont l'enjeu est crucial car l'Empire russe, que la révolution fait s'effondrer, est une mosaïque de peuples et de nationalités.

22. Qui deviendra Stalingrad puis, avec la déstalinisation, Volgograd. C'est là que Staline, qui agit avec une particulière cruauté contre les Blancs au nom de la terreur rouge, se lie avec Vorochilov et Boudienny, le noyau dur de son clan militaire.

23. En ce début des années 1920, le modernisme et le féminisme imprègnent la nouvelle société soviétique. Alexandra Kollontaï, proche de Lénine et commissaire du peuple, qui deviendra par la suite ambassadrice, prône notamment l'amour libre.

24. En 1929, elle entrera à l'Académie industrielle qui vient d'être fondée et se spécialisera dans les fibres artificielles.

25. Lettre datée du 11 février 1926 dans Rosemary Sullivan, *Stalin's Daughter. The Extraordinary and Tumultous Life of Svetlana Alliluyeva*, Londres, Fourth Estate, 2015.

26. Le maître, le patron.

27. Varlam Chalamov, *Les Années 1920*, Paris, Verdier, 1998.

Notes du chapitre III, p. 21

1. C'est une tradition chez les bolcheviks d'adopter un enfant orphelin, fils ou fille d'un camarade révolutionnaire.

2. Voir en fin du volume les biographies des personnalités citées.

3. Simon Sebag Montefiore, *Staline. La cour du Tsar rouge*, Paris, Syrtes, 2005, p. 51.

4. *Vingt Lettres à un ami* [*VLA*], 1967 ; *En une seule année* [*ESA*], 1968 ; *Daliokaïa Muzika* [*DM*], 1988 ; *Kniga dlia vnoutchek* [« Livre pour mes petites-filles » – *KDV*], 1990.

5. Elle souffrait de douleurs abdominales et de violentes migraines. On ne peut pas non plus exclure des troubles psychosomatiques, peut-être d'origine génétique. Voir S. Sebag Montefiore, *Staline*, *op. cit.*, p. 7.

6. La nounou de Svetlana, Alexandra Andreïevna Bychkova, lui sera dévouée toute sa vie.

7. L'institutrice de Svetlana s'appelait Natalia Konstantinova, le précepteur de Vassili, Alexandre Mouraviev.

8. *VLA*, p. 42-43.

9. *Ibid.*, p. 66.

10. Voir la notice biographique en fin du volume.

11. *VLA*, p. 42.

12. De nombreux détails concernant les familles Alliloulïev et Svanidzé sont empruntés au livre de Lili Marcou : *Staline, vie privée*, Paris, Calmann-Lévy, 1996.

13. Voir la notice biographique en fin de volume.

14. Parfaitement russifié, selon Svetlana, Staline n'apprécie guère qu'on use du géorgien ni qu'on se conforme aux mœurs de son pays d'origine. *VLA*, p. 45.

15. La Direction politique de l'État (Guépéou) qui remplace la Tcheka (Commission extraordinaire de lutte contre la contre-révolution et le sabotage) en 1922 a rang de Commissariat de l'Union. Elle est dissoute le 10 juillet 1934 pour être rattachée au nouveau commissariat du peuple à l'Intérieur (NKVD) confié à Iagoda (1934-1936) puis à Iejov (1936-1938) et enfin à Beria à partir de 1938 et jusqu'à la mort de Staline. En 1954 est créé le Comité de la Sécurité d'État (le KGB) qui perdurera jusqu'en 1991.

16. La raison en revient aussi aux contrecoups de la Première Guerre mondiale, de la Révolution et de la guerre civile qui ont rendu le pays exsangue.

17. En janvier 1930, Molotov, second de Staline, planifie l'élimination des koulaks, soit 150 000 ménages, selon trois modalités. La première consiste à les éliminer immédiatement, la deuxième à les emprisonner dans des camps, la troisième à les déporter. Entre 5 et 7 millions de personnes furent concernées. S. Sebag Montefiore, *Staline*, *op. cit.*, p. 59.

18. Boris Souvarine, *Staline*, Paris, Gérard Lebovici, 1983, p. 419. Voir aussi *ibid.*, p. 410-418.

19. Vassili Grossman, *Vie et Destin*, Paris/Lausanne, Juillard/L'Âge d'homme, 1983, p. 34-35.

20. Andreï Sakharov, *Mémoires*, Paris, Seuil, 1990, p. 34.

Notes du chapitre IV, p. 31

1. Venu du Donbass où Nadia l'a connu, il occupe le poste de secrétaire de la cellule du Parti de l'Académie industrielle. Bénéficiant des conditions de l'époque postrévolutionnaire, marquée par un recrutement intensif de cadres pour combler le vide laissé par les purges dans l'appareil, il succèdera, en 1935, à Lazare Kaganovitch à la tête du Parti communiste de la région de Moscou.

2. L. Marcou, *Staline*, *op. cit.*, p. 151.

3. R. Sullivan, *Stalin's Daughter*, *op. cit.*, p. 39.

4. La couleur de la rose varie selon les auteurs : thé, pour l'historien S. Sebag Montefiore, *Staline*, *op. cit.*, p. 15 ; blanche, selon L. Marcou, *Staline*, *op. cit.*, p. 152 ; rouge, selon R. Sullivan, *Stalin's Daughter*, *op. cit.*, p. 40.

5. Notamment, commissaire du peuple à l'Alimentation puis à la Pêche. Après la guerre de 1941-1945, Staline, qui la déteste pour avoir été la dernière personne à parler à Nadia, obligera Molotov, au moment de la campagne contre le cosmopolitisme, à divorcer ; Polina, d'origine juive, sera exilée pour cinq ans au Kazakhstan. Elle en reviendra après la mort du *Vojd* en 1953, mais elle continuera à l'admirer et à le défendre. Dès sa libération, elle reprendra la vie commune avec Viatcheslav Molotov.

6. Complots véritables ou présumés venant de la droite ou de la gauche du Parti ainsi que de différents « ennemis du peuple », y compris parmi les vieux-bolcheviks comme Kamenev et Zinoviev ou les militaires, ils sont nombreux à être dénoncés et servent à justifier les arrestations et les purges.

7. Son livre *Staline. La cour du Tsar rouge*, auquel nous empruntons nombre d'informations concernant l'ensemble de cet épisode, a reçu le prix du livre d'histoire de l'année 2004 décerné par le British Book Awards.

8. S. Sebag Montefiore, *Staline*, *op. cit.*, p. 28.

9. Après son retour du Kazakhstan où elle a été déportée de 1949 à 1953.

10. *VLA*, p. 126.

11. Nadia lui avait demandé de lui rapporter ce revolver de Berlin, en lui expliquant qu'elle avait peur. À l'époque toutes les personnalités importantes étaient armées et Nadia circulait sans garde du corps. En apprenant que l'arme lui avait été offerte par Pavel, Staline aurait fait ce seul commentaire : « Tu lui as fait un drôle de cadeau. »

12. Dans ses Mémoires, Anna Larina-Boukharina, l'épouse de Nikolaï Boukharine, écrit que son mari lui raconta que Staline, auprès duquel il se trouvait lors de ses adieux à Nadia, avait cru bon de lui affirmer qu'il avait passé la nuit à la datcha et n'avait été prévenu que le matin. Cela va à l'encontre du récit de Svetlana qui affirme, pour sa part, que son père avait dormi au Kremlin. *Nezabyvaemoe*, Moscou, APN, 1989.

13. Ce papier, resté caché pendant soixante ans, est maintenant consultable dans les archives officielles. S. Sebag Montefiore, *Staline*, *op. cit.*, p. 122.

14. Sans doute Enoukidzé, selon les archives. *Ibid.*, p. 33.

15. Témoignages d'Anna Sergueïevna et d'Evguenia, la veuve de Pavel, après la mort de Staline et leur retour de déportation. *VLA*, p. 128.

16. Une option que réfutent la plupart des historiens. L. Marcou, *Staline*, *op. cit.*, p. 154.

17. Dans ses Souvenirs, Molotov récuse l'existence même d'une quelconque lettre, de même que le neveu de Nadia, Vladimir Allilouïev. L. Marcou, *Staline*, *op. cit.*, p. 155.

18. Les lettres s'arrêtent en 1931.

19. *ESA*, p. 317.

20. Cité par S. Sebag Montefiore, *Staline*, *op. cit.*, p. 25.

21. A. Larina-Boukharina, *Nezabyvaemoe*, *op. cit.*, p. 121-123.

22. S. Sebag Montefiore, *Staline*, *op. cit.*, p. 127.

23. L. Marcou, *Staline*, *op. cit.*, p. 160.

24. Ekaterina Vorochilova, Polina Molotova, Dora Khazan et Maria Kaganovitch.

25. Vassili suivra le cortège vers le cimetière avec Artiom, le fils adoptif de Staline et de Nadia et le reste de la famille, au contraire de Svetlana qui n'assiste pas à l'enterrement de sa mère.

26. S. Sebag Montefiore, *Staline*, *op. cit.*, p. 25.

27. A. Larina-Boukharina, *Nezabyvaemoe*, *op. cit.*, p. 121-123.

Notes du chapitre v, p. 43

1. Témoignage d'Artiom. Voir S. Sebag Montefiore, *Staline*, *op. cit.*, p. 135.

2. *VLA*, p. 138.

3. *Blijnii* signifie proche. Kountsevo se trouve à environ vingt kilomètres de Moscou. Staline possède plusieurs autres datchas et résidences aussi bien dans la région de la capitale qu'en Crimée ou dans le Caucase. Elles sont toutes meublées et organisées de la même manière.

4. *VLA*, p. 159.

5. La lettre est datée du 5 août 1933. R. Sullivan, *Stalin's Daughter*, *op. cit.*, p. 59. Les lettres suivantes sont tirées de *VLA*, p. 164-167.

6. Autre diminutif de Svetlana.

7. Staline est féru de cinéma et fréquente assidûment la salle de projection située dans l'enceinte du Kremlin. Les films russes sont à l'honneur mais il apprécie beaucoup ceux de Chaplin et les westerns. Svetlana l'y accompagne parfois, tout comme elle se trouve à ses côtés au théâtre ou dans la loge du Bolchoï, installée au premier rang alors que son père est assis dans un coin retiré.

8. Les compagnons habituels de son père, qu'elle appelle « les petits secrétaires ».

9. Khrouchtchev, *Souvenirs*, Paris, Robert Laffont, 1972, p. 276.

10. R. Sullivan, *Stalin's Daughter*, *op. cit.*, p. 63.

11. Il quittera l'école avant la fin de sa scolarité et rejoindra, à 17 ans, en 1938, l'École militaire d'aviation de Kachinsk où Staline souhaite qu'il se discipline.

12. D'abord octobriste, puis pionnier, enfin komsomol.

13. Jusque vers 1934, il arrivait encore à Staline, accompagné d'un seul garde, de marcher dans Moscou. Plus tard, il n'apparaît plus que lors des célébrations.

14. *ESA*, p. 127.

15. Si, dans une première étape (1917-1926), la politique familiale des bolcheviks visait à « l'éclatement des structures liées à l'ordre ancien », notamment à l'ordre patriarcal (institution du mariage civil, liberté du divorce, protection des filles-mères), avec le début du stalinisme, le pouvoir postule des bases familiales stables (Code civil de

1926). La Constitution stalinienne de 1936 consacre certes l'égalité homme-femme, mais des préoccupations démographiques incitent les autorités à revenir sur les droits initialement accordés : droit à l'avortement restreint, droit au divorce limité par la nécessité de publier le jugement et de payer pour cela. La législation de 1944 poursuit cette politique de réhabilitation de la famille : seul le mariage civil est générateur de droits ; le divorce est laissé à l'appréciation du tribunal. Ce n'est qu'à partir de la mort de Staline que la législation sera assouplie (voir Basile Kerblay, *La Société soviétique contemporaine*, Paris, Armand Colin, 1977).

Notes du chapitre VI, p. 51

1. Le premier, bientôt « suicidé », le second exécuté en 1938.
2. L'institut Smolny, quartier général des bolcheviks d'où Lénine lança l'insurrection d'octobre 1917, est devenu le siège du soviet de la ville.
3. Roy Medvedev, *Le Stalinisme. Origines, histoire, conséquences*, Paris, Seuil, 1972.
4. En 1934, le Congrès des Vainqueurs met en évidence une forte opposition à Staline dans le Parti et Kirov bénéficie d'un très grand nombre de suffrages.
5. Adam B. Ulam, *Staline*, *op. cit.*
6. S. Sebag Montefiore, *Staline*, *op. cit.*, p. 165-166.
7. Janvier 1935 : procès des ex-zinovievistes. Août 1936 : procès du « Centre trotskiste-zinovieviste unifié ». Janvier 1937 : procès du « Centre parallèle » contre d'anciens trotskistes : Piatakov, Radek, Sokolnikov, etc. Mars 1938 : procès du « Bloc des droitiers et des trotskistes » : Boukharine, Rykov, Krestinski, Tchernov, etc.
8. En 1936-1937, Staline prend la décision de liquider le maréchal Toukhatchevski, grand rénovateur de l'Armée rouge (il préconisait notamment le remplacement de la cavalerie par des divisions blindées et avait théorisé le concept « d'opérations en profondeur »). Ce dernier avait critiqué devant le Soviet suprême le danger que représentait pour l'URSS le réarmement du Reich, alors que Staline avait en tête de s'entendre avec Hitler, ce qu'il fera en 1939. Un dossier de haute trahison fut monté par Iejov contre Toukhatchevski *via* le contre-espionnage nazi qui aboutit dans les faits à décapiter l'Armée rouge.

Les purges de l'encadrement militaire durèrent jusqu'à la guerre en 1941. Voir Jean Lopez, Lasha Otkhmezuri, *Joukov. L'homme qui a vaincu Hitler*, Paris, Perrin, 2013.

9. La Grande Terreur, du nom de Iejov, le chef de la police secrète qui sera bientôt exécuté et remplacé par Lavrenti Beria.

10. R. Sullivan, *Stalin's Daughter*, *op. cit.*, p. 78.

11. Lila Lounguina, *Les Saisons de Moscou*, Paris, Plon, 1992.

12. Le règne d'Hitler fait craindre la guerre avec l'Allemagne nazie.

13. *VLA*, p. 140.

14. Staline a mis Nicolaï Vlassik à la tête de sa garde personnelle alors que Beria aurait préféré y voir un Géorgien qu'il aurait pu contrôler. Beria n'aura de cesse de se débarrasser de celui qu'on appelait « le mouchard du Kremlin ». Il y parviendra en 1952.

15. *VLA*, p. 140.

16. Voir L. Marcou, *Staline*, *op. cit.*, p. 217.

17. Une longue inimitié existait entre lui et Beria depuis qu'ils s'étaient trouvés en rivalité en plusieurs lieux, notamment en Géorgie.

18. *VLA*, p. 72.

Notes du chapitre VII, p. 59

1. *ESA*, p. 132-133.

2. *ESA*, p. 134.

3. Notamment par Alexandra Mikhaïlovna Kolontaï, femme politique et militante féministe qui fit partie de différents gouvernements soviétiques. Kolontaï estime que la fidélité, qu'elle appelle « la captivité amoureuse », est amenée à disparaître et théorise une nouvelle morale sentimentale.

4. Six semaines auparavant, les 4 et 5 mai 1941, Staline a liquidé le reste du haut commandement, les victimes étant pour la plupart des hommes arrêtés en 1937, à l'époque de l'exécution du maréchal Toukhatchevski. Voir Alexandre Nekritch, *L'Armée rouge assassinée*, Paris, Grasset, 1968.

5. Staline avait reçu de toutes parts des informations l'informant de l'attaque imminente allemande. De Grande-Bretagne, une lettre de Winston Churchill l'avertissait de l'invasion ; de Tokyo, Richard Sorge, l'espion de Moscou, précisait qu'elle aurait lieu le 22 juin ; de Berlin, un autre informateur, « Starchina », travaillant au quar-

tier général de la Luftwaffe, confirmait cette date ; enfin son propre ambassadeur, Dekanozov, qui lui fournit les mêmes informations, fut qualifié de « désinformateur », etc. Staline s'affirmait certain qu'Hitler ne prendrait en tous les cas pas ce risque en 1941. Voir S. Sebag Montefiore, *Staline*, *op. cit.*, p. 370-375.

6. Le 23 août 1939, l'URSS et l'Allemagne nazie conclurent un traité de non-agression, également appelé pacte Molotov-Ribbentrop du nom de ses signataires, par lequel les parties renonçaient au conflit et adoptaient une position de neutralité en cas d'attaque par une tierce partie. Ce traité, assorti de protocoles longtemps tenus secrets (l'URSS n'en reconnut officiellement l'existence qu'en 1989), délimitait les sphères d'influence des deux puissances en Europe orientale. Une fois l'Allemagne entrée en guerre, Berlin et Moscou signèrent le 28 septembre un traité délimitant leurs zones d'influence respectives et définissant les termes de leur collaboration, notamment l'échange des réfugiés politiques.

7. *ESA*, p. 348.

8. J. Lopez, L. Otkhmezuri, *Joukov*, *op. cit.*, p. 268.

9. Comme l'attestent plusieurs témoins, dont Mikoïan et Molotov. Voir S. Sebag Montefiore, *Staline*, *op. cit.*, p. 390-396.

10. Ses deux fils sont envoyés au front dès le 23 juin, Iakov dans l'artillerie comme commandant, Vassili dans l'aviation en tant que pilote.

11. Galina, l'épouse de Vassili, Ioulia, l'épouse de Iakov et Goulia leur fille, ainsi que les grands-parents Allilouïev sont aussi du voyage.

12. Le 16 août 1941, Staline publie l'ordre 270 qui condamne tous ceux qui se sont rendus ou ont été capturés comme « traîtres à la mère patrie ». Les femmes des officiers capturés devaient aussi être arrêtées et emprisonnées.

13. L. Marcou, *Staline*, *op. cit.*, p. 242.

14. *VLA*, p. 177.

15. Kouïbychev, où se trouve déjà une partie du gouvernement et où sera bientôt créée la Septième symphonie de Chostakovitch, composée pendant le siège de Leningrad.

16. S. Sebag Montefiore, *Staline*, *op. cit.*, p. 416.

17. Lettre citée dans R. Sullivan, *Stalin's Daughter*, *op. cit.*, p. 100-101.

Notes du chapitre VIII, p. 71

1. Les États-Unis sont entrés en guerre le 8 décembre 1941 et leur aide militaire à l'URSS va s'amplifier considérablement.

2. Sur cette rencontre, voir *VLA*, p. 185 et *Les Staline vus par les hôtes du Kremlin*, présenté par Lilly Marcou, Paris, Gallimard, coll. « Archives », 1979, p. 127.

3. Un des poètes les plus en vue de la génération de la guerre et de l'après-guerre, auteur notamment de *Gens de quarante* et de *Un fils du destin.*

4. Les enfants de moins de 3 ans avaient été par précaution éloignés de Moscou.

5. Interview citée par R. Sullivan, *Stalin's Daughter*, *op. cit.*, p. 107 et parue initialement dans *Puti neispovedimye*, Moscou, Progress-Traditsia, 2003.

6. *Ibid.*

7. 1906-1978. Photographe, réalisateur de nombreux documentaires, notamment sur la guerre d'Espagne, Leningrad en lutte, la libération des camps de concentration, la capitulation de l'Allemagne nazie, plus tard la bataille de Diên Biên Phu. Héros du travail et prix Staline.

8. 1915-1979. Son plus célèbre poème, *Tue-le*, exhorte à la haine des Allemands. Parmi ses romans et récits, on peut citer *Le Garçon de notre ville* (1942) ; *Les Jours et les Nuits de Stalingrad* (1944) ; *Les Vivants et les Morts* (1961).

9. Il est aussi acteur et réalisateur, auteur d'un *Lénine en Octobre* et *Lénine en 1918*, dont les scénarios ont été révisés par Staline lui-même. Il est aussi prix Staline.

10. Enzo Biagi, *Svetlana, The Inside Story*, Londres, Hodder and Stoughton, 1967, p. 20-21.

11. *VLA*, p. 188.

12. E. Biagi, *Svetlana*, *op. cit.*, p. 24.

13. *VLA*, p. 189.

14. La plupart des détails de ce récit se trouvent dans *VLA* et dans le livre d'E. Biagi, *Svetlana*, *op. cit.*

15. La bataille de Stalingrad entre les forces de l'URSS et celles du Troisième Reich et de ses alliés s'est déroulée sur plus de six mois,

du 17 juillet 1942 au 2 février 1943. La mort de 750 000 combattants et de 250 000 civils en fait l'une des batailles les plus meurtrières de l'histoire. Elle représente, avec la défaite de l'armée allemande, un tournant majeur de la Seconde Guerre mondiale.

16. *VLA*, p. 191.

17. E. Biagi, *Svetlana*, *op. cit.*, p. 15.

18. *VLA*, p. 192.

19. La prison la plus redoutée d'URSS. Située au centre de Moscou, elle faisait face à la statue de Felix Dzerjinski, fondateur de la Tcheka, déboulonnée en 1991.

20. Entretien de Kapler avec Enzo Biagi pour son livre *Svetlana*, *op. cit.*, p. 27.

21. Une durée qui équivaut en vérité à une condamnation à mort.

22. Au nord-est de la Russie, la république des Komis est traversée par le cercle polaire arctique. La ligne de chemin de fer qui parcourt le territoire est bordée de cimetières de zeks.

23. *VLA*, p. 193-194.

Notes du chapitre IX, p. 83

1. V. Grossman, *Vie et Destin*, *op. cit.*, p. 469.

2. *VLA*, p. 196.

3. Les épouses des membres du Politburo avaient leur propre couturière. Elles fréquentaient l'atelier de la perspective Koutouzovski contrôlé par un département du MGB (ministère de la Sécurité d'État). Nina Adjoubeï (son fils épousa la fille de Khroutchtchev), s'inspirant de *Vogue* ou d'*Harper's Bazaar*, dessinait les modèles. Elle fit la première robe de Svetlana.

4. Michael Voslensky, *La Nomenklatura. Les privilégiés en URSS*, Paris, Belfond, 1980, p. 341.

5. *VLA*, p. 198.

6. Comme beaucoup de Juifs, le père de Morozov, dont le véritable patronyme est Moros, a choisi de russiser, sinon de changer son nom, à l'instar de nombreux dirigeants.

7. À propos de l'antisémitisme stalinien, Andreï Gratchev écrit : « Une source de grande autorité, Grigori Morozov qui fut mon professeur de droit international et premier mari de Svetlana Alliloueïeva, me confia qu'il n'avait pas remarqué chez son ex-beau-père d'antipathie

personnelle à l'égard des Juifs ou d'obsession paranoïde sur le sujet, comme c'était le cas chez Hitler. Bref, si Staline fit appel à ce sombre réflexe de la conscience nationale russe et à la honteuse mentalité des pogromistes du passé, ce fut sans doute pour des raisons purement pragmatiques et donc particulièrement cyniques » (*Le passé de la Russie est imprévisible*, Paris, Alma, 2014, p. 34). Une opinion que ne partage nullement l'historien Roy Medvedev et d'autres de ses confrères.

8. *VLA*, p. 199.

9. Sergo Beria, *Beria, mon père, au cœur du pouvoir stalinien*, Paris, Plon/Criterion, 1999.

10. Contrairement à nombre de ses collègues, Montefiore croit à la véracité de cet amour de Svetlana pour Sergo, se basant notamment sur ses conversations avec Marfa Pechkova.

11. Pour plus de détails, voir l'ouvrage de Yuri Slezkine, *La Maison éternelle. Une saga de la révolution russe*, Paris, La Découverte, 2017.

12. Iouri Trifonov (1925-1981) est le fils d'un résident, Valentin Trifonov, disparu lors des grandes purges.

13. Iouri Trifonov, *La Maison du quai*, Paris, Gallimard, 1978.

14. Du 17 juillet au 2 août 1945. C'est la troisième conférence entre les Alliés (Soviétiques, Britanniques et Américains) après celle de Téhéran en décembre 1943 et celle de Yalta en février 1945. Il s'agit maintenant de fixer le sort des vaincus.

15. R. Sullivan, *Stalin's Daughter*, *op. cit.*, p. 133.

16. *VLA*, p. 201.

17. Titre d'un célèbre poème d'Ossip Mandelstam (1891-1938).

Notes du chapitre X, p. 91

1. Il aurait souffert d'une première attaque cérébrale en 1945.

2. La conférence de Yalta a réuni, du 4 au 11 février 1945, Churchill, Roosevelt et Staline. Elle a notamment eu pour but d'adopter une stratégie commune afin de hâter la fin de la Seconde Guerre mondiale, de régler le sort de l'Europe après la défaite du Troisième Reich et de garantir la stabilité du nouvel ordre mondial. L'objectif principal de Staline était de confirmer pour l'après-guerre le plan de partage du sud-est de l'Europe en « zones d'influence », esquissé lors de la conférence interalliée de Moscou au mois d'octobre 1944.

3. La première bombe atomique soviétique explosera en 1949.

4. Anna Akhmatova (1889-1966), poétesse acméiste, auteur d'un des plus beaux poèmes dédiés aux victimes des purges staliniennes : *Requiem*.

5. Mikhaïl Zochtchenko (1895-1958), auteur de brillants récits humoristiques qui le firent connaître à un large public en Russie et à l'étranger.

6. Au moment où le régime manifeste de façon aussi visible son antisémitisme, Staline appuie la création de l'État d'Israël. Selon Adam B. Ulam, Staline n'était pas plus antisémite qu'antipaysan, anti-vieux bolcheviks ou antimilitaires. Selon les circonstances, chacun devenait son ennemi. A. Ulam, *Staline*, *op. cit.*, t. II, p. 296.

7. Nombre de ses membres furent arrêtés et fusillés : D. R. Bergelson (1884-1952), romancier yiddish ; I. Fefer (1900-1952), poète et dramaturge yiddish ; L. Kvitko (1890-1952), poète yiddish ; P. Markirsh (1895-1952), prosateur et dramaturge, l'une des grandes figures du mouvement culturel juif des années 1920 et 1930. Il n'y eut qu'une survivante, la biologiste Lila Stern.

8. *ESA*, p. 137.

9. Libérée après la mort de Staline, elle se remariera avec Molotov qui n'avait cessé d'attendre son retour.

10. Voir le chap. VI.

11. *VLA*, p. 207.

12. Trofim Denissovitch Lyssenko, technicien agricole soviétique, est à l'origine d'une théorie génétique pseudo-scientifique qui devient en 1948 la théorie officielle contre la science dite bourgeoise. Il domine la recherche biologique en URSS jusqu'en 1960.

13. *VLA*, p. 203.

14. *VLA*, p. 210. Lettre du 10 mai 1950.

15. Lettre citée dans R. Sullivan, *Stalin's Daughter*, *op. cit.*, p. 169.

16. La scène est racontée dans S. Sebag Montefiore, *Staline*, *op. cit.*, p. 643.

17. Selon une loi de 1947, les familles des membres du gouvernement n'ont plus le droit d'être nourries et habillées par l'État.

18. En ses tout derniers mois de vie, d'autres de ses compagnons les plus intimes sont tombés en disgrâce : l'immuable Vlassik a été jeté en prison au cours de l'hiver 1952 et son secrétaire personnel, Poskrebychev, qui le servait depuis plus de vingt ans, est écarté.

19. N. Khrouchtchev, *Souvenirs*, *op. cit.*, p. 274.

Notes du chapitre XI, p. 101

1. Jean-Jacques Marie, *Staline, 1878-1953. Mensonges et mirages*, Paris, Autrement, 2003.

2. N. Khrouchtchev, *Souvenirs*, *op. cit.*, p. 263 et 267.

3. Pendant ces années, de nombreux prétendus complots conduisent à de nouvelles persécutions qui touchent différents responsables comptant pourtant parmi les favoris. En 1949-1950, une purge touche plusieurs fonctionnaires du Parti et de l'État, tous liés à Andreï Jdanov, décédé de maladie en août 1948. Les chefs de file de « l'affaire de Leningrad », Nicolaï Voznessenski, responsable du Gosplan, Alexeï Kouznetsov et Mikhaïl Rodianov furent fusillés. Pour plus de détails, voir L. Marcou, *Staline*, *op. cit.*, p. 278.

4. N. Khrouchtchev, *Souvenirs*, *op. cit.*, p. 265. Staline souffre notamment de problèmes de tension, qui ont pu avoir des conséquences cérébrales mineures, et d'une angine de poitrine qui le fait souffrir de plus en plus.

5. Dont le professeur académicien Dimitri Vinogradov, le médecin personnel de Staline.

6. Le climat de tension internationale qui règne avec la guerre de Corée, dans laquelle s'affrontent Américains et Soviétiques par puissances interposées, est un argument de plus pour accuser les Juifs d'être complices de l'allié d'hier devenu l'ennemi numéro 1.

7. L. Lounguine, *Les Saisons de Moscou*, *op. cit.*, p. 120-121.

8. *Ibid.*, p. 132.

9. Ces détails comme beaucoup d'autres concernant la mort de Staline proviennent de *VLA*, chap. I.

10. L'essentiel des détails de ce récit est emprunté au livre de L. Marcou, *Staline*, *op. cit.*, p. 305-311. Mais on trouve à peu près le même récit dans la biographie de R. Sullivan, *Stalin's Daughter*, *op. cit.* et dans S. Sebag Montefiore, *Staline*, *op. cit.*

11. La plupart des citations de Svetlana sont tirées de *VLA*, chap. II.

12. S. Sebag Montefiore, *Staline*, *op. cit.*, p. 693.

13. Andreï Gratchev, *Le passé de la Russie est imprévisible*, Paris, Alma, 2014, p. 39.

14. L. Lounguine, *Les Saisons de Moscou*, *op. cit.*, p. 125.

Notes du chapitre XII, p. 113

1. *ESA*, p. 138.

2. Ils se sont partagé le pouvoir la nuit même de la mort de Staline. Malenkov, soutenu par Beria avec qui il s'est allié dans la perspective de la succession, cumule les postes de secrétaire général du Parti et de président du Conseil des ministres. Il sera rapidement démis de ses fonctions au bénéfice de Khrouchtchev, qui n'occupe encore que le poste stratégique de secrétaire du Comité central. Beria, que Khrouchtchev soupçonne de chercher à prendre le pouvoir par un coup d'État, est nommé ministre de l'Intérieur, mais il est bientôt destitué de son poste, arrêté, jugé pour vouloir rétablir le capitalisme et s'entendre avec l'Ouest, et finalement fusillé. Molotov reste ministre des Affaires étrangères.

3. Du nom d'un roman d'Ilya Ehrenbourg, journaliste (célèbre pour ses reportages sur le front pendant la guerre) et écrivain. Il a longtemps vécu à Paris et jouit de la protection de Staline. Pour le poète David Samoïlov, Erhenbourg était « un occidentaliste, un moderniste, un amateur de roquefort, ce qui ne l'empêcha pas de devenir un serviteur littéraire du stalinisme ». Voir David Samoïlov, *Pour mémoire*, Paris, Fayard, 1997.

4. *ESA*, p. 120.

5. *Ibid.*, p. 123.

6. R. Sullivan, *Stalin's Daughter*, *op. cit.*, p. 206.

7. *ESA*, p. 157.

8. E. Biagi, *Svetlana*, *op. cit.*, p. 33.

9. Née à Odessa en 1909. Elle venait de publier un best-seller qui s'était vendu à cent mille exemplaires. *Ibid.*, p. 33.

10. E. Biagi, *Svetlana*, *op. cit.*, p. 35.

11. *ESA*, p. 143.

12. *ESA*, p. 144.

Notes du chapitre XIII, p. 123

1. Les bibliothèques des universités et des instituts possèdent des exemplaires de nombreux livres et publications étrangères qui ne sont

accessibles qu'avec une autorisation spéciale dépendant le plus souvent de la recherche effectuée.

2. *ESA*, p. 147.

3. Les Frères Sérapion sont un groupe d'écrivains constitué à Petrograd en 1921, parmi lesquels Nikolaï Tikhonov, Mikhaïl Zochtchenko, Vsevolod Ivanov, Elizaveta Polonskaïa, Véniamine Kaverine, Viktor Chklovski, etc. Zamiatine est l'auteur d'un roman de science-fiction écrit en 1920 à l'époque de Lénine : *Nous autres*, qui marque sa déception de la révolution et préfigure le *1984* de George Orwell. Boris Pilniak critique la mécanisation et l'urbanisation de l'URSS. Parmi ses œuvres : *L'Acajou*, *Les Chemins effacés*. Quant à Isaac Babel, auteur des *Contes d'Odessa* et de *Cavalerie rouge*, il fut fusillé en 1940 à Moscou.

4. Entretien avec l'auteur, Fontenay-aux-Roses, printemps 2016.

5. *ESA*, p. 245-246.

6. En 1957, Boris Pasternak apporta *Le Docteur Jivago* à la revue *Novy Mir* qui représentait alors le refuge du courant libéral. Elle était dirigée par le poète russe Alexandre Tvardovski qui souhaitait publier le roman mais se heurta aux forces conservatrices qui jugeaient l'ouvrage contre-révolutionnaire. Pendant des mois et des mois, aucune décision ne fut prise. Pasternak remit alors une copie du manuscrit à l'éditeur italien Feltrinelli lors d'un passage de celui-ci à Moscou. Le succès du roman en Occident provoqua un énorme scandale à Moscou. Pasternak fut traité de *svinia* (porc) devant l'assemblée des Komsomols par le chef du KGB et exclu de l'Union des écrivains.

7. *ESA*, p. 212.

8. Son véritable nom est Lily Golden, mais pour lui éviter d'avoir des problèmes avec les autorité, Svetlana use du pseudonyme de Berta lorsqu'elle la mentionne dans *ESA*.

9. *ESA*, p. 225.

10. La loi soviétique permet aux enfants de porter à leur gré le nom de leur père ou celui de leur mère.

11. *ESA*, p. 148.

12. Il est aussi écrivain et traducteur. Auteur de plusieurs volumes de souvenirs et de mémoires, il a décrit avec une grande finesse les réalités sociales quotidiennes, sans oublier de célébrer la beauté de la terre russe.

13. Boris Gribanov, *And Memory as Snow Keeps Drifting*, cité par R. Sullivan, *Stalin's Daughter*, *op. cit.*, p. 222.

14. David Samoïlov, *Podennye zapisi*, Moscou, 2002, t. I. p. 300.

15. *Ibid.*, p. 30.

16. E. Biagi, *Svetlana*, *op. cit.*, p. 38.

Notes du chapitre XIV, p. 131

1. Le *samizdat* est un système clandestin de circulation d'écrits dissidents, manuscrits ou tapuscrits, destinés à passer de main en main et particulièrement nombreux à partir du début des années 1960.

2. Roman-fresque qui fait revivre l'URSS en guerre, *Vie et Destin*, dont le modèle assumé est *Guerre et Paix*, a été composé entre 1948 et 1960. À l'exception de deux copies placées en sécurité chez des amis, toutes les autres, ainsi que les brouillons, ont été confisquées par le KGB. Le livre sera publié pour la première fois en 1980 en Occident et il faudra attendre la *Glasnost* pour qu'il paraisse en Russie en 1989.

3. *ESA*, p. 379. Le 31 octobre 1961, sur l'ordre de Khrouchtchev, le corps de Staline est sorti du sarcophage en pleine nuit. Placé dans un cercueil, il est enterré derrière le mausolée de granit rouge.

4. Le directeur de cette revue controversée par le régime, Alexandre Tvardovski, est prêt à tous les combats pour publier ce texte. Il n'hésita pas à aller plaider sa cause auprès de Khrouchtchev.

5. *ESA*, p. 256.

6. Au début des années 1960, de nombreux Russes se convertissent à la foi chrétienne. C'est, dans la plupart des cas, une manière de prendre ses distances avec le communisme. Pour d'autres, la nostalgie de la Russie d'antan ou la recherche de valeurs spirituelles.

7. *ESA*, p. 260.

8. *ESA*, p. 261.

9. *VLA*, p. 222-228.

10. En l'honneur du journaliste et socialiste américain John Reed, auteur de *Dix Jours qui ébranlèrent le monde*, qui raconte la révolution russe. Le livre, qui ne cite Staline que deux fois, fut salué par Lénine. John Reed, mort à Moscou en 1920, est le seul Américain enterré dans l'enceinte du Kremlin.

11. R. Sullivan, *Stalin's Daughter*, *op. cit.*, p. 231.

12. Lettre datée du 6 octobre 1962. Archives Emmanuel d'Astier. Résistant célèbre, ministre de l'Intérieur du général de Gaulle à la libération, à la fois proche des communistes et de tempérament libertaire, il a réussi à gagner la confiance de Svetlana en lui demandant de vérifier un certain nombre de faits pour le livre qu'il écrit alors sur Staline. Comme on le verra par la suite, cette rencontre sera suivie de plusieurs autres.

13. Beau-fils du comte Alexeï Tolstoï, un écrivain apprécié du Kremlin pour ses romans historiques (*Pierre le Grand*, *Le Chemin des tourments*...) qui chantent la grandeur de la Russie et dont la parenté avec l'auteur de *Guerre et Paix* est très contestée.

14. *VLA*, p. 242.

Notes du chapitre XV, p. 141

1. *ESA*, p. 24.

2. *ESA*, p. 23. La plupart des citations de ce chapitre sont tirées de ce même livre.

3. À cette époque, tous les partis frères recevaient de Moscou un certain nombre d'invitations pour leurs membres qui avaient besoin de se faire soigner ou de prendre du repos.

4. *ESA*, p. 28.

5. *Ibid.*, p. 30.

6. En hindi, *sveta* veut dire « blanche ».

7. E. Biagi, *Svetlana*, *op. cit.*, p. 111.

8. En effet, Khrouchtchev s'est rapidement aliéné une fraction du Parti par son exercice de plus en plus personnel du pouvoir, ses réformes de la chaîne de commandement des apparatchiks et les répercussions de la déstalinisation dans les pays satellites. Mais ses réformes agricoles improvisées (mise en culture du maïs dans les terres vierges du Kazakhstan, suppression des stations de matériel agricole (SMT)) ont été à l'origine de pénuries qui, avec sa reculade dans la crise de Cuba et sa conduite clownesque aux Nations unies, ont fait baisser son prestige dans la population et fait accepter sa destitution.

9. *ESA*, p. 36.

10. *Ibid.*, p. 40.

11. Il s'agit de la Constitution stalinienne de 1936 à laquelle succédera, en 1977, la Constitution brejnevienne, en vigueur jusqu'à la fin de l'URSS.

12. Cette manifestation a été organisée par Alexandre Essenine-Volpine et Piotr Iakir. Mathématicien dissident et organisateur de nombreuses manifestations, le premier sera plus tard interné dans un hôpital psychiatrique. Le second, fils du général de l'Armée rouge fusillé par Staline en 1937, et l'un des principaux animateurs de la lutte pour les droits de l'homme, sera arrêté en 1972.

13. *ESA*, p. 45.

14. R. Sullivan, *Stalin's Daughter*, *op. cit.*, p. 155.

15. Andreï Gromyko, ministre des Affaires étrangères de l'Union soviétique de 1957 à 1985, après l'accession de Gorbatchev à la tête du Parti qu'il favorisa, il devient jusqu'en 1988, président du Présidium du Soviet suprême. Il meurt l'année suivante.

16. *ESA*, p. 18.

17. *Ibid.*, p. 19.

Notes du chapitre XVI, p. 155

1. *ESA*, p. 51.

2. *ESA*, p. 53.

3. Le gouvernement socialiste d'Indira Gandhi est menacé dans la perspective des élections prochaines par l'opposition, et notamment par le parti Swaranta, réactionnaire et pro-américain.

4. Elle n'a toujours pas lu le roman de Pasternak.

5. *ESA*, p. 66.

6. *Ibid.*, p. 69.

7. Elle est la fille d'un proche de Lénine, Leonid Krassine, membre du Comité central envoyé à Paris comme premier ambassadeur soviétique en France avant d'occuper ce même poste à Londres, où il meurt de maladie en 1926.

8. R. Sullivan, *Stalin's Daughter*, *op. cit.*, p. 265. Il s'agit ici d'un témoignage fait à un journaliste qui s'informait du comportement de Svetlana.

9. *ESA*, p. 81.

10. Tous les détails concernant les derniers moments passés dans la capitale indienne se trouvent dans *ESA*, p. 168-169.

Notes du chapitre XVII, p. 167

1. *ESA*, p. 177.
2. *DM*, p. 17.
3. Les discussions doivent concerner non seulement les relations consulaires mais aussi des questions primordiales comme la situation au Moyen-Orient, la guerre du Vietnam ou le contrôle des armes nucléaires.
4. R. Sullivan, *Stalin's Daughter*, *op. cit.*, p. 276.
5. *Ibid.*, p. 281. Quand elle demanda aux Américains de faire parvenir la lettre à ses enfants, ils refusèrent sous prétexte qu'elle était trop politique.
6. *ESA*, p. 189.
7. 1904-2005. Sa première visite en URSS date de 1933, lorsque Roosevelt noue des relations diplomatiques avec Moscou. Ses idées ont eu une forte influence sur la politique des États-Unis à l'égard de l'Union soviétique, notamment après la Seconde Guerre mondiale. Par son action et ses écrits, dont un article dans la revue *Foreign Affairs* : « The Sources of Soviet Conduct », il est à l'origine du principe du « *containment* » (l'endiguement). Il joue aussi un rôle important dans la conception du plan Marshall.
8. *ESA*, p. 195.
9. De la firme Greenbaum, Wolff & Ernst.
10. *ESA*, p. 197. En Inde, Svetlana a déjà rêvé de faire construire un hôpital à Kalakanlar. La création de fonds caritatifs est une pratique américaine qui permet d'obtenir des réductions d'impôts. Certains revenus de Svetlana sont mis sur un compte dénommé « Alliluyeva Charitable Trust ».
11. Procureur général des États-Unis de 1962 à 1964, il a été le principal artisan de la loi sur les droits civiques, s'opposant notamment à la politique discriminatoire du sénateur Wallace.
12. Diplomate. Autre grand expert des relations américano-soviétiques.
13. Greenbaum a de plus créé une société au Liechtenstein en raison du faible taux d'imposition ; elle est destinée à recevoir l'argent de la vente de son manuscrit aux médias.
14. Selon Rosemary Sullivan, Priscilla aurait rencontré Svetlana à Moscou à cette époque. La fille de Staline donnait un cours sur le

roman soviétique à l'Université de Moscou auquel la traductrice souhaitait assister. En vain. Le cours avait été brusquement annulé en raison du rapport Khrouchtchev. R. Sullivan, *Stalin's Daughter*, *op. cit.*, p. 301.

15. Boris Pasternak est mort le 30 mai 1960.

16. Svetlana Alliluyeva, « To Boris Leonidovich Pasternak », trad. du russe par Max Hayward, *Atlantic Monthly*, Boston, mars 1967, p. 133-140.

17. *L'Événement*, mai 1967, p. 22-27.

Notes du chapitre XVIII, p. 179

1. *ESA*, p. 312.

2. Alexandre Nikolaïevitch Ostrovski (1823-1886), auteur d'une importante œuvre dramatique.

3. *ESA*, p. 278.

4. *ESA*, p. 278.

5. *DM*, p. 39.

6. La troisième guerre entre Israël et les pays arabes n'a duré que six jours et s'est soldée par la victoire israélienne.

7. Svetlana entend à la radio l'intervention de Kossyguine la concernant lors de son séjour à La Cerisaie.

8. Le KGB est à la manœuvre sous l'autorité de Iouri Andropov qui vient d'en être nommé président. Un poste qu'il occupera jusqu'en 1982 avant de devenir secrétaire général du PCUS.

9. R. Sullivan, *Stalin's Daughter*, *op. cit.*, p. 347.

10. *ESA*, p. 295.

11. Les enfants de Svetlana ont remis un exemplaire du texte au KGB qui en a saisi un autre chez l'inspirateur du livre, le scientifique Volkenstein.

12. *ESA*, p. 304.

13. Du 25 septembre 1967.

14. Une Russe émigrée qui facilitera, au début des années 1970, le passage à l'Ouest de *L'Archipel du Goulag* de Soljenitsyne.

15. Historien, journaliste et correspondant de guerre, Alexander Werth est un citoyen britannique né à Saint-Petersbourg en 1901. Il est l'auteur de nombreux livres sur la France (*Les Derniers Jours de Paris*) et l'Union soviétique, dont *La Russie en guerre, 1941-1945* et *Leningrad, 1942*.

16. Prix Pulitzer et ancien conseiller du président Kennedy.

Notes du chapitre XIX, p. 191

1. D'abord correspondant pour *The New York Evening Post.*

2. Créé en 1865, ancré à gauche, *The Nation* est le plus ancien magazine d'opinion des États-Unis. De très nombreuses personnalités ont contribué à sa réputation, aussi bien écrivains qu'hommes politiques tels que Einstein, Steinbeck, Franklin D. Roosevelt, Martin Luther King, etc.

3. Louis Fischer, *Vie et mort de Staline*, Paris, Calmann-Lévy, 1953. Il est aussi, parmi d'autres très nombreux livres, l'auteur d'une biographie de Lénine publiée en 1965 et d'une autre de Gandhi.

4. Edmund Wilson, *The Sixties*, 19-20 janvier 1969.

5. R. Sullivan, *Stalin's Daughter*, *op. cit.*, p. 364.

6. Selon Svetlana, il se servira d'ailleurs de ce qui deviendra *ESA* pour ses propres écrits mais sans y faire référence.

7. Elles se trouvent aujourd'hui dans les archives de Louis Fischer à l'université de Princeton (PUL) : Louis Fischer Papers, MC 204, box 1, folder 7, 1968-1969.

8. Il a été arrêté en 1944 à l'âge de 23 ans pour avoir écrit un roman qualifié d'anti-soviétique. Condamné à mort, il a vu sa peine commuée en douze ans de goulag, partageant pendant un an la même cellule que Kapler.

9. Extrait du livre *Two voices in clash with the century* par Belinkov et Belinkova, cité par R. Sullivan, *Stalin's Daughter*, *op. cit.*, p. 360.

10. Le diplomate est aussi intervenu pour que la CIA ne cherche pas à utiliser Svetlana comme propagandiste anti-soviétique. R. Sullivan, *Stalin's Daughter*, *op. cit.*, p. 357.

11. Dont Pavel Litvinov, petit-fils de l'ancien ministre des Affaires étrangères, Maxime Litvinov ; Larissa Bogoraz-Daniel, épouse de l'écrivain condamné en 1966 en même temps qu'Andreï Siniavski, et deux poètes : Natalia Gorbanievskaïa et Vadim Delaunay.

12. Ce sont ses avocats qui tiennent les cordons de la bourse et elle se trouve toujours obligée de recourir à eux pour obtenir l'argent qui lui appartient.

13. Pour avoir hébergé Alexandre Soljenitsyne, il sera contraint à l'exil en 1977 et s'installera aux États-Unis avec sa femme, la cantatrice Galina Vichnevskaïa, et leurs enfants.

14. *ESA*, p. 162.

15. *Ibid.*, p. 154-155.

16. Voir la notice biographique, p. 285.

17. Ce document dont Svetlana aurait eu connaissance est reproduit dans son intégralité dans le livre de R. Sullivan, *Stalin's Daughter*, *op. cit.*, p. 378-380.

18. Numéro du 2 mars 1970.

19. Ce sera *Daliokaïa Musika.*

20. Franck Llyod Wright, né en 1867, auteur de cent projets réalisés (musées, tours et maisons d'habitation, églises, hôtels, etc.), est reconnu par l'Institut des architectes américains comme le plus grand architecte américain de l'histoire. En 1911, il s'installe dans le Wisconsin où il fonde la communauté unitarienne de Spring Green qu'il baptise Taliesin du nom du poète celte. Plus tard, au début des années 1930, il fonde près de Phoenix, en Arizona, dans l'esprit communautaire de l'époque, une école d'architecture, la « Taliesin Fellowship » incluant son atelier, une ferme, des appartements, des salons de musique et de spectacle. Plus de soixante-dix projets y verront le jour. Coexistent alors le Taliesin Est et le Taliesin West, comme on le verra plus loin.

Notes du chapitre XX, p. 201

1. C'est Franck Llyod Wright qui l'a surnommée Olgivanna.

2. *DM*, p. 84.

3. Elle a épousé très jeune le plus proche collaborateur de Wright, l'architecte William Wesley Peters, dit Wes.

4. *DM*, p. 88.

5. *Ibid.*, p. 89.

6. *Ibid.*, p. 93.

7. Wes occupe une place prépondérante dans le système hiérarchique de la fondation Taliesin ; il est l'adjoint d'Olgivanna et le vice-président du fonds Wright et de la Communauté. Voir *ibid.*, p. 110.

8. *Ibid.*, p. 96.

9. R. Sullivan, *Stalin's Daughter*, *op. cit.*, p. 401.

10. *Ibid.*

11. *DM*, p. 98.

12. Georges Gurdjieff, né en Arménie en 1866, mort à Paris en 1949, figure de l'ésotérisme et de l'occultisme de la première moitié du

XXe siècle. Il est considéré par certains comme détenteur d'un savoir très ancien, par d'autres comme un charlatan.

13. *DM*, p. 99.

14. R. Sullivan, *Stalin's Daughter*, *op. cit.*, p. 404.

15. *DM*, p. 107.

16. R. Sullivan, *Stalin's Daughter*, *op. cit.*, p. 405.

17. Voir ci-dessus, chap. XVII.

18. Il est l'architecte d'un palais en construction pour une sœur du Shah.

19. *Kniga dlia vnoutchek* (*Book for Granddaughters*), écrit en russe et publié en 1991 à New York par Liberty Press ; il n'en existe qu'une version en anglais jamais publiée à laquelle Rosemary Sullivan a eu accès et qu'elle cite dans R. Sullivan, *Stalin's Daughter*, *op. cit.*

20. *DM*, p. 98.

21. *Ibid.*, p. 138.

22. *DM*, p. 153.

23. Le divorce demandé par Wes fut prononcé un an plus tard en Arizona.

Notes du chapitre XXI, p. 215

1. R. Sullivan, *Stalin's Daughter*, *op. cit.*, p. 429.

2. *DM*, p. 156.

3. *Ibid.*, p. 160.

4. *New York Times*, 6 mars 1974.

5. R. Sullivan, *Stalin's Daughter*, *op. cit.*, p. 431. L'écrivain polonais évoque sa présence dans son roman *Blind Date*, faisant d'elle la voisine de son personnage principal, qui ne peut croire, lorsqu'elle lui annonce au téléphone son arrivée dans le New Jersey, que la fille de Staline se trouve en Amérique.

6. *DM*, p. 211-212.

7. La guerre du Vietnam a pris fin en avril 1975 avec la victoire des communistes.

8. L'affaire se compliquera encore et ne sera éclaircie qu'en 1977, après que le journaliste qui appartient à l'Associated Press eut écrit à Kennan en révélant son identité (George Krimsky) et celle du louche personnage l'ayant contacté. Svetlana apprendra alors ce qui s'est réellement passé : son fils, dans un moment de déprime, a confié à

un prétendu ami que sa mère lui manquait et qu'il aimerait aller la rejoindre. Informé, le KGB a monté l'opération de toutes pièces. Pour plus de détails, voir R. Sullivan, *Stalin's Daughter*, *op. cit.*, p. 454-464.

9. *Ibid.*, p. 431.

10. R. Sullivan, *Stalin's Daughter*, *op. cit.*, p. 448.

11. *DM*, p. 178.

12. *Ibid.*, p. 451.

13. *Ibid.*, p. 453.

14. *Ibid.*, p. 187.

15. R. Sullivan, *Stalin's Daughter*, *op. cit.*, p. 467.

16. 29 juillet 1979. C'est à sa demande que l'interview s'est déroulée avec Sharon Schlegel du *Trenton Times.*

17. *DM*, p. 189.

18. Elle y réussira à la toute fin de sa vie.

19. Interview dans *Paris Match*, 8 janvier 2012.

Notes du chapitre XXII, p. 225

1. Lawrenceville et Pennington, deux bourgs proches de la ville universitaire. Svetlana se verra bientôt dans l'obligation de revendre les maisons par manque d'argent.

2. Son mari, le pasteur Philip Shand, vient d'être nommé à l'Église épiscopale de la Neuvième Rue à Manhattan.

3. Lettre à Rosa Shand citée dans R. Sullivan, *Stalin's Daughter*, *op. cit.*, p. 487.

4. Interview à la *BBC*, 1981.

5. R. Sullivan, *Stalin's Daughter*, *op. cit.*, p. 491.

6. L'Ukraine a été particulièrement victime de la famine et des exactions du début des années 1930 dans la lutte contre la paysannerie.

7. Il dépend de la maison d'édition Chatto and Windus.

8. R. Sullivan, *Stalin's Daughter*, *op. cit.*, p. 495.

9. *Ibid.*, p. 513.

10. En Inde, par Lancer International Press en 1984, avec une diffusion limitée, en plus de l'Inde, au Bangladesh et au Pakistan ; aux États-Unis par Liberty Publishing House, New York, 1988.

11. *KDV*, p. 28. Publié uniquement en russe par Liberty Publishing House, New York, 1990.

12. *Ibid.*, p. 37.

13. Lettre citée en partie par le *New York Times*, 15 novembre 1984.

14. Témoignage rapporté dans plusieurs journaux dont le *New York Times* des 3 et 4 novembre 1984.

15. Elles auront plus tard le projet d'écrire un livre ensemble sur la vie familiale de Svetlana, mais c'est finalement Rosamond Richardson qui écrira seule *The Long Shadow : Inside Stalin's Family*, livre très contesté par Svetlana.

Notes du chapitre XXIII, p. 235

1. Il décédera moins de cinq mois plus tard, le 10 mars 1985, laissant la place à Mikhaïl Gorbatchev, père de la *Glasnost* et de la *Perestroïka*.

2. *KDV*, p. 42-43.

3. Restaurant et théâtre, le premier Yar, construit au XIXe siècle, fut fréquenté par Pouchkine, Tolstoï et Tchekhov ; il était célèbre pour son orchestre tsigane.

4. R. Sullivan, *Stalin's Daughter*, *op. cit.*, p. 523, interview de Chris Evans (*alias* Olga) par Rosemary Sullivan.

5. Katia finira par accepter de s'entretenir au téléphone avec Svetlana, lors du séjour que celle-ci effectuera en Géorgie.

6. Svetlana tente d'abord de s'y opposer en ce qui concerne sa fille, citoyenne américaine de naissance et qui peut bénéficier de la double nationalité.

7. *KDV*, p. 51.

8. Entretien avec l'auteur, Paris, avril 2016.

9. R. Sullivan, *Stalin's Daughter*, *op. cit.*, p. 538. Interview de Bourdonski par Rosemary Sullivan.

10. *Ibid.*, p. 539.

11. *KDV*, p. 59.

12. *Ibid.*

13. Lors d'une interview en 2005, Iossif niera avoir été manipulé.

14. *KDV*, p. 51.

15. La Géorgie est l'une des premières nations à s'être convertie au christianisme, sa religion officielle depuis le IVe siècle. Son église

orthodoxe devint autocéphale en 484 et le resta jusqu'à l'incorporation de la Géorgie dans l'Empire russe en 1811.

16. *KDV*, p. 65.

17. Voir la notice biographique, p. 286.

18. Entretien avec l'auteur, Paris, 2016.

19. Chota Roustaveli, auteur au XIIe siècle, du poème épique *Le Chevalier à la peau de panthère.*

20. *KDV*, p. 79.

21. Considéré alors comme le numéro 2 du régime, en tant que secrétaire du Comité central du PCUS de 1983 à 1990.

22. *New York Times*, 19 avril 1986.

Notes de l'épilogue, p. 247

1. Dans son premier discours prononcé à Leningrad au mois de juin 1985, il lance au Smolny : « Il faut que nous reconstruisions. » C'est la première fois qu'un leader soviétique parle si ouvertement des problèmes du pays. S'ensuivront la *Glasnost* et la *Perestroïka* (« transparence » et « reconstruction »).

2. Wes, son ex-mari, désormais à la retraite, s'y est installé. Leurs rapports se sont apaisés et il leur arrive de se rencontrer pour parler de leur fille. Il meurt en 1991.

3. Svetlana avait envoyé un exemplaire de son dernier livre de Mémoires à son amie moscovite Olga Rifkina. Celle-ci l'a communiqué à la revue *Ogoniok* qui l'a publié, si bien que Katia a pu le lire.

4. *KDV*, p. 162.

5. *Ibid.*

6. R. Sullivan, *Stalin's Daughter*, *op. cit.*, p. 604.

7. *Ibid.*, p. 606.

8. Chrese Evans, née Olga Peters, rousse comme sa mère, vit dans les environs de Portland dans l'Oregon. Elle tient un magasin d'objets et de vêtements asiatiques. Son avant-bras porte un tatouage, « la préférée de maman ». Le fait de ne pas accompagner sa mère dans ses derniers moments fut pour elle une souffrance. Voir « La petite-fille de Staline est une femme libre », interview, *Paris Match*, 8 janvier 2012.

9. Le docteur Iossif Morozov, le fils de Svetlana, est mort le 2 novembre 2008. Ils ne s'étaient jamais revus depuis le voyage de

Svetlana et d'Olga en Russie, vingt ans auparavant. Katia vit toujours au Kamtchatka.

10. *Le Figaro*, 30 novembre 2011.

11. R. Sullivan, *Stalin's Daughter*, *op. cit.*, p. 615 (lettre à Robert Rayle).

Généalogie

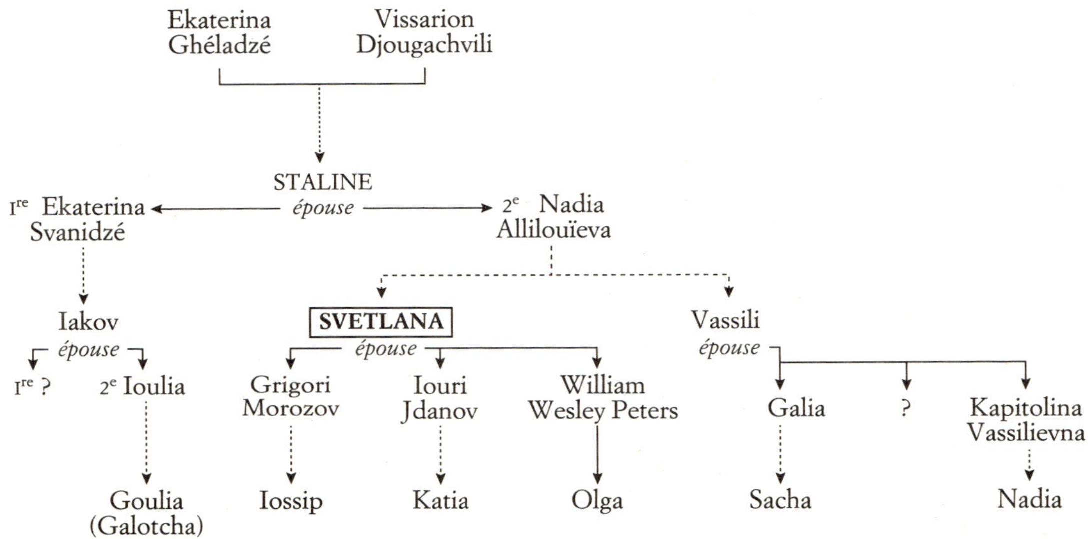
Ekaterina Ghéladzé
Vissarion Djougachvili
STALINE
épouse
1re Ekaterina Svanidzé
2e Nadia Alliloüieva
Iakov
épouse
1re ?
2e Ioulia
Goulia (Galotcha)
SVETLANA
épouse
Grigori Morozov
Iouri Jdanov
William Wesley Peters
Iossip
Katia
Olga
Vassili
épouse
Galia
?
Kapitolina Vassilievna
Sacha
Nadia

Notices biographiques des dirigeants soviétiques

Iouri Vladimirovitch **Andropov** (1914-1984). Entré au Parti au début des années 1940, il en gravit tous les échelons. Ambassadeur en Hongrie de 1953 à 1957, il participe à la répression sanglante de l'insurrection de Budapest en 1956. Secrétaire du Comité central de 1962 à 1967, il passe les quinze années suivantes à la tête du KGB. Membre titulaire du Bureau politique en 1973, il succède à Leonid Brejnev, et préside aux destinées de l'URSS du 12 novembre 1982 à sa mort.

Lavrenti Pavlovitch **Beria** (1899-1953). Bolchevik géorgien, il fait toute sa carrière dans la police secrète. Nommé chef du NKVD en 1938 et membre du Bureau politique, il supervise à partir de 1944 le programme de fabrication de la bombe atomique. Destitué après la mort de Staline, il est fusillé au mois de décembre 1953.

Nikolaï Ivanovitch **Boukharine** (1888-1938). Éminent dirigeant du Parti, il joue aussi un rôle majeur au sein de l'Internationale communiste. Proche de Staline, il s'oppose toutefois à ce dernier à la fin des années 1920. Accusé de déviationnisme de droite en 1929, il rentre en grâce pour une courte période entre 1934 et 1936. Il est finalement arrêté, condamné à mort lors du troisième procès de Moscou et fusillé.

Nikolaï Alexandrovitch **Boulganine** (1895-1975). Membre de la Tcheka de 1918 à 1922, il devient président du soviet de Moscou en 1931. Vice-commissaire à la Défense en 1944, il est promu maréchal et vice-premier ministre en 1947. Président du Conseil des ministres en remplacement de Malenkov de février 1955 à avril 1958, il est exclu de ce poste par Khrouchtchev au motif qu'il avait soutenu le groupe anti-parti avant d'être écarté de toute fonction en 1960.

Leonid Ilitch **Brejnev** (1906-1982). Trop jeune pour avoir participé à la révolution russe, il entre au Parti en 1931 alors que Staline en est déjà le maître incontesté. Homme d'appareil, il devient membre du Comité central en 1952. Après la chute de Khrouchtchev en 1964 à laquelle il a contribué, il est nommé secrétaire général du PCUS. Un règne de dix-huit ans caractérisé par l'arrêt du processus de libéralisation politique et culturelle, la reprise du culte de la personnalité et un durcissement envers les pays satellites. Partisan par ailleurs d'une politique de détente avec les États-Unis, il signe avec Nixon l'accord Salt 1 sur la limitaion des armements nucléaires.

Édouard Amvrossievitch **Chevardnadzé** (1928-2014). Ministre de l'Intérieur de Géorgie puis Premier secrétaire du Parti de la république, il entre au Bureau politique du PCUS en 1978. Il devient ministre des Affaires étrangères de Gorbatchev en 1985. Démissionnaire en 1990, il sera président de la Géorgie indépendante de 1995 à 2003. En tant qu'apparatchik du PCUS, il sut ménager les aspirations identitaires, notamment en obtenant de Moscou, en 1978, le retrait du projet visant à enlever au géorgien le statut de langue nationale.

Avel Sofronovitch **Enoukidzé** (1877-1937). Ami de jeunesse de Joseph Staline et parrain de Nadejda, la mère de Svetlana, ce géorgien est un des principaux dirigeants soviétiques depuis les années 1920. Arrêté en 1935, il est jugé à huis clos et fusillé en 1937.

Mikhaïl Sergueïevitch **Gorbatchev** (1931-). Dernier secrétaire général du Comité central du Parti communiste, il succède à Konstantin Tchernenko et dirige l'URSS entre 1985 et 1991. Réformateur, il met fin à la guerre froide et lance à l'intérieur la libération économique, culturelle et politique (*Glasnost* et *Perestroïka*). Impuissant à maîtriser les forces centrifuges qu'il a déclenchées, il quitte le 24 août 1991 la direction du Parti dont les activités sont suspendues, avant de démissionner de son poste de président de l'URSS le 25 décembre 1991. L'Union soviétique ayant cessé d'exister, son rival, Boris Eltsine, deviendra président de la Fédération de Russie.

Guenrikh Grigorievitch **Iagoda** (1891-1938). Membre dès les années 1920 de la police politique, il devient commissaire du peuple à l'intérieur (le NKVD) en juillet 1934. Il est chargé en 1936 par Staline de l'organisation du premier procès de Moscou qui débouche notamment sur la condamnation et l'exécution des plus proches collaborateurs de Lénine, Kamenev et Zinoviev. Arrêté et condamné lors du troisième procès de Moscou, il est fusillé au mois de mars 1938.

Nikolaï Ivanovitch **Iejov** (1895-1940). Élu membre du Comité central en 1934, il succède à Iagoda à la tête du NKVD de 1936 à 1938. Principal artisan des grandes purges staliniennes, il prend personnellement part aux séances de torture des accusés les plus connus. Destitué et remplacé par Beria, il est arrêté et exécuté en 1940. Il a donné son nom à la période la plus sanglante des purges, la « iejovchtchtina ».

Andreï Alexandrovitch **Jdanov** (1896-1948). Il succède en 1934 à Sergeï Kirov au Secrétariat du Comité de la région de Leningrad et devient membre du Bureau politique en 1938. Responsable après la Seconde Guerre mondiale de l'idéologie et de la politique culturelle, il mène une lutte acharnée contre les intellectuels tels que la poétesse Anna Akhmatova ou le compositeur Dimitri Chostakovitch. Il est également l'auteur de la doctrine affirmant la division du monde en deux camps antagonistes. Limogé par Staline en 1947, il meurt d'une crise cardiaque l'année suivante.

Gueorgui Konstantinovitch **Joukov** (1896-1974). Chef d'état-major général de l'Armée rouge, il devient membre du Grand Quartier général en juillet 1941. En août 1942, il est nommé premier vice-commissaire du peuple à la Défense et l'adjoint de Staline, commandant suprême des armées. Fait maréchal en 1943, il prend Berlin en 1945. En disgrâce l'année suivante, il est envoyé à Odessa. Ministre de la Défense de l'URSS de 1953 à 1957, il est limogé par Khrouchtchev sous l'accusation de « bonapartisme ».

Lazare Moïssevitch **Kaganovitch** (1898-1991). Premier secrétaire du Parti communiste ukrainien de 1925 à 1928 et partisan inconditionnel de Staline, ce natif de Kiev joue un rôle de premier plan dans la collectivisation et l'élimination des koulaks. Membre du Bureau politique de 1930 à 1957, il est exclu du Comité central cette dernière année par Khrouchtchev, puis du Parti lui-même en 1962.

Nikita Sergueïevitch **Khrouchtchev** (1894-1971). Camarade d'études de Nadia Allilouïeva à l'Académie industrielle, il défend les grandes purges de Staline. En 1939, il est nommé à la tête du Parti communiste d'Ukraine. En 1953, vainqueur de la lutte de pouvoir provoquée par la mort de Staline, il lui succède en tant que Premier secrétaire du Parti. Le 25 février 1956, il présente à huis clos lors du XXe Congrès un rapport connu sous le nom de « rapport Khrouchtchev », prélude à la déstalinisation, dans lequel il dénonce les crimes de Staline et le culte de la personnalité. Renversé en 1964 et remplacé par Leonid Brejnev, il est mis à la retraite.

Sergueï Mironovitch **Kirov** (1886-1934). Son soutien à Staline dans sa lutte contre les oppositions depuis le milieu des années 1920 lui vaut d'être nommé en 1926 à la tête du parti de Leningrad. Très populaire dans le parti, il apparaît comme un possible rival de Staline au poste de secrétaire du Comité central lors du XVIIe Congrès en 1934. Son assassinat le 1er décembre 1934 servira de prétexte aux années de terreur qui vont suivre.

Alexeï Nikolaïevitch **Kossyguine** (1904-1980). Ingénieur de formation, il entre au Parti en 1927. Nommé à la tête du département de l'Industrie et des Transports du Parti à Leningrad en 1938, il occupe différentes fonctions ministérielles. Membre du bureau politique depuis 1948, il est président du conseil des ministres de l'Union soviétique de 1964 à 1980. Il s'efforce d'introduire des réformes économiques en favorisant l'industrie légère et la production de biens de consommation.

Egor Kouzmitch **Ligatchev** (1920-). Considéré comme le numéro 2 du PCUS en tant que secrétaire du Comité central de l'URSS de 1985 à 1991. Proche à l'origine de Gorbatchev, il se montre par la suite critique de ses orientations politiques et économiques et apparaît comme le chef de file des conservateurs.

Gueorgui Maximilianovitch **Malenkov** (1902-1988). Chef de file de la jeune génération stalinienne, il devient président du Conseil des ministres à la mort de Staline. Rétrogradé au poste de vice-président en janvier 1955 dans la lutte pour le pouvoir par Khrouchtchev, il est limogé en juin 1957 en même temps que Kaganovitch et Molotov. Il est exclu du Parti communiste en 1961.

Anastase Ivanovitch **Mikoïan** (1895-1978). L'une des plus longues carrières de l'appareil soviétique. Élu au Comité central en 1923, il en restera membre jusqu'en 1976. Commissaire du peuple au Ravitaillement et à l'Industrie alimentaire, puis ministre du Commerce extérieur, il joue un rôle diplomatique important dans la crise de Cuba. Ministre de Malenkov, il soutient pourtant Khrouchtchev dans sa lutte pour le pouvoir. Après la chute de celui-ci et son remplacement par Brejnev, il est élu en juillet 1964 président du Présidium du Soviet suprême de l'URSS, c'est-à-dire chef de l'État en titre, jusqu'en décembre 1965.

Viatcheslav Mikhaïlovitch **Molotov** (1890-1986). Considéré comme le bras droit de Joseph Staline, il est membre du Bureau politique à partir de 1926. Président du Conseil des commissaires du peuple de 1930 à 1941, ministre des Affaires étrangères de 1939 à 1949 et de 1953 à 1956, il est limogé en 1957 par Khrouchtchev en tant que membre du « groupe antiparti » et envoyé comme ambassadeur en Mongolie. Exclu du Parti communiste en 1962, il est réintégré en 1984.

Mikhaïl Andreievitch **Souslov** (1962-1982). Économiste de formation, il devient membre en 1931 de la Commission centrale de contrôle du PCUS auquel il a adhéré en 1921. Pendant la Seconde

Guerre mondiale, il est chargé de la déportation des Tchétchènes et des autres communautés musulmanes du Caucase. Principal acteur de la mise à l'écart de Khrouchtchev et de son remplacement par Brejnev, il est en charge de l'idéologie du Parti jusqu'en 1982. En 1966, il refuse à Svetlana l'autorisation d'épouser Brajesh Singh.

Bibliographie

De Svetlana Allilouïeva Staline

Svetlana Allilouïeva, *Vingt Lettres à un ami* [*VLA*], Paris, Seuil/Pierre Charron, 1967.

–, *En une seule année* [*ESA*], Paris, Robert Laffont, 1970.

–, *Daliokaïa Musika* [*DM*], Liberty Publishing House, New York, 1988.

–, *Kniga dlia vnoutchek (Book for granddaughters)* [*KDV*], New York, Liberty Publishing House, 1991.

Sur Svetlana

Emmanuel d'Astier de La Vigerie, « Mes journées avec Svetlana Staline », *L'Événement*, Paris, mai 1967.

Enzo Biagi, *Svetlana : The Inside Story*, Londres, Hodder and Stoughton, 1967.

Beata de Robien, *La Malédiction de Svetlana*, Paris, Albin Michel, 2016.

Rosemary Sullivan, *Stalin's Daughter : the Extraordinary and Tumultuous Life of Svetlana Alliluyeva*, Londres, HarperCollins Publishers, 2015.

Sur Staline et l'URSS

Svetlana Alexievitch, *La Fin de l'Homme rouge*, Arles, Actes Sud, 2013.
Anonimov, *Une matinée de Joseph Staline*, Paris, L'Herne, 1969.
Vassili Axionov, *Une saga moscovite*, t. I et II, Paris, Gallimard, 1994.
Walter Benjamin, *Journal de Moscou*, Paris, L'Arche, 1983.
Sergo Beria, *Beria, mon père au cœur du pouvoir stalinien*, Paris, Plon/Criterion, 1999.
Anna Larina Boukharine, *Boukharine ma passion*, Paris, Gallimard, 1989.
Varlam Chalamov, *Les Années 1920*, Paris, Verdier, 1998.
Pavel Chinsky, *Staline. Archives inédites, 1926-1936*, préface de Nicolas Werth, Paris, Berg International, 2001.
Andreï Gratchev, *Le passé de la Russie est imprévisible. Journal de bord d'un enfant du Dégel*, Paris, Alma, 2014.
Vassili Grossman, *Vie et Destin*, Paris/Lausanne, Juillard/L'Âge d'homme, 1983.
Basile Kerblay, *La Société soviétique contemporaine*, Paris, Armand Colin, 1977.
Nikita Khrouchtchev, *Souvenirs*, Paris, Robert Laffont, 1971.
Moshe Lewin, *Le Siècle soviétique*, Paris, Fayard/Le Monde diplomatique, 2003.
Jean Lopez, Lasha Otkhmezuri, *Joukov. L'homme qui a vaincu Hitler*, Paris, Perrin, 2013.
Lila Lounguine, Claude Kiejman, *Les Saisons de Moscou*, Paris, Plon, 1990.
Lilly Marcou, *Staline, vie privée*, Paris, Calmann-Lévy, 1996.
–, *Les Staline vus par les hôtes du Kremlin*, Paris, Gallimard, coll. « Archives », 1979.
Jean-Jacques Marie, *Staline, 1878-1953. Mensonges et mirages*, Paris, Autrement, 2003.
Moscou, Autrement, 40, Paris, septembre 1990.
Roy Medvedev, *Le Stalinisme. Origines, histoire, conséquences*, Paris, Seuil, 1972.
Alexandre Nekritch, *L'Armée rouge assassinée*, Paris, Grasset, 1968.
Iakov Rapoport, *Souvenirs du procès des blouses blanches*, Aix-en-Provence, Alinéa, 1988.

Le Rapport Khrouchtchev, première traduction intégrale réalisée et présentée par Jean-Jacques Marie, Paris, Seuil, 2015.

John Reed, *Dix Jours qui ébranlèrent le monde*, Paris, Seuil, 1996.

Andreï Sakharov, *Mémoires*, Paris, Seuil, 1990.

David Samoïlov, *Pour mémoire*, Paris, Fayard, 1997.

–, *Podennye zapici*, t. I et II, Moscou, 2002.

Simon Sebag Montefiore, *Le Jeune Staline*, Paris, Calmann-Lévy, 2008.

–, *Staline. La cour du Tsar rouge*, Paris, Éditions des Syrtes, 2005.

Victor Serge, *Carnets*, Arles, Actes Sud, 1985.

Yuri Slezkine *La Maison éternelle. Une saga de la Révolution russe*, Paris, La Découverte, 2017.

Boris Souvarine, *Staline*, Paris, Gerard Lebovici, 1985.

Françoise Thom, *Beria, le Janus du Kremlin*, Paris, Éditions du Cerf, 2013.

Iouri Trifonov, *La Maison du quai*, Paris, Gallimard, 1978.

Adam B. Ulam, *Staline. L'homme et son temps*, Paris, Calmann-Lévy/Gallimard, 1977.

Michaël Voslensky, *La Nomenklatura. Les privilèges en URSS*, Paris, Belfond, 1980.

Nicolas Werth, *Les Procès de Moscou, 1936-1938*, Bruxelles, Complexe, 2006.

–, *La Terreur et le Désarroi. Staline et son système*, Paris, Perrin, 2007.

Archives

Université de Princeton, *Louis Fischer's papers* MC 204, box 1, folder 7, 1968-1969.

Film

Le Destin étonnant de Svetlana Iossifovna Alliloueïva (1926-2011), film diffusé sur *Arte* le 23 juin 2015.

Remerciements

Ma reconnaissance et mes remerciements vont en premier lieu à Roberte Berton-Hogge qui m'a soutenue tout au long de la rédaction de ce livre. Sa connaissance de la langue et de la civilisation russes et son expérience du monde soviétique m'ont été d'un précieux recours.

Merci à Christophe d'Astier pour avoir mis à ma disposition la correspondance de son père, Emmanuel d'Astier de La Vigerie, avec Svetlana Allilouïeva.

Merci aussi à Andreï Gratchev, conseiller diplomatique du président Mikhail Gorbatchev, à Nathéla Lagidzé, diplomate géorgienne et à Jean-Jacques Marie pour leurs conseils.

Je tiens à rendre hommage à Rosemary Sullivan, auteur de *Stalin's Daughter. The Extraordinary and Tumultous Life of Svetlana Allluyeva*, dont le livre s'est révélé une source de documentation inépuisable.

Je remercie très chaleureusement les éditions Tallandier et en particulier mon éditrice, Dominique Missika, pour m'avoir accordé une fois de plus leur confiance, sans oublier Maëva Duclos et Isabelle Bouche pour leurs compétences respectives.

Table

Réalisation : Nord Compo à Villeneuve-d'Ascq
Achevé d'imprimer en mai 2023
par Normandie Roto Impression s.a.s. à Lonrai
N° d'imprimeur : 2301558

Dépôt légal : juin 2023
ISBN : 979-10-210-5799-9
Numéro d'édition : 4919
Imprimé en France